大/学/公/共/课/系/列/教/材

U0645712

大学生安全教育

本书获得中国高教保卫学会重点课题和
北京高教保卫学会重点课题支持

DAXUESHENG
ANQUAN JIAOYU

郑恒山 —— 主 编

李凤堂 赵铁峰 项若瑾
韩枭戈 于 勇 —— 副主编

北京师范大学出版集团
BEIJING NORMAL UNIVERSITY PUBLISHING GROUP
北京师范大学出版社

图书在版编目（CIP）数据

大学生安全教育/郑恒山主编. —北京：北京师范大学出版社，2018.11

ISBN 978-7-303-23550-6

Ⅰ.①大… Ⅱ.①郑… Ⅲ.①大学生—安全教育—高等学校—教材 Ⅳ.①G645.5

中国版本图书馆 CIP 数据核字（2018）第 041382 号

营 销 中 心 电 话　　010-58805072　58807651

北师大出版社高等教育与学术著作分社　　http://xueda.bnup.com

DAXUESHENG ANQUAN JIAOYU

出版发行：北京师范大学出版社　www.bnup.com

北京市海淀区新街口外大街 19 号

邮政编码：100875

印　　刷：保定市中画美凯印刷有限公司

经　　销：全国新华书店

开　　本：787 mm×1092 mm　1/16

印　　张：16.5

字　　数：380 千字

版　　次：2018 年 11 月第 1 版

印　　次：2018 年 11 月第 1 次印刷

定　　价：39.80 元

策划编辑：周　粟　　　　　　责任编辑：李云虎　李双双
美术编辑：李向昕　　　　　　装帧设计：李向昕
责任校对：韩兆涛　　　　　　责任印制：马　洁

版权所有　侵权必究

反盗版、侵权举报电话：010-58800697

北京读者服务部电话：010-58808104

外埠邮购电话：010-58808083

本书如有印装质量问题，请与印制管理部联系调换。

印制管理部电话：010-58805079

编委会

编委会主任： 郑恒山

本 书 编 委（按照姓氏笔画为序）

丁学义　于　勇　于海艳　王丁陈　王敬德

安冬梅　纪　晶　刘文忠　吕　刚　李凤堂

李孝全　芮　雪　沈一宁　张春梅　张永忠

项若瑾　赵铁峰　郭会利　秦建华　崔国祝

韩枭戈

序

　　青年学生是党和国家的未来。学校的一切工作，都要从培养人的高度出发，服务于学生成长发展的需要，为他们营造良好的环境条件。其中，安全教育、管理与保障是这些要求的根基。近年来，从心理疾患到火灾火情，从传销盗窃到网络诈骗，越来越多的影响校园安全的因素进入大学校园，它们使越来越多的大学生"中招"，也让高校管理者更加深切地意识到安全对于学校和教育事业改革发展的重要价值。

　　党的十八大以来，习近平始终强调立德树人的根本任务和要求，十分关心青年学生的健康成长。党和国家采取了全面推进安全生产建设、建立安全科技支撑体系、健全安全宣传教育体系等措施，将安全生产作为各项事业发展的一条不可逾越的红线，明确了"党政同责、一岗双责、齐抓共管、失职追责"的安全生产责任体系，全面落实安全管理的各项责任。习近平强调指出，坚持国家安全一切为了人民、一切依靠人民，真正夯实国家安全的群众基础。对于大学来说，所有的安全问题，归根结底是由学生来感受、决定和评价的。学校的安定和谐，是学生健康成长的重要保障。

　　北京高校地处全国政治中心、文化中心、国际交往中心和科技创新中心，地理位置特殊，教育人口规模较大。维护高校的安全稳定，不仅直接关系到首都高等教育的改革发展，关系到大学生的健康成长成才；而且也关系到首都社会的稳定大局，对全国的稳定也具有一定的"风向标"意义。基于此，北京市委教育工委、市教委于"十二五"期间全面推进"平安校园"创建工作，并于2011年5月会同首都社会治安综合治理委员会办公室和市公安局联合下发了《关于深入推进高校"平安校园"创建工作的意见》，将高校安全稳定工作归纳为"六大体系"，明确了创建工作标准，部署了创建工作任务。在北京55所高校的踊跃参与与全力支持下，创建工作进展有序、扎实深入，达到了预期目的，取得了丰硕成果。高校系统"大安全、大维稳"的工作格局得以巩固，维护高校安全稳定的工作机制得以健全，影响校园安全稳定的突出问题得以解决，高校系统在维护首都稳定大局中的作用更加突出。

　　作为大学管理者，我们不仅要做好日常管理工作，更要做好校园安全治理工作。习近平指出："治理和管理一字之差，体现的是系统治理、依法治理、源头治理、综合施策。"习近平提出了许多重要的创新社会治理的新理念，为高效安全管理育人工作指明了方向。平安是老百姓解决温饱后的第一需求，是极重要的民生，也是最基本的发展环境。加强和创新社会治理，关键在体制创新，核心是人，只有人与人和谐相处，社会才会安定有序。公众要积极参与社会治理，社会治理要人人参与，共建共享。高校必须从培养人的高度重视安全教育与管理工作，将学生作为校园治理工作的核心，主动将学生纳入校园安全与治理工作的大框架里来。对学生来说，他们不仅被动地受到校园安全规章的制约，更应该是参与校园安全建设的主力军。学校只有鼓励学生参与到平安校园的建设之中，才能充分发挥校园文化的根基，成就平安校园环境的共享。

目前，大学培训式、活动式、训练式的安全教育，或者主题式、渗透入的安全教育尚不普及，系统式、时代式的安全教育还不够普及。

目　　录

第一章　大学生安全教育绪论

安全，是个体生存与发展的基础，是评价社会环境的重要指标。按照心理学家马斯洛的需求层次理论，人类在满足维持自身生存的基本要求后，即体现出对安全的需求。整个有机体是一个追求安全的机制，人的感受器官、效应器官、智能和其他能量主要是寻求安全的工具，甚至可以把科学和人生观都看成满足安全需要的一部分。一旦缺乏安全需求的满足，个体将陷入危险之中，或者感到自己受到身边事物的威胁，觉得这世界是不公平的或是危险的；或者认为一切事物都是危险的，从此变得紧张、彷徨不安，认为一切事物都是"恶"的。

大学，是为社会培养人才的摇篮。大学时代，是学生走向社会、独立成人的过渡阶段。在大学时代，许多学生开始渐渐脱离家庭的约束和父母的关照，重新融入一个新的环境，并通过增强各种必要的意识与能力而试图适应未来更广阔的社会环境。因此，一方面，学生在面对新的环境时会遇到各种危险，需要有针对性的引导与教育来不断增强其对危险的规避及处置的意识与能力；另一方面，在步入社会、独立承担责任之前，学生也有必要系统地接受安全教育，重塑个体安全意识与能力体系。

近年来，党和国家将大学生的安全教育与管理工作纳入社会主义法治轨道。《中华人民共和国高等教育法》《高等学校学生行为准则》《高等学校校园秩序管理若干规定》《普通高等学校学生安全教育及管理暂行规定》《高等学校内部保卫工作规定（试行）》等法律法规中既明确了学校在大学生安全教育与管理中的行为规范，也规定了大学生在安全教育中应该享有的权利和必须履行的义务，体现了党和政府对大学生安全的高度重视。维护大学生的安全和合法权益，把对大学生进行安全教育、依法治校确定为高校各级领导的法定义务，这无疑大大推动了高校各级组织特别是保卫部门对大学生的安全教育和管理工作。各高校已按照国家的要求，逐步建立健全了大学生安全教育和管理体系。

党的十八大以来，党和国家高度重视安全生产，把安全生产作为民生大事，并将其纳入全面建成小康社会的重要内容之中。随着我国安全生产和教育事业的不断发展，如何更有效、更普遍地开展安全教育，凝聚安全共识，保障人民权益，确保生命安全至上已经成为全社会共同关注的课题。

第一节　大学生安全教育概述

一、安全

安全这一概念，往往被认为与"危险""威胁""事故"等概念相对立，安全即指没有危险、不受威胁、不出事故的环境或状况。

在罗伯特·J.费希尔（Robert J. Fischer）等人所著的《安全导论》中，安全被解释为一个稳定且相对而言可预测的环境。在这种环境中，个人或者团体可以在追求他们的目标的同时，既不会受到中断或者伤害，也不用担心受到干扰或者损伤。

在张景林的《安全学》一书中，安全或者被表述为"一个复杂系统的动态过程或状态，过程的趋势或状态是人和事物受到的伤害（包括身体的、精神的）或遭受的损失在当时人们可以接受的范围内"，或者被表述为"一种特定的技术状态，即满足一定安全技术指标要求的物态"，或者被表述为"人们的一种理念，即人和物不会受到伤害和损失的理想状态"。他同时指出："安全的本质主要在于人的安全，或者说安全的本质在于人的安全问题的高度复杂性。"

安全概念的内涵，包括了客观和主观两个层面。客观上讲，安全指的是不具危险的环境；主观上讲，安全指的是对自身所处环境的安心的感觉、信赖的认知和排除危险的能力。客观上的安全则又包含了内在与外在两方面的内容，安全所要排除的不仅包括外在的威胁，而且还包括内在的隐患。

安全的两个层面的内容是相互关联和影响的。客观的安全环境将会影响主观的安全感觉，如在平地上和在悬崖边上，对同一个人来说代表了不同的安全性；而安全感的强弱则会使得确立安全的标准因人而异。同样是在悬崖边上，对于行动能力较弱的孩子和老人来说，是极其危险的；对于走钢丝的杂技演员来说，则相对是安全的。因此，我们对安全状态的确认和安全方面的教育要更有针对性，不能一概而论。既要考虑到群体或个体所处的环境状况，又要考虑到群体或个体的自身特质。

安全命题的主体是人，因此，安全的属性是与人的属性密切相连的。个人生命活动的唯一性和不可逆性，是安全重要性的来源。人是自然的一部分，符合自然的客观物质规律，因此，安全也具有客观性，并不是说人们希望安全就一定能够安全；同时，安全也有其自身的规律可供探究，并不是不可知、无迹可寻的。人是有思想有能动能力的，因此，人可以部分地解决不利于人类生存和发展的不安全因素。

延伸阅读

安全的理念，伴随着人类社会的发展而产生，是伴随于人类进化和发展过程中古老而具有普遍意义的命题，自古以来即受到人们的高度重视。例如，在中国，安全的思想可谓源远流长。《老子·五十八章》中说："祸兮福之所倚，福兮祸之所伏。"此句通过讲解福祸得失互相转换的辩证关系说明了安全的动态属性。《左传·襄公十一年》中说道，"居安思危，思则有备，有备无患"，则在此基础上更加强调了人在安全方面的能动性。《礼记》有云，"安者，非一日而安也；危者，非一日而危也，皆以积然"，说明对安全的保障和探求应当贯彻人和社会发展的始终。《易·系辞上》中"慢藏诲盗"的说法，则从反面说明了对安全的疏忽可能触发社会的反射回路并导致不良后果。在《上谏猎书》中，司马相如规劝道，"明者远见于未萌，而知者避危于无形，祸固多藏于隐微而发于人之所忽者也"，讲述了安全无小事，对安全隐患要防微杜渐的道理。《韩非子·安危》中说，"奔车之上无仲尼，覆舟之下无伯夷"，说明了安全对道德和文明的产生的重要意义，它是人和社会的发展的重要基础。

二、大学生安全教育

由于安全与人密切关联，所以人可以通过学习、接受教育来尽可能地使自己处于一个安全的环境中。安全教育普遍存在于人们的生产生活活动之中，但相比较"安全培训""安全指导"等相关概念，"安全教育"这一概念则更多地用于青少年特别是求学期间的学生，通常指的是学生安全教育。

学生安全教育是指在学校中针对学生开展的安全方面的教育，它可以是课程、讲座、活动、实践等多种形式。学生安全教育的要素包括以教师和专职人员为主的教育者，由学生构成的学习者和包含各种教育内容、手段、组织形式和方法等在内的教育影响。而大学生安全教育是这类学生安全教育的最高阶段，主要是在大学中针对大学生所开展的安全教育。

学生安全教育在内容上有两个层次：第一个层次是针对学校环境的安全教育。学生进入一个新的环境后，必然会面对这种环境下所具有的安全威胁。因此，立足当下，学校需要帮助学生了解他们即时所处的环境中的安全威胁，并使他们能迅速学习如何应对这些威胁，这是学生安全教育的首要之义。这个层次的内容也是学生安全教育的主要内容。在此基础上，通过对安全教育的学习，学生应该能掌握能够供他们使用多年甚至一生的安全技能，并且应该能培养足以面对并适应未来多样化的环境中安全威胁的安全意识，确立安全重于一切、一切以安全为基础的安全观念。这个层次是学生安全教育的发展层次，尤其为大学生安全教育所重视。

延伸阅读

大学生的安全教育与安全管理已纳入社会主义法治轨道。在我国的相关法律法规中，均明确了高校对大学生进行安全教育和管理的权利和义务，从而基本上形成了大学生安全教育和安全管理的法规体系，这为高校对大学生进行安全教育与管理提供了有力的法律保障。例如，《中华人民共和国教育法》第四十五条明确指出："教育、体育、卫生行政部门和学校及其他教育机构应当完善体育、卫生保健设施，保护学生的身心健康。"《中华人民共和国高等教育法》第五十三条进一步明确道："高等学校的学生应当遵守法律、法规，遵守学生行为规范和学校的各项管理制度……高等学校学生的合法权益，受法律保护。"《高等学校学生行为准则》第八条明确要求大学生应"增强安全意识，防止意外事故"。而《普通高等学校学生安全教育及管理暂行规定》则用第二章（第五条至第七条）一整章的内容来规范高校安全教育："高等学校应将对学生进行安全教育作为一项经常性工作，列入学校工作的重要议事日程……增强学生的安全意识和法制观念，提高防范能力。""学生安全教育应根据不同专业及青年学生的特点，从学生入学到毕业，在各种教学活动和日常生活中，特别是节假日前适时进行……学校应根据环境、季节及有关规定进行防盗、防火、防特、防病、防事故等方面的教育，并使之经常化、制度化。""高等学校对学生进行安全教育须注重心理疏导，加强思想政治工作，教育学生注意保持健康的心理状态，帮助学生克服因各种原因造成的心理障碍，把事故消除在萌芽状态。"

　　大学生安全教育的主要对象是大学生，他们具有鲜明的群体特征。第一，他们生理的发育基本成熟，但心理发育滞后；个性趋向定型，但可塑性强。第二，他们流体智力接近或已到高峰，学习能力较强；但晶体智力尚存缺陷，社会文化经验缺乏，理解能力尚未完全开发。第三，他们的社会需求强烈，但阅历浅且承受能力相对较弱。第四，自我意识较强，但自我保护能力弱，社会协调能力弱。第五，由于气质、地域、家庭、阅历、学科、未来定位等背景因素多元，大学生虽然处于相对集中的年龄段，但价值取向、性格等方面呈现出多样化的特征，且不亚于社会普遍环境中的人群多样性，就这一点来说，大学生明显高于中小学阶段的学生。

三、大学生安全教育的特征

　　结合大学生安全教育的本质和大学生的特性，我们认为大学生安全教育具有以下基本特征。

　　第一，大学生安全教育具有实用性。大学生安全教育要解决大学生在实际学习、生活中所面临的安全威胁与困境，要对事故和灾害进行有效防范，它必须能够为大学生所用，且能切实提升大学生的安全意识与技能。大学生安全教育绝不能停留在书本和理论知识上，而应当更多地采用案例分析、纸面推演、现场实操、模拟演习等形式，只有让大学生参与到安全实践之中，他们才能真正有所收获和提升。

　　第二，大学生安全教育具有全面性。安全是大学生实现个体发展的基础和底线，安全教育既是大学生素质教育的基础组成部分，也是面向全体而非个别大学生开展的教育。由于大学生的多样性和大学生活的自由化、社会化特征，安全教育所涉及的内容也必然丰富多彩。因此，大学生安全教育应当面向全体大学生，并且涉及大学生安全事项的方方面面。

　　第三，大学生安全教育具有深入性。大学生的安全教育并不是专项技能的培训，也不局限于基础安全常识的灌输。更重要的是，大学生的安全教育要帮助大学生理解安全对于其个体发展的重要意义，使他们了解如何在全新的环境中迅速做到有效的安全保障，进而能够体悟安全对人类社会文明发展的基础作用，以及他们作为未来社会公民和国家人才的安全责任。因此，大学生安全教育要超越学校对安全知识的传授，促进学生对安全本质的认知和对安全技能的迁移。

　　第四，大学生安全教育具有创新性。大学生对新事物的接受能力较强，他们随时关注社会与环境的最新变化。随着社会文明的发展和人们生活方式的改变，威胁安全的因素也在不断地发生着变化。大学生已有的目标安全知识，以及大学生的安全需求，也必然随着环境的变化和实践的推移而不断更新。因此，大学生安全教育也要随时更新，确保大学生能够及时有效地掌握应对新型安全威胁的方法。

　　第五，大学生安全教育具有导向性。大学生较强的自我意识、独立诉求以及多样化的价值观念，使得统一的结论性的安全知识无法普遍高效地为其所接受。一方面，通过带动大学生的思考，大学生安全教育要引导他们探求安全的本质和普遍结论，并将安全意识与能力内化为其所建构的知识图式的一部分。另一方面，大学生安全教育应该具备一定的普遍适用性，能够引导大学生未来一段时间的工作与生活。

第二节　大学生安全教育的意义

　　大学生作为高等院校的主力军，是维护校园安全稳定和推进校园建设的重要力量，对其进行切实有效的安全教育，是保持高校良性运行与社会和谐稳定的需要，是保证学生全面发展的需要，也是切实贯彻以人为本、全面发展的教育方针和教育目标的需要。

一、大学生安全教育是大学生健康成长和自身发展的需要

　　从大学生自身成长的角度出发，大学时期是人生发展的高峰期和关键期，大学期间也是提高安全教育水平的绝佳时期。多数大学生社会经验比较欠缺，人生阅历尚浅，对安全认识不足，对社会复杂性缺乏足够了解。而来到大学校园之后，与以往不同的环境带来了更加复杂的安全威胁，而作为学生却往往对各种安全威胁缺乏必要的重视和警觉，易受到违法犯罪行为、意外事件或事故灾害的伤害。在这种情况下，大学生急需有针对性的安全教育，来帮助他们弥补自身安全意识的不足。对大学生进行安全教育，是大学生在校正常生活学习、顺利完成学业的根本保障。

　　随着社会的迅速发展与变化，当今社会对人才尤其是具有较高适应能力的人才要求越来越高，对人才的全面素质要求也越来越高。其中，安全素质是最基本的素质，是人才其他方面素质建立和发展的基础。安全知识和防范技能是大学生知识结构的重要组成部分，安全意识和安全责任是大学生人文素养的重要内容，安全观也是大学生综合素质必不可缺的重要内容之一。安全教育使学生一方面要自我约束，遵纪守法；另一方面，其学习和生活又要有必要的外部条件和稳定的治安秩序做保障，这既是素质教育的体现，也是实现学生全面发展的根本要求。

延伸阅读

　　联合国开发计划署在 1994 年的《人类发展世界报告》中提出了"人类安全"的概念，教科文组织将安全概念作为行动的核心，致力于建设"人类智力和精神团结"。人类安全不是一种努力达到的结果，而是有关人类尊严的条件的过程。在 2000 年教科文组织召开的"21 世纪人类安全日程"大会上，参加者有和平研究和培训机构的负责人。多个地区由此诞生了道德、标准和教育框架。教科文组织《2002—2007 年中期战略》将人类安全升级为一个战略目标："通过更好地管理环境和社会变革来改善人类安全。"而这其中，教育无疑起着非常关键的作用。

二、大学生安全教育是应对当前高校安全形势、保障校园安全稳定的需要

　　随着我国高等教育改革的不断深入，高校校园的开放程度日益加强，校园环境日趋复

杂化，后勤等单位管理经营方式社会化程度加深，大量校外闲杂人员、外来务工人员和流动人口进入校园，给校园治安管理带来了极大的难度，增加了对校园特别是大学生人身财产安全的威胁。

在校外特别是学校周边，受整个社会的管理赤字的影响，随着我国经济的迅速发展，社会无序性增加，城市化等带来的问题也难免对学校产生影响。各种社会问题出现了指向校园的趋势，侵害大学生人身财产安全的治安、刑事案件时有发生，大学生面临的校园安全环境不容乐观。上述种种事实，都使加强大学生安全教育成了大学学生工作的当务之急。

延伸阅读

我们听说过很多美国的校园枪击案，实际上，美国相当重视大学校园安全。20世纪60年代，美国联邦政府出台《校园安全法》，在学校设立了校园警察。1987年，联邦政府又颁布了《校园安全法令》，规定学校每年必须发布校园安全政策实施业绩和年度校园违法犯罪数据。1994年，美国国会又通过了《美国2000年教育目标》，其中第7项就是"安全的学校"，规定学校范围内禁止出现枪支和酒。此外，美国关于校园安全的全国性立法还有《校园禁枪法》《改善校园环境法》等。

美国《校园安全法》要求全美各个大学都要将联邦政府教育辅助资金用于公示自己校园内及周边地区的犯罪状况。该法的实施受美国教育部监督，把校园内出现的侵犯事件罚款提高到27500美元，如果侵犯事件多次出现，教育部将停止对该学校实行财政补助计划。每年10月1日，教育安全协会必须公开讨论对保护学生和雇员的校园安全报告。协会也将提供报告通知，该报告要求提供三年的犯罪数据，同时公布校园安全措施。美国《校园安全法》要求安全协会对威胁校园安全的行为予以警告。学生在入学前有权利获知该校的犯罪统计数据。

三、大学生安全教育是贯彻核心价值、构建和谐社会的需要

党的十八大提出，倡导富强、民主、文明、和谐，倡导自由、平等、公正、法治，倡导爱国、敬业、诚信、友善，积极培育和践行社会主义核心价值观。这与中国特色社会主义发展要求相契合，与中华优秀传统文化和人类文明优秀成果相承接，是我们党凝聚全党全社会价值共识做出的重要论断。高校理应成为核心价值观建设和传播的先行者，大学生将成为普及核心价值观和最终建成和谐社会的中坚力量。大学生的安全意识技能、安全文化素质和心理健康素质如何，直接关系到整个社会的氛围与环境能否改善。而这些必需的意识、技能与素质的获得，则需要安全教育来辅以实现。所以说，在高校对大学生开展安全教育是构建和谐社会的必然要求，是保持社会安定的重要前提。

有案可稽

北京市将维护校园及周边安全作为创新警务模式、完善社会治安整体防控体系的重要内容，围绕完善固定化校园及周边安全防范模式、健全强化安全隐患排查机制、建立落实防范宣传会商制度等内容，研究推出了十项校园及周边安全防范长效机制。

一、固化"高峰勤务"模式。二、实行校园周边交通岗位实名管理。三、组建专职校园保安队伍。四、建立学校图像信息视频实时巡控模式。五、定期开展校园周边安全检查和清理整治。六、动态掌握校园及周边地区不稳定因素。七、定期开展校园周边交通设施动态排查和校车安全检查。八、对学校及周边消防安全开展定期检查和不定期抽查。九、落实校园内部安全防范教育和实战演练。十、建立校园安全三级会商机制。

四、大学生安全教育是普及法律意识、维护国家安全的需要

随着依法治国、依法治校标准的不断提高，高校校园治安受到国家和社会的高度重视。要使大学生遵纪守法、把法律规章制度变成自己的自觉行动，深入、全面和规范地开展大学生安全教育是必然途径。高校对学生进行安全教育，是贯彻依法治国理念的基本体现。

当前我国社会形势依旧复杂多变，安全形势不容乐观，国内外各种势力通过各种渠道渗入大学校园，抢占大学生阵地，妄图利用大学生思辨力不足的弱点，在高校校园中传播错误的、片面的、消极的思想观念。这关系到国家现实安全和未来走向的关键争夺，需要安全教育来帮助大学生全面理解国家利益与安全的含义，树立正确的国家安全观。

延伸阅读

我国不仅在《中华人民共和国宪法》《中华人民共和国刑法》等法律法规中规定了维护国家安全的基本义务的内容，而且还制定了一批维护国家安全的专门的法律法规，如《中华人民共和国国家安全法》《反分裂国家法》《中华人民共和国国防教育法》《中华人民共和国保守国家秘密法》《中华人民共和国国防法》《中华人民共和国兵役法》《科学技术保密规定》等，规定了公民维护国家安全的各项具体的法律义务，成为维护国家安全的重要手段。大学生必须遵守国家安全法律，履行维护国家安全的法律义务，依法同一切危害国家安全的犯罪活动做斗争。

第三节　大学生安全教育的现状

一、进展

近年来，随着教育改革进程的不断加快，教育事业迅速发展，各个高校都面临着一些

有案可稽

2010年11月以来，山西省红十字会先后在多所高校开展了校园安全应急现场救护公益讲座。令培训人员没有想到的是，大多数大学生应急逃生知识十分匮乏，不会简单抢救，不懂电话求救，甚至说遇到火灾要跳楼……

当被问到"如果有人发生意外，心脏停搏、呼吸骤停，你第一步要做什么"，学生们除了回答"拨120求救"外，对急救步骤一无所知。老师邀请一名男生到台上现场演示心肺复苏步骤，但他不知该如何进行人工呼吸，也找不到准确的心脏按压部位。在被问到"假如学校、高楼或商场发生火灾，如何逃生"时，绝大多数同学不知道怎么下楼，有的人竟说，"三楼以下可以跳楼"。在培训现场，老师让大家模拟电话求救，结果同学们都没能准确说出求救时的必要信息。

第五，大学生安全教育的师资队伍力量薄弱。

大学生安全教育的开展需要一支良好的师资队伍。这支队伍应该由安全教育研究者、在一线从事安全保卫工作的教职工、专业教师、辅导员、社会各领域安全专家等构成。然而，现在的大学生安全教育往往仅由高校安全保卫人员和辅导员承担。安全保卫人员的经验丰富，但理论水平和教学能力参差不齐，难以保证知识的传授效率；高校辅导员往往并不出身于并从事安全专业，平时也以学生管理和辅导工作为主，他们自身的安全知识与技能都较为匮乏。这样片面而薄弱的师资力量，势必影响大学生安全教育的专业性、广泛性，不利于大学生安全教育质量的提升。

第四节　大学生安全教育的内容

大学生安全教育的涉及面广，应与高校的一切教育活动相联系，既针对大学生所学习和生活的环境，又指向大学生自身的安全意识和理解；既涉及大学生安全保卫工作的职能事项，又牵扯与大学生安全相关的方方面面。

大学生安全教育应该涉及以下类别与内容。

第一类是意识形态领域的知识。例如，政治安全和文化安全方面的知识，包括大学生的理想信念价值观教育、反邪教教育和国家安全教育等，目的在于防止大学生被错误、歪曲和偏颇的意识形态和价值观念影响，无法建立科学、健康、文明的思想观念，甚至犯政治错误，走上危害国家安全的邪路。

第二类是人身财产安全知识。例如，用电、饮食、卫生、运动等方面的知识，以及对盗窃、诈骗、抢劫、传销等危害学生财产安全的违法犯罪行为的防范。其主要目的在于规避大学中常见的各类安全威胁，保障学生能够健康顺利地学习和生活。

有案可稽

自行车是大学生在校园中常用的交通工具，而近年来丢失自行车的情况在大学校园中屡见不鲜。2014年5月，北京某高校有学生在学校论坛上开展调查，想了解自行车失窃都与什么因素有关，同时也想找出学校里自行车失窃的高发地段，最后把相关情况反馈给学校。

调查结果显示，在2013年4月15日至2014年同期为期一年的时间里，回复的近200名学生中有近一半的同学丢失过自行车，有的学生在一个月内连丢3辆自行车，最多的有一年丢失6辆自行车的情况。丢失的地点包括宿舍楼前、校园门口乃至校外宿舍。丢失的原因既包括自己未上锁的，也有忘记存放地点的。丢失的车辆既有昂贵的高档山地车，也有低廉的破旧自行车。许多学生由于丢失自行车而蒙受经济损失，甚至有学生因此放弃了购买自行车，由此带来出行不便的影响。

第三类是重要专项环境安全知识。其中，主要涵盖交通和消防这两类在高校校园中影响重大、内容丰富、管理严密、体系鲜明的安全工作。这两项工作从宣传、标识、预防、报警、救护、实操等方面来说，都包含学生应该知晓却又相对缺乏的安全知识。无论站在学生还是学校的角度，开展这两项安全教育都非常有必要。

图1-2　校园中各类消防安全标识与设备

第四类是大学生的心理安全知识。从心态问题到感情障碍，从常见心理症状到自杀危机，大学生的心理健康已经成为影响大学生安全的重要主观因素。大学生处于独立前的关键阶段，急切需要知识和指导来帮助他们正确面对各类心理问题，增强自身调节心理与情绪的能力，树立健康的人生观，保持良好的学习生活心态，尊重并热爱生活，为自身的健康成长奠定基础。

📤 延伸阅读

　　每年全世界大约有78.6万人自杀，其比例为每年每10万人中有10.7人自杀，这意味着每隔40秒就有人自杀。2007年，北京心理危机研究与干预中心发布的《我国自杀状况及其对策》报告显示，中国每年自杀死亡的人数已达28.7万人，每年平均自杀死亡率是十万分之二十三，每2分钟就有1人死于自杀，8人自杀未遂。自杀在中国人的死亡原因中已位居第5位，仅次于心脑血管病、恶性肿瘤、呼吸系统疾病和意外死亡。在15岁至34岁年龄段的青壮年中，自杀是死因首位。

　　这些数据意味着，全世界约42％的自杀死亡发生在占世界人口25％的中国。中国已经成为世界高自杀率国家之一。研究表明，1例自杀死亡可使6个人受到严重影响，1例自杀未遂可使2个人受到严重影响，自杀死亡给他人造成的心理伤害持续10年，自杀未遂持续6个月。也就是说，每年有170万人遭受到亲友自杀死亡所带来的严重心理创伤，400万人遭受亲友自杀未遂所带来的严重伤害。我国每年约有1700万人的心理和社会功能因他们所爱的人自杀死亡或自杀未遂而受到严重损害。

　　第五类是发展性的安全知识。例如，公共安全知识、学习实践安全知识、信息网络安全知识等。这类安全知识不仅能让现阶段的大学生从中受益，更重要的是能为大学生适应未来社会多样性、急需谋求个人发展提供保障。

📤 延伸阅读

　　随着信息化社会的发展，电脑、网络日趋普及，移动互联网被成熟应用，大学生的学习和生活与网络息息相关，通过网络进行的信息活动丰富多彩。大学生通过网载影视作品与音乐、网络聊天交流、网络看新闻、玩游戏等网络信息活动学习和生活，可见，电脑、网络已经是大学生日常生活的重要组成部分。因而，大学生一方面通过网络获取信息，另一方面他们在网络上交流、寻找、使用信息，同时还生成、创造信息。例如，在网上通过即时聊天工具或电子邮件等与人沟通，使用网上银行进行财务处理或通过网上支付进行网络购物等，这些都涉及个人信息的创建和使用，一旦这些个人信息泄露，将会给大学生生活带来很多麻烦甚至危及财产或人身安全。网络带给大学生方便快捷的生活和学习的同时，也给大学生个人信息安全带来隐患。

　　大学生缺乏相应的信息技术基础知识，在信息使用和管理过程中不能有效安全地处理个人信息。例如，大学生在日常生活中通常拥有2～3个密码，更有同学的密码多达7～8个。这么多的密码在编码时必须要考虑很多方面的问题，通常要有足够的强度，不容易被破解，同时又要容易识记，这就需要学生进行合理的编码。大学生在设置密码的时候，通常只考虑一个方面。要么是便于记忆而强度不够，甚至很多大学生所有的密码都是出生年月，这样密码的强度和保密性非常低，起不到应有的保护作用，当事人如果稍有疏忽便会造成重大的损失。还有的同学只考虑密码组合有足够的强度，但是却难以记忆，因而，大部分学生都出现过遗忘密码而找不到所需求的信息的情况，这样反倒给他们的学习和生活带来不便。

大学生自身对个人信息保护相关知识的认识不全面，对如何有效地保护自己的信息、个人信息泄露的途径以及个人信息泄露的危害等个人信息相关知识不够了解。一方面，大学生没有接受过关于如何避免个人信息泄漏方面的知识教育，同时他们的网络信息活动一般缺乏相应的监督，因而，即使大学生个人信息出现安全问题，也往往不能及时发现；另一方面，当大学生个人信息出现安全问题时，他们不知道如何有效地处理和应对，因而，一旦大学生个人信息泄密造成安全事故，大学生往往不知道该如何处理，不能识破陷阱或骗局，无法进行自我保护。

第六类是大学生安全责任知识。其中包括法律知识和避免犯罪的知识等。大学生不仅要从安全教育中了解如何确保自身各项安全，更要明确应当承担的与安全相关的责任。大学生安全责任教育的目的是了解自身作为校园活动主体所应担起的安全责任，激发法律规则意识，增强道德观念和安全自觉性，知法守法，用法律手段维护自身合法权益并避免走上违法犯罪的歧路。

有案可稽

2011年暑期，某高校一支由大学生组成的社会实践团队来到内蒙古某地区中学进行支教活动。该校中学生与支教大学生通过为期两周的接触与交流，已经建立了深厚的感情，在支教大学生临走前一天，该校中学生邀请其中两位"老师"一起到当地水库边玩耍。由于天气炎热，部分中学生决定下到水库中游泳。支教大学生曾试图阻止，但当地中学生纷纷表示经常下水，水性极好，没有危险。然而，其中一名学生陷入了水库的淤泥之中，难以自救，其他试图前去救援的学生也被淤泥和慌乱的伙伴困住。最终，这次原本轻松快乐的游玩居然成了死亡之旅，7名当地中学生不幸遇难，7个原本幸福的家庭瞬间垮塌。

支教大学生陷入了深深的自责之中，长期难以自持。或许事件并非源于他们的提议或安排，或许他们也曾试图劝阻，但在7条人命面前，一切解释都显得惨白无力。对于这两位大学生来说，他们事先并没有充分意识到当他们的角色变成"老师"时，他们身上所应当承担的艰巨的安全责任。当他们与学生一起活动时，保护学生的安全就成了他们的首要职责。无论学生如何表态或说明，他们必须随时意识到可能到来的危险，并务必确保学生和自己不处于危险的境地之中。

另外，大学生安全教育的内容还包括大学生安全技能和实践。安全技能既包括如何避免因个人行为而造成安全事故，也包括如何应对各类安全威胁和事故。这些避险、自救、应变的技能仅仅通过知识的学习无法充分获取，还要通过实践和操作巩固提高。

图 1-3　大学生应急疏散逃生演习

第五节　大学生安全教育的方式与方法

一、大学生安全教育的方式

大学生安全教育的方式可以是多种多样的，最常见的当属课堂教学，但不仅仅局限于课堂之中。

第一种方式是课堂的知识传授。课堂传授安全知识是大学生安全教育最常见的方式，具有科学性、思想性、计划性、系统性和逻辑性等特点。课堂传授的形式可以包括大学生安全教育专门课程、专题讲座、案例分析、研讨座谈会、参观等。

课堂教学是学校安全教育工作的重要组成部分，是深化安全宣传教育的重要环节，是学生获取、掌握安全知识的重要途径。大学生专门的安全教育课程可以通过有计划的教学活动对大学生进行全面、科学、系统、完整的安全知识传授，从而有效地实现大学生安全教育的预期学习结果。编写并使用合适的大学生安全教育教学材料，在课堂上进行传授，使安全知识进教材、进课堂、进书本、进大脑，充分利用大学课堂平台，是安全教育有效开展的现实要求，顺应了人才培养的需要。

举办专题讲座是大学校园开放性的重要标志，可以让学生就某一课题聆听专家意见，获取需要的知识。通过邀请专家对大学生进行高质量、有趣味的安全专题讲座的教育，可以使大学生脱离一般课堂人员及形式固化的束缚，以更高的动机获取自己真正感兴趣的安全知识。而专家的讲授，将会为学生提供学校教师可能无法提供的视角，帮助学生更加生动和全面地掌握安全知识。

与理论知识相比，案例为学生们假设了一个情境空间，帮助初学者更具体地了解理论知识的应用，不仅更能吸引学生的注意，而且可以成为联系理论与实践的有效桥梁。案例分析的教学，要注意有针对性地选取时间上较新、与学生关联较为紧密的特别是本校实际发生的安全事件，来保证教学效果。

研讨会或座谈会将教育者与学习者的距离缩小，更有利于学习者主动交流并参与到教学活动中来，在更为自由、宽松的环境中接受和理解安全教育的内容。采用研讨会、座谈会形式进行安全教学活动，要注意对参加人数和规模的控制，要注重话题的引导和反馈。

参观学习更多地让学生走出课堂及校园，走向专门性的展览或实践场所，以一种较为松散、类似游览的、更加生活化的形式来加强学生对安全知识的理解与掌握。参观学习要注意现场氛围的把握，避免学生走神与跑题；也要注意对外界环境的控制，特别是在一些有一定危险性的场所，要确保学生的安全。

第二种方式是实践的教育。安全实践教学是大学生安全教育的重要组成部分，是深化安全课堂教学的重要环节，是学生获取、掌握安全知识的重要途径。它以对安全知识的运用为目标，着重培养学生解决问题的能力。像实操演习、预案推演、现场重现、参与安全管理等，都是安全实践教育的有效形式。

安全技能的实际操作和模拟危险场景的现场演练，可以带给学生真实的体验，将课堂与书本上学习到的安全知识转化为实际的安全技能。一次实际操作的巩固或演练的经历，能够给学生留下更为深刻的印象，甚至成为其一生难忘的经历。

预案的推演及现场的重现，有助于学生全面地融入安全事件的场景之中，明确当危险来临之际到底发生了什么，通过试错等方式来了解最合适的应对方法。

参与安全管理将帮助大学生更为全面地思考高校安全工作，站在安全管理者的角度来考虑安全的内容和意义，并从安全管理工作成绩中获得成就感，激发学习安全知识的兴趣。当回归日常生活时，他们便能更积极地配合学校安全管理工作，更主动地学习安全知识与技能。

第三种方式是大学生的自我安全教育。在大学生学习、生活过程中，安全事故、危险等并非时时刻刻出现，也并非每个人都会亲身经历。因此，大学生在思想上常常松懈麻痹，在行为上常常疏于防范。单纯靠课堂教育和实践教育是不够的，还必须靠大学生自我教育，通过大学生自我管理、自我学习、自我教育，把安全教育贯穿于在校的全时段、全方位，做到安全问题年年讲、月月学、天天想。大学生还可以在教师的引导下进行自我安全教育，既突出不同时期某项专门防范的重点，又宣传一般安全常识，寓教于乐，使安全知识和信息通过潜移默化的方式深入被教育者的心中。

二、大学生安全教育的方法

第一，突出"三化"，提升安全宣传教育能力。

一是教育专题化。内容包括安全理论知识讲座，也包括模拟现场操作、应急演练等实践环节，由有经验的辅导员、安全管理专职人员、公安干警主讲，切实增强学生的安全意识和法制观念，提高其应急自救能力。

二是教育常态化。学校针对常见、易发的安全问题，实施安全教育"三个一"工程，每月一条安全提示短信，每季度一封安全常识电子邮件，每年一次消防安全宣传竞赛。

三是宣传方式多样化。学校在安全宣传工作中，要充分利用校园网、手机短信平台、闭路电视、校内报刊、社区板报、宣传橱窗等媒体资源对全校师生员工进行广泛全面的宣传教育，最大限度地普及消防法律知识和安全常识，扩大师生员工的参与面和覆盖面。

第二，调动一切积极因素，形成育人合力。

高校的安全教育工作，需要社会及学校各有关部门的积极配合和大力支持。高校的每一位教职员工都有责任和义务对大学生进行安全教育，应在各自的岗位上教书育人、管理育人、服务育人。各职能部门要协同配合、有效开展安全教育，专兼职辅导员、班主任、学工部、宣传部、团委、行政管理、后勤服务等人员都应参与到安全教育工作中，全校形成齐抓共管的局面。同时，广大学生也应以积极认真的态度接受教育。只有这样，大学生安全教育才能收到预期的效果。

第三，将安全教育纳入正规的教学管理中。

首先，建立大学生安全教育领导机构负责大学生的安全教育，配备专兼职教师组织进行授课等；其次，理顺安全教育运行机制，把大学生的安全教育纳入学校整个的教学计划，设立学生安全教育教研室，制定教学大纲和相应的考评标准，统一排课，统一检查评估，统一考试和成绩管理，使之系统化和规范化；再次，建立和完善保证大学生安全教育顺利运行的一系列配套制度；最后，明确大学生安全教育的基本载体，主要是系统的课堂教育与各种讲座及安全教育活动相结合，从而使大学生安全教育全面得到落实。

第四，利用已有的教学体系，强化安全教育。

加强大学生安全教育，要强化教育的阵地，更新教育的手段。一方面，要发挥思想政治教育阵地的作用，利用高校思想政治教育的工作体系和优势，根据实际情况和需要因人因事有针对性地进行安全教育。另一方面，要发挥课堂教学的优势，在有关课程和教学环节中由任课教师结合课程内容适时对学生进行安全教育和法制教育。

第五，抓好安全教育工作队伍的建设。

高校保卫部门应转变工作方向，将大学生的安全教育工作视为学校安全保卫工作的重要内容，安排专门人员进行研究。为提升高校安全教育工作人员的素质，高校要有计划地引进专业人才充实到安全保卫部门；同时对现有保卫人员不断进行业务培训，提高专业保卫队伍的安全教育能力。

辅导员队伍在高校的安全教育工作中起着至关重要的作用，高校开展的各项安全教育活动，都需要辅导员去具体组织和落实。为此，高校每学年应举办辅导员学习班，先行对辅导员进行安全知识教育和安全管理技能培训，提高学生辅导员队伍的安全素质，为高校的安全教育工作打下良好的干部队伍基础。

第六，抓住重要时间节点，针对特殊人群进行专项安全教育。

对于有厌学、厌世、轻生等心理问题倾向的学生，进行深度辅导、帮助和教育，避免事故的发生。对经常违反校纪校规的学生，要进行重点督促，防止因严重违反校纪校规造成安全事故。在对女生的安全教育上，要强化女生的自强、自立、自尊、自爱意识，告诉她们应注意些什么，在特定情况下如何自我保护及遇到特殊情况如何处理问题等。

重点时期是指易发生安全事故的特殊时期，如入学和放假前后、毕业前夕等。高校应重点抓好以下几个时期的安全教育。一要加强新生入学时的安全教育。从新生入学起就抓好安全教育，让他们尽早熟悉校纪校规，及时适应环境，增长安全防范知识，避免各类安全事故发生。二要加强节假日期间安全教育。节假日期间学生思想容易放松，易发生财物被盗、火灾、食物中毒、溺水、车祸等事故。因而，在此期间要特别强调安全问题，防止各类事故发生。三要加强学生外出实习、社会实践和毕业生离校之前的安全常识教育和防诈骗教育。例如，保卫处利用新生军训契机开展校园防盗防骗、交通安全、消防安全知识讲座，进行消防疏散演练和灭火实操；针对留学生开展包括交通、消防安全教育讲座在内的安全教育培训课；利用"11·9""12·2"时间节点进行消防安全检查、演习和交通安全日宣传教育活动，悬挂横幅，发放宣传材料，有效提高大学生的安全意识。

第七，广泛开展安全咨询活动。

在实际生活中，除了存在共性的安全问题，大学生的个体安全问题是千差万别的。为了对症下药，使安全教育富有时代性、科学性、针对性，还应当建立大学生安全咨询机构，开展安全咨询服务活动。安全咨询的范围包括帮助大学生依法维护自身的正当权益、依靠有关组织解决大学生面临的现实安全问题，以及通过谈心开导帮助大学生克服因各种原因产生的心理障碍等。

思考回顾

1. 请简述你对安全的含义、本质的理解。
2. 大学生安全教育有哪些特性？
3. 如何理解大学生安全教育的意义？
4. 大学生安全教育的内容包括哪些方面？
5. 你认为高校应如何进行大学生安全教育？

第二章　高校的稳定与和谐

　　高校的稳定与和谐是高校安全的重要标志和基础，它的实现不仅关系到每一位在校学习和生活的大学生的安全和发展，也有赖于全体大学生的共同努力。在新的现实环境下，高校校园的稳定与和谐面临着新的挑战，同时也对高校安全工作者及大学生提出了更全面的要求。

　　党和国家高度重视高校的稳定与和谐。《国家中长期教育改革和发展规划纲要（2010—2020年）》中明确提出："切实维护教育系统和谐稳定。加强和改进学校思想政治工作，加强校园文化建设，深入开展平安校园、文明校园、绿色校园、和谐校园创建活动。……为师生创造安定有序、和谐融洽、充满活力的工作、学习、生活环境。"中共中央、国务院《关于进一步加强和改进大学生思想政治教育的意见》中也要求"及时处理侵害学生合法权益、身心健康的事件和影响学校、社会稳定的事端"。2012年在第二十次全国高等学校党的建设工作会议上，习近平强调，要以更加扎实有力的措施维护高校的和谐稳定。教育部原部长袁贵仁指出，要讲政治、讲大局、讲责任，从源头上、根本上、基础上着手，抓部署、抓督查、抓落实，做好高校和谐稳定工作。

图 2-1　第二十次全国高等学校党的建设工作会议现场

　　我国高校总体上维持了二十多年的稳定态势，和谐校园的建设也取得了一定成就，积累了一些经验，为社会整体的稳定和和谐提供了条件，奠定了基础。但随着改革开放程度的日益加深，国内利益矛盾与国外势力干涉的问题也逐渐凸显，社会和谐稳定的大局面临新的挑战，而这些因素也无疑会对象牙塔内的学生与校园环境带来影响。本章将对高校稳定与和谐的内涵及影响因素进行探究，并针对可能影响高校稳定与和谐的重点问题进行解析，给出应对方案。

2017 年 9 月 19 日，在举国喜迎党的十九大召开之际，全国社会治安综合治理表彰大会在北京人民大会堂举行。"发展是硬道理，稳定也是硬道理。"习近平在此次表彰大会上强调，抓发展、抓稳定两手都要硬。

对于当前高校的实际环境，习近平在全国高等学校党的建设工作会议上指出，要办好中国特色社会主义大学，强化思想引领，牢牢把握高校意识形态工作领导权。坚持党的教育方针，坚持社会主义办学方向，加强和改进思想政治工作。这正是我们做好维护高校稳定工作的根本指南。

第一节　高校稳定与和谐的内涵

一、高校稳定

高校稳定是社会稳定的重要组成部分，既受制于社会的稳定状况，又对社会的整体稳定带来一定影响。这种从属关联性使我们有必要先了解社会稳定的内涵。

根据中央党校张恒山教授的探究，我们所指的社会稳定，"是一定地域上的人类群体所赖以维系交往的合作系统（包括政治管理系统、经济运行系统、生活交往系统和文化观念系统）中内含的制度框架能够不断地解决既有的个人与个人之间、利益集团与利益集团之间、国家与民众之间的矛盾冲突，以致以既有的制度框架为中心的人际交往合作系统能够持续有效地运行，整个社会未发生以打破既有制度框架为目的指向、以大规模暴力行为为表现的民众反叛的社会状态"。简言之，社会稳定是指整个社会处于稳固、安定、和谐的状态，是经济、政治、文化等多种人类活动因素综合作用的结果，是一个历史的、综合的、动态的概念。

经验表明，任何时代的掌权者都会将稳定作为治国理政的首选价值，以防止其政权在社会不稳定状态中失去合法性而走向毁灭。中国共产党及中国政府均十分重视对社会稳定的维护。改革开放的总工程师邓小平曾经指出："中国的问题，压倒一切的是需要稳定，没有稳定的环境，什么都搞不成，已经取得的成果也会失掉。"这个论断，自提出后便成为指导中国建设与发展的重要思想。经过以江泽民、胡锦涛为代表的两届领导集体的传承与发展，到了习近平领导集体执政时期，中国经济社会发展"稳定观"已初步完善。结合习近平的有关论断，我们认为，习近平经济社会发展"稳定观"是一种涵盖政治、经济、社会、人心等稳定的全面稳定观，是一种促进整个社会有机体良性发展的稳定观，其目标与任务是政局安定，社会稳定，国泰民安，百姓安居乐业。

延伸阅读

张恒山在《社会稳定的概念释义》中指出：世界各国，包括西方发达国家，均投入大力气来维护社会稳定。2012 年美国维稳费用为 3290 亿美元，其中联邦为 587 亿，州政府为 885 亿，地方政府为 1818 亿。法国拥有世界级大都市巴黎，规模庞大的城市使居民住房成为法国的市政建设不容忽视的问题。为了在寸土寸金的城市满足低收入居民的住房需求，法国大力推动廉租房等福利性住房建设，使更多"居者有其屋"，廉租房已成为法国的社会稳定器。泰国局势连年动荡，"街头民主"夹杂的暴力冲突触目惊心。伴随"红衫军"一浪高过一浪的示威活动，流血事件不断升级。泰国旅游业代表称，"红衫军"集会给泰国旅游业带来的损失已超过100亿。泰国国内形势对我们无疑具有警示意义：只有持续维护国家政权的稳定，维护国内外形势的稳定，才能保障中国改革进程平稳地走下去。

了解了社会稳定的内涵，我们对高校稳定的理解就有了基础。高校作为社会的组成部分，同样需要稳定，高校的稳定有其自身的特点与特性。高校是教育场所，它的基本构成是教师和学生，从事的是教育和教学活动。根据社会稳定的概念，高校稳定就是要保障教师和学生的稳定以及教育教学活动的稳定。

高校稳定主要是指高校内部系统的秩序性、规范性、可控性以及高校与外部社会环境的协调性。具体地说，高校稳定的实质是政治上的安定团结，核心是师生的思想稳定，关键是师生心态和情绪的稳定，基本标志是良好的教学和生活秩序，目的是保证学校乃至社会事业的全面进步，促进青年学生的全面发展。

高校是维护社会稳定的重要力量和重要环节。高校稳定往往受社会各方面因素的影响，而高校的稳定状况又会反过来影响社会稳定。高校稳定与社会稳定的这种互为因果、息息相关的互动关系，大致可以表述为以下几种不同的情形。

一是社会的稳定因素与高校内部的稳定因素相互整合后，高校本身作为一种稳定的因素进一步强化社会稳定；二是社会的不稳定因素经过高校内部稳定因素的调控后，高校能够起到维护社会稳定的作用；三是社会的不稳定因素与高校内部的一些不稳定因素相互震荡，产生"共振"，如果失控，高校本身很可能作为一个不稳定因素进一步影响社会稳定。

高校的稳定状况是社会稳定的晴雨表，在我国，高校稳定的意义已远远超出了其对大学及学生发展的内在意义而成为关系社会和政治稳定的根本问题。高校大学生来自各个地区、各个社会阶层，他们能较全面地反映民众的生活状况与诉求；他们思想观念较为多变，对社会的关注需求呈明显上升趋势，同时理想主义与教条主义的思维特征也较明显，行动力强，容易在观念上和行为上产生异动。近现代以来，学生一直走在社会变革的前沿，是社会进步的重要推动力量，同时也是影响社会稳定大局的重要因素。

二、高校和谐

在《辞海》及《现代汉语词典》中，"和谐"一词的释义为"配合得适当"。在《哲学大辞典》中，"和谐"被进一步诠释为"不仅是整齐一律和平衡对称，更重要的还在于在差异中见出协调，在不齐中见出整齐，在整体上给人以匀称一致、和顺适宜的感觉，并使主客体达到矛盾统一"。

↪ 延伸阅读

"和谐"一词，最早语出《左传·襄公十一年》："子教寡人和诸戎狄，以正诸华，八年之中，九合诸侯，如乐之和，无所不谐。""和谐"一词的最初本义，即指声音协调悦耳。"和"字本源有二解：一指"千人一口"，即"同声相应"之义；二指"口皆有禾"，即"生存无忧、生活饱满"之义。"谐"字本源与"和"字本源之一类似，为"皆言"之解，即"一同发声"之义。"和谐"组成一词，就包含了"同心同求、互相适应、协调和睦、进程顺利"等意义。

对"和谐"的表述和追求在中国渊源久远。《论语》记载孔子曾说"君子和而不同"，将此树为人与人交往的理想状态，体现了事物的对立统一，即具有差异性的不同事物的结合、统一共存；而在社会层面，孔子"均无贫，和无寡，安无倾"的表述更是彰显了他对稳定与和谐的高度重视。除了人与人的交往、社会层面的和谐以外，历代封建统治者奉行儒家"天人合一"的思想，也体现了对事物发展客观规律的遵循和对人与自然和谐的追求。

进入 21 世纪以来，中国共产党领导下的全国各族人民越来越意识到和谐对于社会的重要意义。党的十六大报告第一次将"社会更加和谐"作为重要目标提出。党的十六届四中全会进一步提出构建社会主义和谐社会的任务。胡锦涛指出："我们所要建设的社会主义和谐社会，应该是民主法治、公平正义、诚信友爱、充满活力、安定有序、人与自然和谐相处的社会。"这一论述明确了和谐社会的基本特征。从此以后，"和谐社会"的概念逐渐深入人心，渗透到社会的各个子环境。

高校，同样需要一个和谐的环境。高校和谐校园，是一个由主客体有机组成的系统。在系统内，构建高校和谐校园的主体，由教育者(包括校领导、专任教师、管理人员和后勤服务人员)、受教育者(主要指学生)和社区居民(包括教师家属、退休人员和其他居住人员等)构成；客体由校内教育资源和校园自然环境所构成。教育者中的校领导，由于掌握学校人力、物力和财力的支配权而居于主导地位。受教育者即学生，他们是构建高校和谐校园不可缺少的力量。教育者中的专任教师和管理人员，当他们作为教育资源与学生相对应时，是客体；当他们作为校内教育资源和校园自然环境的使用者或建设者时，是主体。构建高校和谐校园的主体之间、主客体之间、客体之间，相互依存、相互制约、相互作用，构成了不可分割的整体或系统。

高校和谐校园这一系统，主要包括个体自身的和谐、人与人的和谐、人与教育资源的和谐、人与校园自然环境的和谐。个体自身的和谐，是指教育者、受教育者和社区居民等在思想道德素质和科学文化素质同步发展，个人心理、生理协调发展，德智体美等全面发展。人与人的和谐是指在校园学习、工作、居住的个人或群体，主要包括教师与学生、教师与教师、学生与学生、教师与管理人员、教师与校领导等之间和睦相处、互相尊重、平等互利、团结友爱、互相促进、共同进步。人与教育资源的和谐，主要指教育者与教育资源的和谐和受教育者与教育资源的和谐。前者表现为通过合理配置教育资源，在满足教育者工作、学习和生活需要的同时，最大限度地促进教育者教学水平的提高和科研成果的涌现；后者表现为在满足学生成长成才的前提下，最大限度地促进学生德智体美等全面发展。人与校园自然环境的和谐，即在高校学习、工作和居住的个人或群体，尊重自然规律，爱护校园自然环境，使自然环境不至于受到污染、破坏，使校园自然环境适宜人们学习、工作和居住，以利于人的心情舒畅和身心健康。

高校和谐校园是一个开放的系统。构建高校和谐校园离不开其所处的时代和社会。处于特定时代的外部社会的和谐发展，是构建高校和谐校园不可缺少的条件；高校和谐校园的成功构建，又对社会和谐发展产生积极的推动作用。

高校的稳定与和谐这两个概念紧密相连。高校和谐包含了稳定，同时也是高校稳定的进阶要求。高校稳定是实现高校和谐的重要基础，如果没有稳定的环境，秩序混乱，突发事件频发，师生安全难以保障，那么就遑论建设和谐的高校校园。

第二节　影响高校稳定与和谐的因素

高校的稳定与和谐处在不断地变化之中，需要高校教职工和学生随时根据不同的影响因素做出最恰当的应对。由于不同时期社会与高校环境的变化，影响高校稳定与和谐的因素也在发生变化，但其影响因素无外乎内部因素和外部因素两大类。

根据唯物辩证法的理论，内因是事物存在的基础，是一事物区别于其他事物的内在本质，是事物运动的源泉和动力，它规定着事物运动和发展的基本趋势。换句话说，内因是第一位的。在影响高校稳定与和谐的内因中，包含了以下几项内容。

第一，维护高校稳定与和谐的工作制度。高校稳定与和谐的工作制度包括工作条规、工作领导、职权分配、人员安排、工作流程、监督管理、后勤保障等与高校稳定与和谐工作相关的各项内容。工作制度的制定是否兼具可行性和灵活性，是否完善得当，将决定高校对稳定与和谐工作的处理结果。

目前，高校中的稳定与和谐工作制度存在的主要问题表现在认识偏颇、缺乏联动和资金不足上。高校对稳定与和谐工作的全面性认识不足，往往将其视为个别部门的职责，没有形成自上而下全面覆盖的工作机制。一旦学校发生紧急事件需要必要的联动机制和设备时，由于机制的不健全和设备投入的不足，如消防、饮食卫生、交通、安全防护等，甚至是安全保卫人员不足，将会使突发事件不能得到有效的遏制以及有效的补救措施。此外，学校对稳定工作的认识不足也会带来对师生员工教育上的不足，使得师生或安全保卫人员在面临不稳定事件时对各种不安全因素缺乏安全防范意识，再加上安全警示教育和遇险措施教育的缺失，使得很多师生缺少必要的安全防护意识，严重的会给别有用心的人以可乘之机，造成更大的损失。

第二，维护高校稳定与和谐的工作队伍。其实，高校稳定与和谐的工作队伍可以视为工作制度中的一部分。但工作队伍的组成、规模、特点和互动，往往自成体系，成为影响高校稳定与和谐的关键一环。

目前的高校稳定与和谐工作队伍，主要由主管校领导、保卫干部与保安队员、专职行政人员和辅导员等人员构成。这样的人员组成专业性强、组织化程度高、层级明确、易形成工作合力，但也可能存在理论水平较低、流动性强、被边缘化等缺陷。实际上，这样的队伍最突出的问题在于高校教学活动的核心群体。教学科研教师和学生没有被充分调动起来，反而往往被树立为工作对象，使得高校稳定与和谐工作的效率降低，事倍而功半。因此，在高校稳定与和谐工作中，必须想方设法让教师与学生更主动地参与并融入相关工作之中，为他们安排岗位、赋予权力、明确职责，并特别注意重用合适的特殊群体的师生，如院系领导、班主任、特色学科师生以及国防生、相关社团学生等。

第三，高校校园环境与案件发生情况。高校校园环境指的是高校校园内的与安全、稳定、和谐有关的多种因素构成的复杂系统，包括自然条件、设施设备、时空布置等物理与物质层面的环境以及意识形态、氛围风气、观念制度、风俗习惯等社会与心理层面的环境。物理与物质层面的校园环境主要通过师生等校内人员对其满意度来对高校的稳定与和谐施加影响，如学生对学习、饮食及住宿环境不满意等，可能会引发群体性事件；而社会与心理层面的校园环境主要通过其本身对师生等校内人员潜移默化的同化作用来施加影响，如敬业乐群的校风可使师生认真负责、与人为善，从而增强高校的稳定与和谐的程度，而彪悍斗狠的民风与习俗可能使属地学校多发打架斗殴等事件。

当前，我国高校的校园环境安全状况不容乐观，诈骗、传销、盗窃、斗殴、意外死亡等案件在大学校园中屡屡发生，大学校园再也不是世外桃源，校园周边治安环境恶劣，社会治安形势严峻。高校校园经常发生一些重大案件和事件，如学生被害，因火灾事故、交通事故造成学生死亡，学生离校出走，打架斗殴，跳楼自杀等，这严重危害国家和人民的生命财产安全，给学生造成心理恐慌。某些案件和事故导致的群体性事件使高校周边地区和校园内部治安环境变得复杂，刑事、治安案件和交通事故等时有发生，有的案件或事故伤害到了大学生，引起了大学生的关注，一旦冲动，容易引发群体性事件。

有案可稽

2003 年 1 月 6 日晚，安徽合肥某大学大门口发生了一起严重交通事故，一名大学生被撞身亡。1 月 7 日，当地一家颇具影响力的报纸刊发了一篇有争议的报道，想当然地认为死难者的不幸是由于他闯红灯造成的，引起部分大学生的不满和抗议。最终，胡锦涛做出批示，要求严惩肇事者，做好高校交通安全工作，各高校做好学生思想工作。报社于头版做出道歉，而该校校长也于不久后离职。

突发事件是危机的一种表现形式，即发生在特定的时间和地点，对管理制定的正常运行、公共根本利益以及日常秩序等造成威胁的各类事件。突发事件在高校中具体可分为人为影响和自然影响两种，突发事件具有发生突然、不可预见的特点。突发事件的发生考量着一个学校的管理水平和危机处理能力。突发事件往往夹杂着各种诱因，如不能在事件发生前对可能发生的所有突发事件进行有效预防，制订出及时、有效的措施，这势必会在事件来临时出现程序、环节上的疏漏，而这种疏漏有可能造成无法挽回的后果，突发事件可能会迅速变性、由点及面、由个体变群体，甚至上升为政治事件。

第四，学生群体特征和个体身份。在高校中，学生是教育的对象和教学活动的主体，他们在高校中的人数居多，身份背景多种多样，其言行举止特别是群体活动对高校的稳定与和谐起到了至关重要的作用。当前的学生群体上具有怎样的特征、不同类型的学生群体对高校稳定与和谐各有怎样的影响——这都是高校的安全稳定工作者需要关注并了解的内容。

在绪论里我们讲到，由于年龄、阅历、身心发展、身份认同等方面的原因，大学生具有鲜明的群体特征，而与此相对应，他们对高校稳定与和谐带来了这个群体的所共有的一些影响。比如，大学生可塑性较强，思考问题有一定深度但尚欠全面，因此也容易受到多种价值观念的影响，且偶发偏激的思想；大学生社会需求强烈，但社会经验相对不足，因此，他们对社会前沿信息反应灵敏，但面对纷繁复杂的社会事件有时难以做出最合理的反应；大学生自我意识较强，但自我保护意识较弱，容易成为犯罪分子作案的目标，甚至为人利用走上歧路；大学生的个体差异性大，已形成不同的学生群体，从而对高校稳定与和谐带来不同的影响。

具体来说，大学生的理想信念与价值观、家庭背景与环境、心理情感与压力、安全意识等方面的因素都可能对高校稳定与和谐造成影响。当代大学生具有多样化的价值取向，主要可以分为科学型、信仰型、实用型、趋众型和否定型等。心理学上认为，价值观是人们对客观事物、现象以及人的行为结果的意义、作用、效果和重要性的评价与抉择的标准和尺度，是指引并推动人们做出决策和采取行动的要素。价值观会对大学生的生活与行为产生直接的影响，价值观的多样性会带来各种行为、思想方式和后果，这些都会给学校日常管理带来挑战，甚至对高校稳定与和谐带来巨大的影响。

从外因的方面讲，影响高校稳定与和谐的因素则主要包括了以下三个方面的内容。

第一，国内社会大环境的状况与变化。随着现代化进程的推进，我国社会结构发生深刻变革，影响社会稳定与和谐的因素也随之增加，尤其是当前我国正处在社会转型期，处于改革攻坚的阶段，维护社会稳定的工作任务也越来越重。在社会转型过程中不可避免地出现了各种负面现象，如贫富差距拉大、社会成员行为失范等。

学校周边也存在交通、食品安全等不稳定因素和安全隐患。高校服务的社会化，使高校传统的管理方式发生了新变化，管理主体由原来单一的学校，变为学校、后勤企业及社会有关方面的统一体，从而带来了管理理念、价值取向的碰撞，由此产生了很多新的问题。

教育理念的偏差是影响高校稳定的又一社会因素。高校重视对大学生专业知识的传授，而在一定程度上忽视了对大学生的人格、心理、安全等方面的教育，致使大学生在人生价值、生命价值、社会责任、社会适应、心理素质、危机处理等诸多方面存在缺失。教育理念的偏差致使大学生和社会脱节，对社会认识严重不足。一部分大学生自命不凡，然而当他们在社会中遇到一点挫折时，却会自暴自弃，严重的还会走上违法犯罪的道路。还有一部分大学生思想单纯、幼稚，缺少辨别是非的能力，常常成为违法犯罪分子的侵害对象。凡此种种都会成为影响高校稳定的潜在因素。

第二，国外发展趋势及外部势力对国内局势的干涉与影响。境外敌对势力对我国实行西化、分化战略，企图从政治、思想、文化等领域对我国进行全面渗透，并把高校选为重点目标，隐蔽战线的斗争还十分复杂，一些别有用心的人利用我国改革开放中出现的一些矛盾和问题等敏感问题大做文章，公开造谣煽动，蛊惑人心，蒙蔽学生。不法分子利用讲学、学术研究、文化交流等渠道对大学生进行思想文化渗透，并以一些所谓的"基金会"

"中心""协会"等非政府组织以"项目合作""学术交流"等名义进行思想信念领域的渗透。非法宗教势力、民族分裂势力活动猖獗，邪教残余影响还在继续，通过网络、电话、传真等工具，经常向高校发布反动材料，煽动高校师生中的共产党员退党，破坏高校校园良好的治安环境，破坏社会稳定与和谐。

错综复杂的国际形势尤其是重大突发事件对师生的影响突出。当前，国际形势错综复杂，天下仍不太平。霸权主义是世界不安定的主要根源。民族、宗教矛盾和世界领土争端导致局部冲突此起彼伏。当代大学生关心时事政治，关注国际形势，充满爱国热情。世界局势的风云变幻会直接影响大学生的情绪波动，世界部分国家干涉他国内政、一些第三世界国家国内局势恶化、恐怖事件时有发生，中美关系、中日关系、中越关系、台海关系、钓鱼岛争端、南海争端等热点问题，如引导不当，很容易造成学生认识上的波动，引发一些群体事件，影响高校稳定。

有案可稽

2012年，由于日本有关当局宣布将购买钓鱼岛，实现钓鱼岛的"国有化"，挑起了钓鱼岛主权争端，引起了广大中国民众的强烈不满，在全国各地爆发了大规模的反日游行示威活动。许多地方的大学生也积极投身其中，甚至成为反日游行的主力，如在西安，仅9月15日就有近三万名大学生自发组织参加游行示威。然而，在全国各地的游行示威活动中，有的大学生能够主动抵制、劝导过激行为，清理示威现场，有的大学生却出现了打砸抢烧行为，甚至部分大学生触犯了法律，受到了处罚。原本的爱国行动在这些人的身上却似乎变了味。

第三，互联网等新媒体的发展带来的影响。互联网是当代社会的鲜明特色，它的出现为大学生提供了新的社会交往与人际交流的方式和方法，同时也提供了极其广阔的学习、活动和娱乐空间。互联网现已成为高校学生学习和生活中不可或缺的工具、载体和平台。但是，互联网也是一把"双刃剑"，一些不法分子利用网络的监管缺失进行各种违法犯罪活动，如网络诈骗、网络谣言、网络组织集会游行、传播黄色信息等；敌对势力和不法分子利用互联网这双"无形的手"对高校渗透扭曲的价值观和不良文化，制造谣言，煽动大学生做出具有不良政治性、攻击性的言行；部分大学生陷入网瘾不能自拔，或者网上交友不慎等，由此带来一系列自身安全隐患，影响着高校的稳定与和谐。

第三节　树立正确的理想信念

一、理想信念的内涵

理想信念是人的心灵世界的核心，是人们的世界观、人生观和价值观在奋斗目标上的集中体现。在马克思主义哲学中，"理想、信念"是很重要的概念和范畴。过去，我们大多从价值观的角度来衡量"理想、信念"，即认定为马克思主义理想、共产主义信仰，却忽略了"理想、信念"的科学界定，甚至有相关的学者认为理想等同于信念，均是对于未来的展望和追求。在 2004 年中共中央、国务院颁布的 16 号文件中，"理想信念"这一复合概念诞生，这一概念进一步表明了理想、信念与理想信念的差异性。理想信念中的理想指的是人类理想的最高层次，而理想信念中的信念是以人类理想的最高层次为依托的，是一种高度信仰、自觉追求的精神状态。

当今世界，要和平、求合作、促发展是时代的主流，世界多极化和经济全球化的趋势在曲折中发展，科技进步日新月异，综合国力竞争日趋激烈，各种思想文化相互激荡，世界力量的组合和利益分配正在发生新的深刻变化。经济全球化以及以互联网为标志的人类交往方式的变革是当今时代发展的重要趋势。而经济全球化不断由经济交往拓展至政治交往和文化交往，更是改变了社会意识的面貌，促进了人们的思想观念、价值观念广泛地交流和激烈地碰撞。随着经济全球化进程的日益深入和我国对外开放程度的不断深化，西方国家的各种形形色色的社会思潮和价值观念也相涌而入，竞相冲击着人们已有的生活方式和价值观念。经过改革开放几十年来的发展，我们国家正处于经济体制深刻变革、社会结构深刻变动、利益格局深刻调整、理想信念深刻变化的时期。正是社会经济成分、组织形式、就业方式、利益关系、分配方式日趋多样化，使不同社会群体在经济地位、社会角色、职能分工等方面的差异日益明显，使人们的思想活动越来越表现出独立性、选择性、多变性和差异性，从而引起人们思想观念和价值追求的日趋多样化。同时，互联网等新兴媒体的迅速发展，改变了人们的生活方式和交往方式，也加速了各种思想、文化、信息的交流与传播。我国社会生活所发生的这些深刻变化，反映在人们的思想观念上，就出现了社会意识多样化的趋势。

有案可稽

在英国爱丁堡举行的 2013 年 TED 大会上，来自中国的投资家李世默在大会上发表了题为《中国崛起与"元叙事"的终结》的演讲，涉及了中国崛起的历史、制度、经验等方方面面，引起现场热烈反响，并引发国内热议。该演讲最终成为 2013 年 TED 年度最佳演讲。他在演讲中指出："中国从不将自己的政治制度包装成普世通用的模式，也不热衷于对外输出……中国模式的重要意义，不在于为世界各国提供了一个可以替代选举民主的新模式，而在于从实践上证明了良政的模式不是单一而是多元的，各国都有可能找到适合本国的政治制度……我们的下一代，不需要被灌输说，世界上只有一种政治模式，所有社会都只有一种归宿。这是错误的，不负责任的，也是乏味的。多元化正在取代普世化。"

从积极意义上讲，社会意识多样化体现了社会主义文化建设的成果，是我国思想文化领域日益繁荣的重要表现。各种社会意识和思想文化的交流、碰撞、融合，有利于激发社会的创造活力与生命力，有利于推动思想文化的创新、繁荣与发展。自立意识、民主意识、平等意识、自由意识、竞争意识、质量意识、效率意识、创新意识、法治意识等正在蓬勃发展；人们的思想意识不断获得新的解放，释放出前所未有的探索精神和创造活力，思想状态和精神风貌发生了巨大的变化；社会意识的内容和形式变得更加丰富多彩，人们的精神生活变得更加充实生动。可以说，社会意识多样化是思想文化的生命和活力所在，是一个社会文明、和谐、进步与繁荣的精神表现。

随之而来的是问题的另一方面，社会意识多样化很容易导向价值相对主义甚至虚无主义。从现实生活看，作为社会意识多元化具体体现的各种社会思潮不断涌现、争奇斗艳，甚至鱼龙混杂、泥沙俱下，不免掺杂着正确与错误、进步与落后、积极与消极的思想倾向。一些错误的思想观点在影响着人们的思想行为、破坏着社会的和谐发展的同时，也在一定程度上造成了人们理想信念层面的动摇和偏差，这不能不引起全社会的关注和重视。

二、党和国家高度重视理想信念教育

我们党历来高度重视理想信念教育，中共中央、国务院印发的《关于进一步加强和改进大学生思想政治教育的意见》明确指出，新形势下加强和改进大学生思想政治教育，要以理想信念教育为核心。当前，我国进入了新的发展阶段，经过改革开放四十年的发展，我国经济体制深刻变革，社会结构深刻变化，利益格局深刻调整，思想文化多元多变，这就为当前的大学生理想信念教育提出了新的挑战和要求。

三、大学生理想信念现状

总体而言，通过改革开放以来的努力工作，高校大学生思想政治面貌和理想信念状况发生了可喜变化，主流积极健康向上。据教育部 2010 年年初组织进行的第 19 次高校学生思想政治状况滚动调查表明，当代大学生理想信念更加坚定，89.7％的大学生对坚持党的领导表示认同，比 2004 年上升近 10 个百分点；70％的大学生认为只有中国特色社会主义才能发展中国，比 2004 年上升 22 个百分点；88.7％的大学生对实现全面建设小康社会奋斗目标充满信心，比 2004 年上升 5.5 个百分点。

有案可稽

2013 年在北京某大学进行的学生思想政治状况滚动调查中表明，该校学生对我国的政治制度具有较高的认同度，认同党的领导地位，认同中国特色社会主义道路，立场坚定，具有正确的人生观、价值观和世界观，具有较高的道德追求，对一些不良的社会现象能够积极予以批判，充分体现了新时代新青年良好的精神面貌和日渐高尚的道德情操。在被调查的学生中对"必须坚持马克思主义在我国意识形态领域的指导地位，而不能搞指导思想的多元化""我国必须坚持人民代表大会制度，而不能搞三权分立""我国必须坚持公有制为主体、多种所有制经济共同发展的基本经济制度，不能搞私有化和单一公有制"表示"同意（即非常赞同与比较赞同）"的分别达到了 73.8％、66.2％、72.2％。在对"我国必须坚持人民代表大会制度，而不能搞三权分立""我国必须坚持走中国特色社会主义道路，不能搞民主社会主义和资本主义，既不走封闭僵化的老路，也不走改旗易帜的邪路""我国必须坚持中国共产党领导的多党合作和政治协商制度，而不能搞西方的多党制"及"坚持改革开放、坚持科学发展观战略思想引导"等陈述中表示"同意"的均达到 80％以上。调查同时表明，我校学生认同主流价值取向，坚信"理想信念"和"实践育人"在成长过程中的积极作

二、邪教的危害

邪教具有多发性、长期性、反复性和隐蔽性等特点，对社会危害巨大。

第一，邪教危害群众生命。邪教为了发展组织、蛊惑人心，常常声称法力无边，会消灾治病，信了自己的教可以不生病，或者生病后不用就医不用治疗即可康复，这就导致许多信教群众病情加重乃至死亡。一些邪教蛊惑信教群众为了消业、求圆满走上自残、自杀、自焚、杀人的道路。

有案可稽

2014年5月28日，在山东招远的一家麦当劳餐厅内，6名"全能神"邪教成员向在座的就餐人员索要联系方式，以发展邪教组织成员。在遭到一名女士的拒绝后，6人竟然丧心病狂地将其残忍殴打致死。一名男性在殴打过程中还大骂倒地女子"恶魔""永世不得超生"，行为令人发指。案件发生后，引发了全国民众的愤慨。而在被捕拘留后，杀人嫌犯仍然口称"毫不后悔"，叫嚣"不害怕法律，我相信神""现在感觉很好"，其执迷不悟可见一斑。

第二，邪教骗取群众钱财。许多邪教组织头目之所以要编造邪说、招徕成员、建立组织，其重要目的就是骗取钱财。邪教组织惯用的敛财手段包括要求教徒交奉献款、推销邪教用书及音像制品、收取咨询治疗费、出售邪教信物、开办非法实体店铺等。教主及邪教头目因此而成为暴发户，过上了奢侈糜烂的生活，但许多信徒却损失惨重，乃至身无分文、负债累累、家破人亡。例如，借用佛教名义，他们不仅向教徒高价兜售信物，而且还开办了许多所谓的"素食店"，鼓吹"素食拯救世界"，以此获取不义之财。

第三，邪教践踏群众尊严。邪教否定社会公德，颠倒是非黑白，对教徒实行精神控制，破坏教徒家庭亲情和人际关系，严重践踏成员的人权。这些邪教教主以"蒙召"或"净化心灵"等为名，诱使女信徒与其发生性行为，或诱使男女信徒集体淫乱。比如，由韩国人文鲜明创立的"统一教"，被多方指控为邪教，其创教之初，曾鼓吹通过"清洗"仪式即女信徒与作为"再临主"的教主发生两性关系，就可以消除"人类固有的罪性"。后来，统一教变"清洗"仪式为由文鲜明对男女信徒指定婚姻，举行集体婚礼，进行"配婚"。这些活动不仅使妇女的权益受到损害，而且使得邪教植根于家庭，严重破坏了信徒的正常家庭生活。

第四，邪教破坏社会生产。邪教组织的许多歪理邪教说，在很大程度上欺骗和误导了群众，造成了非常严重的现实破坏。用散布"来世升天说"恐吓群众变卖家产，吃光花净，不思生产，破坏生产生活秩序和经济发展，在群众中制造恐慌，激化矛盾，挑起事端，策划闹事，扰乱社会秩序。有的邪教，如"门徒会"宣扬吃"赐福粮""生命粮"，"成员可以每人每天只吃二两粮食，不用种庄稼"，主张"不要搞农业生产，庄稼不用打药，天父会照看的"，致使众多邪教成员整天在家祷告，不种地、不锄草、不养牲畜。

　　第五，邪教危害国家安全。一些邪教组织带有明显的政治野心，他们散布反动言论，恶毒攻击党和政府，他们往往背后有黑手、受国外敌对势力支持和操纵，有的声称要"先夺民心，后夺政权"，妄图"改朝换代"，直接危及党的执政地位和国家政权。一些邪教在乡村设立组织，任命骨干，妄图取代农村基层政权。他们有目的地拉拢党、团员和基层干部，侵蚀基层党政组织。在一些邪教活动突出的地方，村干部召集群众开会，竟要事先经过邪教头目的同意。有的邪教甚至插手村级选举，鼓动群众将选票投给他们"中意"的候选人。

➦ 延伸阅读

　　20世纪90年代中后期"法轮功"的肆虐，使中国民众真正开始关注"邪教"。"法轮功"的创立者李洪志从创立开始便怀有不可告人的政治目的和险恶用心。他大肆散布荒谬绝伦的歪理邪说，煽动不明真相的练习者与法律和社会对抗，组织了如"北京电视台静坐""中南海静坐""天安门自焚"等轰动性的事件。其目的就是要建立目空一切、高高在上、凌驾于法律和社会之上的"法轮王国"。仓皇逃往国外后，私欲极度膨胀的李洪志为了挽救"法轮功"日渐式微的命运，延续自己岌岌可危的统治地位，不惜站到祖国和人民的对立面，向西方反华势力摇尾乞怜，妄图抓住这根"救命稻草"以实现个人的"黄粱梦"。

　　于是，一些国家和组织通过有关机构向"法轮功"邪教组织秘密提供活动经费，全力将这伙乌合之众"武装"成一支掌握现代化技术手段的邪恶政治组织。他们资助邪教组织在境外租用广播电视频道、建立电台和电视台、设立网站、印制宣传品。在2001年日内瓦人权会期间，"法轮功"急招500多人到日内瓦搞飞行集会，搞大型宴会，他们花天酒地。当地一位老华侨说，按一个人一天花费100美元计算，500人在日内瓦一天至少挥霍5万美元，有些人甚至滞留一个多月。没有西方反华势力的强大经济资助，组织这些活动根本是不可能的。

　　然而和一切反华分子的下场一样，"法轮功"邪教组织的种种丑恶表演也不可能得逞，他们精心策划的一起起捣乱闹事事件被一一破灭，他们煽动唆使的一桩桩破坏政治稳定、扰乱社会秩序的图谋被一一粉碎。事实证明，一切与祖国和人民为敌的政治小丑，最终只能落得个彻底失败的可耻下场。西方反华势力的种种图谋只能是痴人说梦，反华走卒"法轮功"注定被历史所唾弃。

三、辨识邪教

　　邪教为了隐蔽自己，增加欺骗性，常常冒用正统宗教的名义，难以分辨。但其言论行为仍与正统宗教有较大不同，其主要特点在于如下几点。

　　第一，冒用正统宗教名义，但声称传统宗教过时，进行非法传教、上门传教，不进宗教场所，不用传统典籍。

　　第二，崇拜活着的教主个人而非精神寄托的神，教主或牧师享有过高权威。

　　第三，通过多种形式进行非法敛财，如教徒奉献款、赎罪券、免灾款，并要求教徒购买物资，或创办实业，头目过着奢华无度的生活。

第四，鼓吹世界末日，编造歪理邪说。

第五，打着科学的旗号反科学，声称强身健体却令教徒有病不治。

第六，对教徒进行精神操控和肉体侵害，控制教徒婚姻、家庭生活，欺凌女教徒。

第七，秘密结社，威逼利诱教徒禁止退出或"背叛"。

第八，令教徒破坏怠惰生产，仇视社会、国家、政府和普通民众。

📤 延伸阅读

目前，除"法轮功"外，我国认定和明确的邪教组织有 14 种。其中，中央办公厅、国务院办公厅文件明确的有 7 种，公安部认定和明确的有 7 种，主要常见的包括如下几种。

一是呼喊派。由李常受于 1962 年在美国创立，1979 年渗入我国后逐步演变出"常受教""中华大陆行政执事站""被立王""主神教""能力主"，后又演化为"全能神""实际神"，又名"东方闪电"。其最为显著的特征是教徒在集会时往往大喊大叫、又哭又闹，因此而得名。该派组织严密，崇拜一名被称为"女基督"的神秘女子，他们打着基督教的旗号，散布着他们的歪理邪说，其个体行为常含欺诈、淫乱、暴力等恶行。

二是门徒会。门徒会由陕西农民季三保于 1989 年创立，又名"三赎基督"。该组织制造、散布"祷告治病""赶鬼治病"等迷信邪说，歪曲基督教《圣经》要义，并搞教主崇拜，聚敛教众"奉献款"。

三是统一教。统一教由美籍朝鲜人文鲜明 1954 年创立，该组织规定信徒必须与异性信徒发生两性关系，称此为"洗礼"，文鲜明为信徒指定婚配，主持跨国大型"集体婚礼"。

四是观音法门。由英籍华人释清海于 1988 年在台湾创立。她借用佛教的名义，以"清海无上师"身份自居，对佛教教理断章取义，进行歪曲。由于拿不出基本的经典，故只能以欺骗的手段，以所谓"即刻开悟，一世解脱"的虚幻之词来取悦一些无知的追随者。观音法门常常利用高价兜售"本教信物"、开办素食餐厅等实体经济来敛取钱财。

四、邪教的渗透方式

目前，许多邪教开始将工作重心转向高校，特别是在高校中发展学生成员。其主要的发展对象为信教学生、贫困学生、存在心理障碍或学业困难的学生等。其向高校的主要渗透方式包括如下几种。

第一，假借学生社团和活动名义。例如，韩国"摄理教"在日本假扮"社团"，约请学生参加社团活动，当彼此渐渐熟悉之后再邀请学生参加圣经学习论坛，并随后灌输"摄理教"教义。

第二，在校园及周边大肆传教，组织聚会、讲座。与正统宗教不同，许多邪教在高校中大肆非法传教，如利用已入教的学生以同学的名义拉拢学生到隐蔽地点参加邪教的聚会，组织一些所谓的"名师"举办讲座，宣扬其歪理邪说。

第三，以情感和恩惠拉拢。大学生在外求学，难免会在学业上、经济上、情感上遇到各种困难与挫折，而一些邪教组织则借机给予这些面临困境的学生以小恩小惠，提供经费或情感交流，利用一些学生的善良、不轻易拒绝他人和社会经验不深的特点，吸纳其入教。

第四，组织出境交流学习。对一些有强烈出国意愿或者宗教信仰较为虔诚的学生，一些邪教组织与境外势力相勾结，借用国际交流的幌子通过组织学生出国来规避国内的检查，让学生参加"法会"或者"培训"，对学生灌输邪教教义，从而彻底掌控学生。

第五，建网站、发邮件、打电话骚扰。许多邪教团体利用大学生的生活习惯，借用大学生感兴趣的内容建立网站，实际上网站内却多有宣扬邪教的内容。有些邪教利用学生的好奇心，采用发邮件、打电话等手段骚扰大学生，妄图使用重复宣传的方式给学生"洗脑"。

第六，在学校周边搞实业、做促销。一些邪教组织在高校做起了营销，以从事商业活动为幌子，行传播邪教之实。他们不断地利用任何可乘之机向惠顾的学生宣传邪教思想，兜售邪教宣传品，并借机聚敛钱财；有些还安排学生在其"单位"实践，上班工作，领取工资，并借机鼓动他们接受并宣传邪教，而他们的劳动所得也常被名目繁多的"奉献捐款"榨取出来。

五、崇尚科学，反对邪教

为了更好地反对邪教，抵制邪教向高校中在校大学生的渗透，避免个人合法权益受到非法侵害，确保大学校园的稳定与和谐，大学生应当做崇尚科学的模范，崇尚科学精神，反对迷信思想；坚持唯物主义，反对唯心主义；注意心理健康，不要自我封闭。具体说来，应当做到如下几点。

首先，勤奋学习，崇尚科学。要从精神到行为上崇尚文明，从心态到认知上尊重科学；珍惜宝贵的时光，努力学习新知识、掌握新技能，不断完善知识结构，丰富知识储备，了解科学发展的规律和趋势；提高人文素养、培育科学精神，真正树立起科学的信仰，不相信歪理邪说。

其次，生活阳光，心态健康。要积极参与集体活动和社会实践，培养兴趣爱好，通过丰富多彩的文体活动来锻炼自己、充实自己；辩证、理性地对待学习、生活、情感等方面出现的问题或遇到的挫折；正确对待身心疾病，有病及时到正规医院就诊，不要相信歪门邪道。

再次，学法懂法，守法用法。要主动学习、了解我国的宗教政策、党和政府处理邪教问题的基本政策和相关法律法规，增强法律意识，树立法制观念；自觉反对和抵制邪教组织的渗透，遵守国家法律法规，积极配合有关部门开展反邪教工作。

最后，旗帜鲜明，拒绝邪教。自觉树立起远离邪教的意识，自觉抵制不良网络信息，特别是邪教信息的侵蚀；遇到邪教欺骗拉拢，要不为所动，坚决抵制；抵制邪教要态度鲜明、行为坚决，做到不听、不信、不看、不传；当知晓邪教或疑似邪教组织在开展活动时，应及时向有关部门或公安机关报告。

第五节　积极化解矛盾

和谐校园的基本要义之一是师生员工矛盾得到及时化解，不至于恶化。任何社会、任何时代，只要人们的利益不是每时每刻完全一致，就必然存在矛盾。马克思认为，没有矛盾的社会是不存在的，矛盾无时不有、无处不在。因此，没有矛盾的校园也是没有的。所谓和谐校园，是利益有不同程度冲突的人或群体和平共处、相得益彰的校园，是矛盾能得到及时化解的校园，是矛盾化解机制健全的校园。

一、大学生矛盾的特点

大学生的矛盾纠纷不同于一般的社会矛盾纠纷，有着自身的一些特点，如起因一般都比较简单，往往由一些鸡毛蒜皮的生活琐事引起，然后逐渐加深和扩大，逐步升级，最后以打架斗殴接受处罚告终。具体来说，主要有以下特点。

第一，起因多样使矛盾复杂。大学生中大多数矛盾纠纷都因日常生活小事引起，小事因处理不当形成矛盾甚至逐步激化，最终演变成重大事件。具体来说，其起因可能包括如下几点。

一是由细微小事引发，如偶尔发生的磕磕碰碰，球赛中因争球引起的群架事件就比较常见。

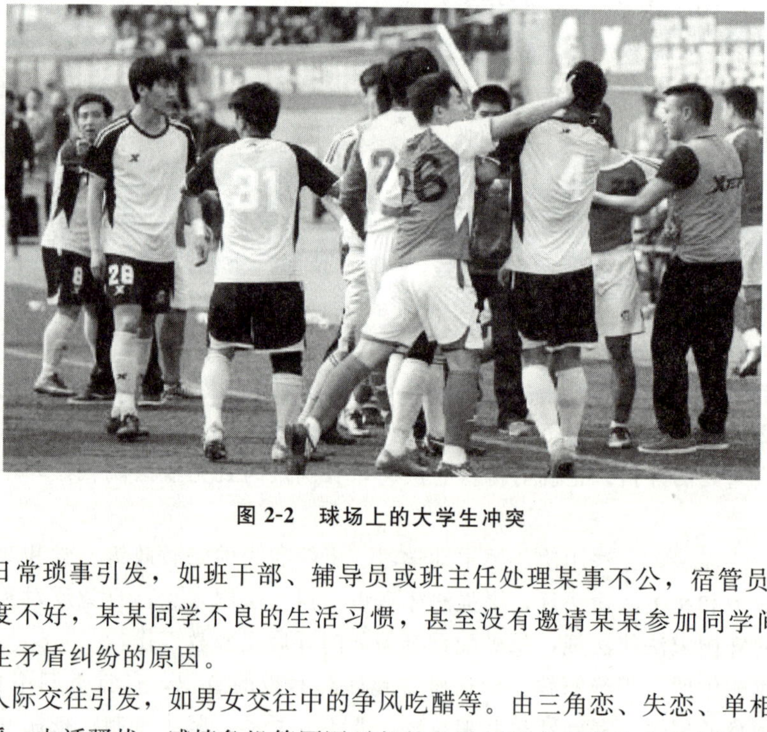

图 2-2　球场上的大学生冲突

二是由日常琐事引发，如班干部、辅导员或班主任处理某事不公，宿管员工作方法不当或工作态度不好，某某同学不良的生活习惯，甚至没有邀请某某参加同学间集体活动，这些都是产生矛盾纠纷的原因。

三是由人际交往引发，如男女交往中的争风吃醋等。由三角恋、失恋、单相思、一方花心、强迫恋爱、电话骚扰、感情危机等原因引起的矛盾纠纷在大学生中占有相当大的比例。

有案可稽

2011年暑假，北京某知名大学校内发生了一起故意伤害案。两名男大学生因与同一名女生恋爱而引发冲突，其中一名男生在"谈判"中突然持刀捅向对方，造成对方颈部、背部等多处受伤，险些丧命，在医院进行了一个多月的救治。肇事学生随后卧轨自杀身亡，家中仅留下了母亲一人。而该名女生因为此事也不得不休学。这起案件由恋爱争端而起，使三个家庭遭受了沉重打击。

四是由心理因素引发，如因精神分裂、人格受损、心态异常、观点分歧、产生误解等所引发。当代大学生面临着经济负担、就业创业、个人发展等多重压力，由此而导致心理障碍的明显增多。

五是由利益问题引发，如个人名利之争。奖助学金评定、家庭经济困难生认定的方式方法不够妥当或标准不统一不一致，是目前引起这类矛盾纠纷的主要原因。

六是因为处理不及时或方式方法不恰当，使单个矛盾纠纷变成多个矛盾纠纷。比如，由情感纠纷引发人格纠纷和利益纠纷，由生活纠纷引起情感纠纷和人格纠纷，由心态纠纷引起误解纠纷和情感纠纷，等等。因为人际交往本身就比较复杂，当矛盾发展时必然发生量变，而矛盾积累到一定程度又会引起质变，从而使矛盾纠纷更加复杂。

第二，自制力弱使矛盾加深。大学生矛盾纠纷一般都有个发展过程，平时遇到不愉快的事时，只要过得去，即使心里感觉不舒服也不会表露出来。虽然当代大学生自信、独立、早熟，但是受实用主义影响深刻，他们自我控制能力不强，抵抗挫折能力不足。其自尊心和好胜心常常使矛盾白热化。这个过程有以下几种情形。

一是由认识分歧到当面舌战。因对某件事观点不同、看法不一，双方都想说服对方，不料越辩越复杂，话越说越重，分歧越争越深，以致认识上的问题变成了人格尊严问题。

二是由内心不满到公开报复。一些重大的矛盾纠纷事件总是从内心的不满开始，不满的情绪积聚到一定的程度就开始实施报复。

有案可稽

2013 年 3 月 31 日中午，某大学硕士研究生林某将其做实验后剩余并存放在实验室内的剧毒化合物带至寝室，注入饮水机槽，并导致舍友黄某在饮水后中毒，经抢救无效而死亡。而究其案件起因，竟然仅仅是因为林某与黄某开玩笑时常常占不到上风、黄某喜欢对林某说教等日常琐事，而林某声称要在愚人节"与舍友开个玩笑"。此案充分体现了一些学生虽然学术上小有所成，但对法律没有应有的敬畏，缺乏对生命的爱惜，缺乏足够的理性与爱心。

三是由长期忍耐到一时发泄。动辄使性子发脾气的冲动型大学生是极少数，绝大多数大学生都能明确"冲动是魔鬼"的道理，遇见不平事首先是忍，但当忍无可忍时也会爆发出来。

四是由采取暗斗到实施明争。大学生之间产生矛盾后，一般都采取暗斗的方式，避免公开冲突，而到实施明争时则是矛盾开始激化了。

五是由顾及脸面到撕破脸皮。大学生自尊心强，把面子看得很重，为了顾及面子能忍则忍，息事宁人为上，但当对方欺人太甚，为了维护自身的尊严和利益，也为了维护自己的脸面，不得不撕破脸皮与其抗争。

第三，心理失衡使矛盾激化。大学生的矛盾纠纷以发生口角居多，但当心理失常时一部分会演变为斗殴或其他暴力行为，激情犯罪成为当今大学生犯罪中的主要形式。主要有以下几种类型。

一是由言语中伤到肢体冲突。用语言伤害对方是最为普遍的表现形式，恶语相伤是吵架的特点，当言语伤害越来越深时就可能发生肢体冲突。

二是由心理失常到行为失控。有的大学生一旦与同学产生矛盾就会引起心理反应，尤其是那些爱钻牛角尖的学生，他们将问题越想越偏，进而失去理智，表现出过激的行为。

三是由有所顾忌到不计后果。大学生在思考如何处理矛盾纠纷的时候没有不考虑后果的，怕受处分是他们共同的心理。但是，大学生又毕竟还是涉世不深的青年，缺乏稳重也是他们的共同特点，随着事态的发展、矛盾的激化，他们常常按捺不住，将先前的顾忌置于脑后。

四是由为出恶气而酿成恶果。大学生矛盾激化常常是因一方感到吃了亏而纠缠不休，有的为了扯平，有的却是为了出一口恶气而实施报复，以致酿成既害人又害己的恶果。

五是由一时解恨而遗憾终身。个别大学生在矛盾纠纷中丧失理智，为了一时的解恨，不顾后果，酿成大错，在严重伤害他人的同时也将自己的终身幸福甚至是身家性命赔了进去。

第四，重情讲义使事态扩大。发生于个别同学之间的矛盾纠纷有时候会演变成群体事件。这一变化与大学生群体的特殊性密切相关。首先，大学生比较看重"缘"。除了兴趣投缘外，地缘、学缘、情缘是他们形成和维系非正式群体的基础和纽带。其次，大学生很看重"情"。缘带来的结果都是情。为他人打抱不平，为朋友两肋插刀，为维护本群体的名声和利益，为显示群体的团结，等等。这些都是大学生中由个别事件演变成群体事件的心理原因。从这个角度看，群体事件就是"情"惹的祸。但从源头讲，"缘"是关键。

一是"学缘"。同院系、同专业、同班级、同寝室的同学因为接触机会多，相互关照多，彼此感情较深，当有同学与所谓的"外部人"发生矛盾纠纷时，信息传递快，集体行动也很方便。而且当集体行动时，一些胆小怕事的学生胆子也大了起来，那些喜欢出风头的学生更是肆无忌惮了。

二是"地缘"。同乡或同民族在远离家乡的同一所大学里学习显得格外亲切，这种难得的缘分把他们紧紧地团结在了一起，对他们中的一个过不去就好像是对他们大家过不去，因而群起而攻之。

三是"情缘"。亲情、友情、爱情本都是具有积极意义的，发挥得好能化解矛盾，消弭隔阂，但当自己的亲戚朋友或恋人与别人发生矛盾纠纷时，就容易出现义气战胜理性、冲动战胜冷静的情形，使矛盾迅速升级。

二、排解矛盾，维护和谐

大学生的矛盾纠纷一般起源于细微之事，因此必须教育在先，预防在前，加强引导，及时化解，及早排除。

第一，加强思想道德学习，培养良好的道德品质。要对一个人进行彻底的改变，首先必须从思想着手。只有定位好正确的世界观、人生观、价值观，才能树立正确的发展目标。现在大学里非常重视大学生的学业成绩和能力锻炼，对大学生进行思想道德教育的机会和时间相对较少；而在家里，父母对孩子总是溺爱有加，由此导致很多大学生以自我为中心，很少去关心他人、理解他人、尊重他人。因此，在大学教育阶段，还应该利用各种机会，采取各种方式，接受思想道德教育，在努力学习的同时，还要注意自己的言谈举止，懂得团结他人，爱护他人，与人为善。遇到问题，要善于换位思考，冷静对待，避免与他人发生纠纷。

第二，加强法制纪律教育，切实增强法律意识和遵纪守法的自觉性。从总体看，当代大学生法律意识仍然比较淡薄，依法维护自身正当权益的能力不强。一方面，知法、懂法的大学生在增多；另一方面，知法犯法、学法违法的事例也还不少。对此，一要加大法制宣传力度。学校与教师充分用好各种宣传工具，进行广泛深入持久的普法宣传，使法律深入人心，并渗透到大学生的日常生活中。二要加强法制教育工作。法制教育重在理论联系实际，如举办模拟法庭，参加街头法律咨询活动，邀请公检法等执法部门的人员做报告，等等。三是要提高网络安全防范意识。大学校园网络受外来非法侵入现象日益突出，已严重影响到大学生的身心健康。对此，学校应把网络法律法规宣传教育作为法制教育的重要内容。

第三，加强人际交往引导，建立大学生良好的人际关系。融洽、和睦的人际关系是大学生健康成长的基础，必须加强对大学生人际交往方式的引导。一是要在集体的社会性目标和共同的生活准则前提下，努力提高大学生的交往水平。二是要促进思想一致，使大学生具有共同的理想、信念和价值观。有了相同的思想基础才能在感情上产生共鸣。三是要把握需求互补，使大学生在热心帮助他人、满足他人需求的同时自己的需求也获得满足。四是要注意交往适度，使大学生在人际交往中把握好交往的"度"。把握时空距离是形成良好的人际关系的一个重要条件。五是要重视个性特征，使大学生善于与个性相异的同学交往，使不同的兴趣、性格相容而不相克。

第四，加强校园文化建设，打击各种歪风邪气，坚持大学生文明修身，净化校园育人环境。一是努力构造高层次的校园文化氛围。健康、活跃的校园文化氛围有利于正确引导学生形成良好的生活方式和行为趋向。在校园文化建设中应结合高校和大学生的特点，突出个性化，形成学校个性和学生的文化认同意识，使学生对学校有真正的归属感，形成积极向上的健康心理。公寓文化作为校园文化的重要组成部分，是创造和传播先进文化的前沿阵地，必须作为重点加强建设。二是要在完善学校各项管理制度的前提下，严格校规校纪，坚决打击挑唆矛盾、煽风点火、拉帮结派、聚众闹事、打架斗殴、盗窃财物等歪风邪气和违纪违法行为。同时，要坚持大学生文明修身活动，净化校园育人环境。

第五，发挥党团组织和学生骨干的作用，在广大学生中形成化矛盾、解纠纷、促团结的强大力量。学生骨干是党团组织联系学生的桥梁和纽带，是辅导员的得力助手，在维护校园稳定和安定团结中发挥着重要的作用。学生骨干也是开展各种学生活动的策划者、组织者、实施者和参与者，在通过活动提升大学生全面素质的过程中发挥着重要作用。同时，学生骨干也是普通学生，通过他们的现身说法有利于解决其他学生的问题和困难。

第六，搞好大学生心理健康教育和咨询服务工作。在高等教育大众化的今天，高校要切实发挥人才培养的功能，就必须以学生为主体，以人文关怀为出发点，及时帮助存在心理问题的大学生排除心理障碍，释放心理压力，稳定心理情绪，消除心理矛盾，化解消极因素，端正人生态度，激发生活热情，增强学习动力。

第七，建立新的矛盾纠纷解决机制，开辟解决大学生矛盾纠纷的新途径。从大学校园的现状看，需要建立新的矛盾纠纷解决机制。此外，应建立好校园矛盾隐患信息网络，及时排查、搜集、传递各种矛盾信息和安全隐患，将矛盾纠纷解决在萌芽状态。

第六节　维护国家安全，保守国家秘密

一、国家安全的含义

国家安全是国家的核心利益，维护国家安全是一个国家对内和对外政策的首要目标和出发点。国家安全，是一个国家生存与发展的根本和基础。国家安全问题事关国家安危、民族存亡以及每个公民的切身利益。在全球化发展的今天，世界各国都在通过各种手段和措施来维护国家安全，为其国家利益服务。

国家安全的概念出现时间较晚。"国家安全"的说法，最早是1943年由美国报纸专栏作家沃尔特·李普曼在《美国外交政策》中使用，第二次世界大战后成为国际政治和国际关系领域中的一个流行的术语。当时李普曼将国家安全定义为："当一个国家无须为避免战争而牺牲自己的利益，当一个国家在其利益受到蓄意侵犯时能够通过战争来保护其利益时，这个国家就处于安全状态。"

国家安全，通常是指一个国家既没有外部的威胁和侵略，又没有内部的混乱和无序的客观状态。根据这样的定义，可以得知，国家安全包括三个方面。第一，国家没有外部的威胁和侵略，国家的领土、主权完整不受外敌侵略和威胁。第二，国家没有内部的混乱和无序。国家的政治体制保持良好的运行状态，国家政权不受国内的破坏分子或分裂分子的颠覆和破坏。第三，国家在同时没有内部和外部的危害的情况下，把内部和外部两方面结合。

二、影响国家安全的因素

影响国家安全的因素较多，其既会受到世界安全形势、一个国家的周边安全形势等外部因素的影响，也会受到一个国家内部的政治制度、国民的政治素养、传统文化的影响等内部因素的影响。国家安全可以衍生出许多其他相关的概念。

当今世界正处在大发展、大变革、大调整时期，影响国家安全的因素越来越多，传统安全威胁和非传统安全威胁相互交织，国家安全的内涵和外延在不断地发生演化。国家安全的内涵不局限于政治安全和军事安全，国家安全还逐渐形成了包括经济安全、文化安全、生态安全、信息安全等新产生的内容。国家安全有传统安全和非传统安全之分。传统安全关注国家政治、军事领域内的内容，认为威胁主要来自自己的敌对国。在战争年代，传统安全通常被认为国家安全是绝对的，一个国家为了自己的所谓"绝对安全"，可以不考虑其他国家的安全利益。非传统安全主要包括经济、生态、信息、资源、恐怖主义、武器扩散、跨国犯罪等领域的安全，具有诸多不确定性的特点，而且，随着时代的前进，非传统安全还是一个不断发展变化的概念。只有将传统安全和非传统安全问题结合起来思考，以及对各种安全因素进行综合研究来通盘考虑国家安全问题，才能正确应对和解决日益复杂的国家安全问题。在这种形势下，我们要树立新的国家安全观。新的国家安全观还包括经济安全、科技安全、文化安全、生态安全、公共安全等。

2015 年 7 月 1 日，第十二届全国人民代表大会常务委员会第十五次会议通过，中华人民共和国主席令第 29 号公布《中华人民共和国国家安全法》，以法律的形式明确了我国国家安全的各方权利、义务与责任事项。危害国家安全的行为是犯罪行为，国家将依法追究刑事责任。

三、大学生的国家安全教育

大学生国家安全教育，是根据维护国家安全的目的和要求，以一定的国家安全观和国家安全知识，对大学生的品德、智力和体质等施以相应影响的一种有计划的活动。加强大学生国家安全教育就是通过爱国主义教育、民族精神教育等方向性教育，使大学生在成长中逐渐具备国家安全意识；通过国情教育、国防知识教育等认知性教育，使大学生获得与国家安全相关的知识、信息、基本经验；通过社会责任感教育、国家安全法教育等规范性教育，使大学生明确自己的责任与义务；通过心理教育、危机应对教育等实践性教育，使大学生在面对各种正在或可能给国家重大利益造成影响的威胁时，具有维护国家重大利益的行为能力。国家安全教育问题是高等教育改革与发展的必要视野，进行大学生国家安全教育是高等教育的历史使命和战略抉择。

目前大学生的国家安全教育还存在着如下问题。

首先，国家安全意识不强。大学生对国家安全存在模糊认识，对国家安全的理解不全面，缺乏对国家安全的全方位认识。在以科学技术高度发展的今天，人们更多地关注各国的综合国力、人才与科技的竞争，而减少了对意识形态的关注，淡化了意识形态。受此影响，一些大学生认为"对外开放无密可保""和平期间无间谍"，从而对国内外敌对势力的破坏活动放松了警惕，淡化了国家安全意识。还有一些大学生认为国家安全与自己关系不大，他们的国家安全意识停留在军事、国防、情报间谍等传统安全领域，未及文化、科技、金融、信息等非传统安全领域。

有案可稽

北京某重点大学国际政治系四年级女生李某在毕业前夕，被在校任教的美籍英语教师、美国中央情报局间谍约翰策反，参加了美国情报组织，并为其收集我国的各类情报。约翰以帮助李某毕业后找工作、担保出国、物质、金钱引诱、个人感情（二人同居）等手段将其拉下水，被发展为情报人员。

其次，对国家安全的重要性认识不足。改革开放以来，我国现代化建设取得了重大的历史性成就，人民生活总体上实现了历史性跨越，综合国力大幅度跃升，社会长期保持稳定。在这样的和平环境下，一些大学生往往缺少忧患意识，认识不到国家安全面临的威胁。当前，国家间的竞争日趋激烈，歌舞升平之下潜藏危机；同时，国内环境污染、走私贩毒、经济情报战、"东突"活动猖獗等安全问题已相当严重，一些大学生对此缺乏清醒认识和危机意识。

国家安全教育缺乏系统性和规范性。目前，部分高校对于国家安全教育工作不够重视，没有专门的教学计划，没有专职教师，教学内容和组织管理不完善，缺乏系统和深层次的理论研究等问题。大学生的国家安全教育主要是通过讲座、报纸和广播电视等，其深度和系统性受到限制。同时，高校国家安全教育的教学手段不够丰富，教材不规范，没有充分发挥现代教育技术手段的作用。

四、时刻维护国家安全

综上所述，大学生维护国家安全需要注意以下各项内容。

第一，科学认识国际国内安全环境，转变国家安全观。当今世界，和平与发展仍然是时代的主题。国际安全形势总体稳定，各国安全合作增强。但是，世界安全挑战依然严峻复杂，不确定因素在增加。"一超多强"的局面没有发生根本改变，局部战争和地区热点问题不断，南北差距拉大，国际恐怖势力、民族分裂势力、极端宗教势力在一些地区还很活跃，环境污染、跨国犯罪、传染性疾病等非传统安全问题日益突出，传统安全威胁和非传统安全威胁的因素相互交织。

我国安全形势总体是好的，但不稳定不确定因素仍然存在。当今中国正处于经济转轨、社会转型加速期，中国安全形势日趋复杂，中国的安全与发展将面临严峻的压力与挑战。"台独""疆独""藏独"分子仍有活动；钓鱼岛、东海、南海争端涉及周边国家，历史遗留的领土、领海争端日益复杂；朝核、克什米尔问题前景难料；美国通过阿富汗战争和"颜色革命"，增加了在中亚等国家的军事部署，美国同日本、韩国的安全同盟仍然存在，并在东亚部署了战区导弹防御系统；美国以反恐为契机在我周边地区进行军事渗透，对我国构成了更大的军事压力和安全挑战。另外，金融、能源、粮食和食品等非传统安全问题不断凸显。

鉴于目前国家安全观已经发生了很大的改变，他们的国家安全意识又相对薄弱，所以，大学生除了要继续加强包括军事安全、政治安全的"传统安全"的学习外，还要大力加强包括经济安全、文化安全、科技安全、网络安全、环境安全等在内的"非传统安全"的学习，实施"综合安全"的学习。

第二，增强国家安全的法律意识。我国不仅在《中华人民共和国宪法》《中华人民共和国刑法》等法律法规中规定了维护国家安全的基本义务的内容，而且还制定了一批维护国家安全的专门的法律法规，如《中华人民共和国国家安全法》《中华人民共和国反分裂国家法》《中华人民共和国国防教育法》《中华人民共和国保守国家秘密法》《中华人民共和国国防法》《中华人民共和国兵役法》以及《科学技术保密规定》等，规定了公民维护国家安全的各项具体的法律义务，成为维护国家安全的重要手段。大学生必须认真学习国家安全法，不断提高国家安全意识，严格遵守国家安全方面的法律规定，认真履行维护国家安全的各项义务，积极协助国家安全机关、公安机关做好防范工作。珍惜并行使维护国家安全的权利，把牢底线，抵御住形形色色的诱惑，不做损害国家安全与利益的事情，依法同一切危害国家安全的犯罪活动做斗争。

第三，强化国家文化安全教育。大学生处在意识形态领域斗争的焦点，是西方敌对势力推行"和平演变"战略的重点目标。文化全球化浪潮对中国大学生的世界观、人生观、价值观产生了深刻的影响。个别大学生缺乏鉴别能力，不认同中国的文明，盲目崇拜西方文化和价值观，国家主权意识和安全意识日趋淡化，失去了对民族文化和民族精神的认同感，导致西方文化的负面影响不断传播，动摇了社会主义的信仰。

在当今各国的文化发展中，存在着严重的不平等现象。互联网的出现与发展，给全球的经济、文化、社会生活带来巨大影响，使不同社会制度和价值观念间意识形态的冲突日益激烈。我国面临西方国家的政治制度、价值观念、意识形态和生活方式的挑战，网络安全和信息安全问题变得非常突出。由于我国的网络技术相对落后，防御能力相对有限，冲击了社会主义意识形态的控制力和导向力，弱化了对社会主义的认同。网络传播强大的渗透功能，这为西方敌对势力的文化渗透提供了条件。西方国家利用技术信息优势，进行强制性的信息干预和信息霸权。西方思想文化和社会思潮的迅速扩张，严重威胁了我国的社会主义思想文化，威胁着我国的文化安全。我们要充分认识各种所谓"新思潮"的危害性，并予以坚决抵制和严密防范。面对复杂多变的国际形势和西方敌对势力对我国西化、分化的图谋，我们既要大胆吸收借鉴世界一切优秀文化成果，又要有效抵制腐朽思想文化的侵蚀，切实维护国家文化安全。

第四，增强国防教育。国防教育既是国民教育的一项重要内容，也是大学生思想政治教育的一个重要组成部分。增强国防教育，提高大学生的国防意识和国防素质，对于进一步激发他们的爱国热情，增强建设祖国，保卫祖国的责任感，加快国防现代化进程以及实现中华民族的伟大复兴是十分有益的。2001年通过的《中华人民共和国国防教育法》，对国防教育提出了具体要求，以保证国防教育的落实。通过对大学生实施军事训练，让大学生了解我国的国防历史和国防建设的现状及其发展趋势，熟悉国防法规和国防政策的基本内容，掌握国防建设和国防动员的主要内容，增强依法建设国防的观念。加强国防后备力量建设，建立巩固的国防是我国现代化建设的战略任务，是维护国家安全统一和全面构建和谐社会的重要保障。作为大学生，须履行依法服兵役、参加军事训练、接受国防军事理论教育的义务，并主动关注、投身于我国的国防事业，为巩固国家军事安全做出贡献。

图 2-3　参加军训是大学生的应尽义务

第五，遵守外事纪律。新时代的大学生面临着全球化的竞争与机遇，高等教育的国家化程度取得了前所未有的增长，而学生的国际流动成为高等教育国际化中最活跃的因素，大学生享受着越来越多的国际交流与进修的机会。这些国际化的交流与活动使得大学生们开阔了视野，增强了交往能力，增进了对学科前沿、国际动态的了解，为学生的多元未来打下了坚实的基础。但在脱离了祖国的环境后，大学生们所能接触到的国家社会的保护、师长亲人的引导都会有所不同，特别是直接的保护与引导减少，不熟悉的事物与人员增多，前所未见而纷繁复杂的诱惑与陷阱增多，大学生可能在有意无意间就泄露了国家秘密，危害了国家安全。

因此，大学生在参加涉外活动或出国交流求学过程中，要严格遵守外事纪律，要做到忠于祖国，忠于人民，不说不利于祖国的话，不做有损国格、人格的事；保守国家秘密，执行保密规定，坚持内外有别；意识到自己的身份发生了一定的改变，往往成为一个国家的代表，要时刻维护国家利益和民族尊严；加强组织观念，自觉遵守纪律；认真学习外交政策，注意言行仪表，严禁酗酒；不和外国政府机构、使领馆、新闻媒体和外国人私自交往；注意接待礼仪，尊重各国的礼仪和风俗习惯；接待来校任教、合作科研、进修、访学的外国人要文明礼貌、热情友好、不卑不亢、以礼相待；协助学校和有关部门做好安全保卫工作，保证外国人的人身财产安全。

在出国出境时，大学生也需注意自身安全，这同样也是国家安全的题中之义。出国、出境前或者已在国外，可浏览外交部网站信息，确保熟记当地我国使领馆的地址与联系方式；对于护照等重要证件在出国、出境前要复印备份；在国外、境外生活学习，要了解所在国家、地区的常用法律、法规、制度规定；避免谈论敏感话题，不要随意接触自己不熟悉的人员；在国外、境外遇有案件、纠纷应当向当地警方报告或寻求帮助，并及时通知我国驻外使领馆以寻求保护或服务。

五、国家秘密的含义

国家秘密是国家安全的重要组成部分，两者密切相关。什么是国家秘密？不同国家、不同历史时期对国家秘密的界定有所不同。美国第 13526 号行政命令将国家秘密定义为：根据本命令或此前的行政命令，被确定为需要保护且未经授权不得披露的信息。法国将国家秘密定义为：具有国防特征的情报、工艺程序、物品、文件资料、计算机数据资料或缩片。俄罗斯将国家秘密定义为：军事、外交、经济、情报、反间谍和侦查领域受国家保护，其散布可能损害国家利益的信息。我国 1951 年《保守国家机密暂行条例》第十六条指出国家秘密为：一切未经决定或虽经决定尚未公布的国家事务。1988 年《中华人民共和国保守国家秘密法》第二条指出国家秘密为：关系国家安全和利益，依照法定程序确定，在一定时间内只限一定范围的人员知悉的事项。2010 年，新保密法进一步完善了国家秘密的概念。

综上，不同国家不同时期对国家秘密的定义虽有不同，但从本质层面看，所有国家的国家秘密都与该国安全、利益密切相关，这是一切国家秘密的核心所在。正如有关研究所指出："国家秘密是关系国家安全和利益的事项，这是国家秘密的本质特征。判断一个事项是否属于国家秘密，首先就要分析该事项是否关系国家安全和利益……作为国家秘密的事项，还必须是直接关系国家安全和利益的事项，即必须是一旦被公开或泄露能够直接造成国家安全和利益损害结果的事项。"

根据 2010 年第十一届全国人民代表大会常务委员会第十四次会议讨论通过的新修订的《中华人民共和国保守国家秘密法》，国家秘密的范围包括：国家事务重大决策中的秘密事项；国防建设和武装力量活动中的秘密事项；外交和外事活动中的秘密事项以及对外承担保密义务的秘密事项；国民经济和社会发展中的秘密事项；科学技术中的秘密事项；维护国家安全活动和追查刑事犯罪中的秘密事项；经国家保密行政管理部门确定的其他秘密事项。政党的秘密事项中符合前款规定的，属于国家秘密。

六、国家秘密的级别与特征

国家秘密的密级包括绝密、机密、秘密三级。绝密级国家秘密是最重要的国家秘密，泄露会使国家安全和利益遭受特别严重的损害；机密级国家秘密是重要的国家秘密，泄露会使国家安全和利益遭受严重的损害；秘密级国家秘密是一般的国家秘密，泄露会使国家安全和利益遭受损害。

国家秘密具有利益性、法定性、时空性、等级性、标志性的特征。

国家秘密的利益性，是指关系国家安全和利益是国家秘密的本质特征，决定着国家秘密的内涵和外延，是国家秘密区别于非国家秘密的基本依据。维护国家安全和利益是确定国家秘密的出发点和终极目标，凡属于国家秘密的事项必须与国家安全和利益密切相关。

国家秘密的法定性，是指确定国家秘密不是任意的，必须依照法定权限和程序进行。

国家秘密的时空性，是对关系国家安全和利益事项或信息在时间和知悉范围上所做出的限定，是对国家秘密在一定时间和范围内的保护。我国国家保密局于 1990 年 9 月 19 日颁布的《国家秘密保密期限的规定》第三条规定：国家秘密的保密期限，除有特殊规定外，绝密级事项不超过三十年，机密级事项不超过二十年，秘密级事项不超过十年。一般而言，密级越高，知悉范围越小；密级较低，知悉范围相对较大。

国家秘密的等级性，是指由于不同的国家秘密事项关系国家安全和利益的范围、重要程度、时间长短不同以及泄密所造成的危害程度不同，确定国家秘密时需要划分不同的等级，进行分别保护和管理，这是世界各国在国家秘密管理中的通行做法，均在保密法律法规中做出规定。划分国家秘密等级，有利于突出保密工作的重点，更好地控制国家秘密的接触范围，是加强国家秘密管理、保护国家秘密安全而采取的重要措施。

国家秘密的标志性是国家秘密的外在特征，当某一事项依照法定权限和程序确定为国家秘密后，必须立即做出明显并易于识别的标志，表明该事项属于国家秘密。

图 2-4　保密责任，重于泰山

保守国家秘密关系国家安全，关系国家经济利益，因此，对于大学生来说，必须自觉加强保密意识和习惯的培养，认真学习相关保密法律法规和保密工作规定，做到不泄密、不失密，积极采取措施，严防国家秘密、商业秘密被窃取。

有案可稽

2011 年 12 月的大学英语四六级考试之前，部分试题和答案已在网上传播开来。浙江警方迅速介入，经过调查，查实包括汪某、林某等 6 名大学生在内的 8 人存在贩卖四六级考试答案和试题的行为，其行为已触犯《中华人民共和国刑法》第 398 条之规定，涉嫌故意泄露机密级国家秘密，将以故意泄露国家秘密罪接受刑事处罚。令人唏嘘的是，涉案的 8 名年轻人中，其中 6 人具有本科学历，包括 3 名法学科班生，有一人还通过了司法考试，原本前途不错，而现今他们只能锒铛入狱。

思考回顾

1. 你怎样理解高校的稳定与和谐及其重要意义？
2. 高校的稳定与和谐受到哪些因素的影响？
3. 邪教具有哪些特点和危害？你认为应当如何进行抵制？
4. 大学生的矛盾有着怎样的特征？如何化解？
5. 大学生应当如何担负起维护国家安全及保守国家秘密的责任？

第三章　大学生的人身安全

在大学乃至社会，一切围绕个人的安全事项中，人身安全是其他所有安全的基础，是人类从事一切社会活动的基本前提。人身安全是每个公民的生存前提，也是公民开展社会活动的前提。只有先确保人身安全，个体才能够在社会上正常开展各项活动，发挥效能，创造更多社会财富，否则人类就不可能从事其他社会生产生活活动，而由其衍生的其他方面的安全也就没有了存在的意义。唯物主义哲学认为物质决定意识，人的意识及由意识控制的人的活动依附于物质层面的人的存在而存在，因此，人身安全保障非常重要，如果连人身安全都无法得到保障，那么其他任何活动都不可能顺利进行，也就更谈不上价值创造了。所以，在大学生的安全层面上，人身安全是最基础的事项。

以人为本，是马克思主义关于人的思想的本质体现，也是我国我党科学发展观的核心内涵，而以人民安全为宗旨，是习近平新时代安全观的基础。我们务必谨记"人命关天"的红线，在安全教育工作中弘扬生命至上、安全第一的思想，帮助大学生了解、搞好人身安全的基本常识，掌握处理各种应急情况的技能，提高自身的防御能力。

第一节　大学生人身安全的意义与类别

一、理解人身安全

"人身安全"的范围如何界定，人们往往有不同意见。有人认为这一概念包括生命安全、自由、健康和名誉；也有人认为应该排除住宅、隐私、人格、名誉等安全；还有人将其等同于生命健康安全。从广义上讲，人身安全概念应该包含生命、健康、行动自由、住宅、人格、名誉等安全，但就本章的具体情况来讲，我们所指的"人身安全"应当是作为自然人的身体本身的安全，而不是自然人作为社会成员角色而派生出来的住宅、人格、名誉等安全。

美国人本主义心理学家马斯洛所提出的需求层次理论认为，生理需求是最基础的需求，其次就是安全需求。只有满足了人们对安全的需求，人们才会进一步去追求社交、尊重、自我实现等方面的价值。而在安全上的需求中，人身安全的需要又是第一需求，之后才是健康、资源、财产、道德、工作、家庭等方面的安全需求。

我国自古以来就重视人的安全和价值。早在西周时期，我国就逐渐开始了由"神本"思想向"人本"思想的转化。春秋时期，齐国政治家管仲就提出了"以人为本"的思想，主张"以人为本。本理则国固，本乱则国危"。而在整个封建时代的中国被视为"至圣先师"的孔子则是"人本主义"思想的首位集大成者和最重要的发扬者。根据《论语》记述，有一次马厩失火烧掉了，孔子回来得知后，只问人有没有受伤，而不去问马、马厩的情况。而孔子在回答樊迟"问仁"时，将"仁"直接解释为"爱人"。亚圣孟子继承了孔子的人本思想，并将其进一步发展为"民本"思想以助于这一思想在统治阶级中的接受与流传。毕业于北京师范大学的国学大师张岱年在其《中国文化概论》一书中将以人为本与天人合一、刚健有为、贵和尚中并列为中国传统文化的四大要点。

在新的时代里，中国共产党领导下的全国各族人民传承着中国古典朴实的人本思想，同时吸收西方文化中的精髓，使"以人为本"的思想在全社会深入人心。在党的十六届三中全会上，胡锦涛提出了"科学发展观"这一重大战略思想，其中，"以人为本"是"科学发展观"的核心。在安全的层面上，"以人为本"的原则就是要求必须以人的生命和健康为宗旨，一切人类活动的出发点是造福人、保护人、利于人、不伤人。

二、大学生人身伤害的类型

对于大学生来说，其人身安全同样也是大学生安全教育首要关注的事项，具体来说，我们认为大学生的人身安全即指大学生的身心、生命没有危险，不受威胁，不出事故。

大学生人身安全的概念涵盖较广，实际上，我们所谈及的大多数安全问题，都与大学生的人身安全密切相关。具体说来，伤害大学生人身安全的事件主要包括以下几种类型。

第一，因管理不善或操作违规引发的各类事故所导致的对大学生的人身伤害。这类事件涵盖较广，像火灾、交通事故、踩踏事件、食物中毒等，都是在大学校园中常见的人身伤害事件，其引发的主要原因也无非是管理方的失职或是当事方的违规。

有案可稽

2013 年 6 月 20 日，贝克汉姆在同济大学(上海)亮相，现场上千名球迷、观众一度冲开大门，踩踏事件由此发生。事故造成至少 5 人受伤，其中一名男性安保人员被推倒后磕掉门牙，脸上有血迹。同济大学通过官方微博透露，现场有 5 人受伤："两名文保分局工作人员、两名保卫处工作人员、一名留学生受伤，送往医院诊治。"

事后调查认为，现场管理有严重纰漏。根据报道，当天蜂拥进入同济大学体育场的观众以及球迷有上千人，现场十分拥挤。既然场地较小，容量有限，而慕名而来的人已经超过场地容量，主办方就应早早调配人手，采取措施进行疏导和秩序维护。可是事实上，现场保安发现人太多时，却只简单将大门锁闭，致使门口出现严重人群拥堵聚集，才给后续事故发生埋下了隐患。当小贝"挤"进体育场之后，安保人员出于安全考虑，将铁门再次关闭同时组成人墙，却未能阻止大批球迷冲入，最终导致混乱。因为现场准备不足，当有人员受伤后，工作人员甚至不得不临时拆除广告牌当担架，由此也可见主办方并未对安保工作予以充分重视。

第二，因不法之徒的违法犯罪侵害引发或转化的大学生人身伤害。这类伤害主要由他人的不法行为导致，如寻衅滋事、殴打、流氓滋扰、性侵害以及抢劫、绑架、杀人等。

有案可稽

2012 年 4 月 15 日，广州某高校女大学生罗某于晚上 20 时 20 分左右在回姐姐租住的小区时，在门外 20 米处树林绿道遭遇匪徒甄某抢劫。罗某立即进行反抗，甄某在慌乱之下用水果刀将罗某颈部等身体多处捅伤，并抢走罗某随身一个挎包和一条项链，随后逃离作案现场。经医生诊断，罗某受到 10 多处刀伤，左颈动静脉都被刺断，经一个多小时的抢救，不治身亡。尽管 6 天后犯罪嫌疑人甄某即被警方抓获，但罗某的生命却永远无法回还。

第三，因矛盾处置不当而转化引发的大学生人身伤害。这主要指的是大学生之间、大学生与校内其他人员之间的矛盾未能得以及时妥善解决而引发的伤害事件，如打架斗殴等。其内容在上一章高校的稳定与和谐中已有所涉及。

有案可稽

2004 年 6 月，正值大学毕业季，北京某高校住在宿舍 3 层的数学系学生备感伤怀，有些学生开始阅读大学四年间的书信，情至深切，几位学生将一些书信烧毁扔到楼下，以表达时过境迁的伤感情绪。这时，在同一宿舍楼 1 层的体育系学生正把酒言欢，欢庆毕业，从楼上飘下的纸灰飘入了他们的宿舍，让他们感到扫兴和气恼。于是，体育系的学生向楼上数学系的学生破口大骂，双方发生争执，进而由于毕业季情绪失常，引发两个系的学生集体斗殴，甚至连到场教师和民警都无法制止，直到防暴警察到场才使事态平息。最终，两个系多名学生遭受校规校纪处罚，4 名学生在毕业典礼前一天被取消毕业资格，他们为一时的头脑发热付出了沉重的代价。

第四，因在学习、生活与实践中选择及行事不当而导致的大学生人身伤害。这主要是指学生在正常的校园活动中所遇到的人身伤害。比如，大学生在社会实践中所受到的伤害、在运动时所受到的伤害等。这一部分内容会在后文大学生的实践安全中有所涉及。

延伸阅读

近年来国内每年都有超过 600 万名毕业生从普通高校毕业进入社会，如果加上大中专毕业生，每年需要就业的人数更是惊人。实习是高校学生将理论与实践结合，学以致用，最终成长为职业人的关键环节。但实习期间劳动的风险特别是理工科学生进行生化化验、车间操作的风险，使得实习生遭受伤害的事情时有发生。调查表明：实习大学生中约有 30％的人身安全和合法权益遭受了侵害，而且其中只有 13.9％通过各种渠道维权，忍气吞声者的占比竟然高达 86.1％。学生作为劳动者的特殊身份，导致其劳动权益维护和保障变成一大难点。

第五，因心理障碍、不良嗜好引发的大学生人身伤害。这一类内容主要指的是大学生由于心理问题无法及时有效解决而引发的自杀、自残、他杀事件，以及由于身染黄赌毒等不良嗜好而导致的对人身的伤害。其中，心理问题导致的自我伤害与伤人情况，将在后文大学生的心理安全一章中讲述；不良嗜好已触犯法律的，将在后文预防大学生犯罪一章中讲述。

有案可稽

2004 年 7 月，北京某高校管理学院学生王某从本科毕业，此后 4 个月他忙于找工作，但并不顺利，不是他看不上眼，就是人家看不上他。王某回到了故乡，11 月，悲观失望的他在巨大的压力下心理失衡，选择了服毒自杀。他在遗书中称："毕业后连工作也找不到，我觉得对不起父母，为了不连累父母，我就坦然地离开这个世界……"据他曾经的中学师长介绍，王某是一位听话的好学生，但平时不爱说话，不擅长与人交际，性格孤僻，这是他找工作的一大障碍；此外，他自幼成绩优异，在赞扬声中长大，一路平坦一帆风顺，但缺乏应付逆境的能力；他所考入的大学是该镇人就读的最高学府，在赴京报到时他享受了巨大的荣耀，当地许多知名企业都为他赞助学费，而这与他毕业后的窘态形成了鲜明对比，这些使他最终心态失衡，心理崩溃。

第六，因意外情况偶发的大学生人身伤害。这一类伤害内容包括因不可抗力如自然灾害导致的人身伤害、误伤等。

有案可稽

本来应是一趟开心的暑假之旅，最后却变成了一场永别。2013 年 7 月 29 日，到香港探亲的安徽籍大学生谢某在返回姑姑家中时，意外被一名跳楼的女子砸中，连夜抢救后于 7 月 30 日清晨 6 点多不治身亡。谢某一家四口在安徽的一个农村，家境并不算富裕，谢父开车，谢母在餐厅打工，一个月的收入也就 2000 多块。19 岁的谢某，无疑是父母的骄傲。虽然年底才毕业，但有一技之长的谢某，已经有公司抛出绣球。然而，一场从天而降的意外让这位颇有前途的大学生人生之路戛然而止，也让整个家庭陷入了巨大悲痛之中。人有旦夕祸福，生命的脆弱，有时超出我们的预料，而大学生凝聚着国家、社会和家庭的希望与未来，其伤亡更是令人心痛。因此，提高安全意识，确保人身安全，尽可能地规避一切人身伤害，对大学生来说非常重要。

三、导致大学生人身伤害的原因

了解了引发大学生人身伤害的各类事件后，我们可以据此对大学生人身伤害发生的原因进行推测和分析。具体说来，我们认为导致大学生人身伤害的可控原因包括如下几方面内容。

第一，大学生自身安全意识淡薄。许多大学生刚刚离开家乡和家庭，离开家长的指导和护佑，对社会可能存在的种种危险缺乏足够的认知，对本人言行可能导致的人身伤害预见性不足，没有了解人身安全知识和掌握人身安全技能的主动意识，甚至对师长的安全劝告听而不闻，默认自己生活在一个绝对安全的环境中，而一旦遇到人身伤害或紧急情况却因没有心理准备而慌了手脚，无法做出适当的应对。

第二，大学生安全知识与技能匮乏。大学生们在以往的学习和生活中将注意力主要聚焦于文化知识与技能的提升上，对安全方面的知识与技能重视不够，很多学生几乎没有从家庭或学校中接触过任何安全常识，当危险来临时，他们的头脑陷入一片空白，没有任何应对的经验和策略，不但不能勇敢、机智、巧妙地进行自我保护，甚至做出激化矛盾、恶化事态、事与愿违的举动。

第三，大学生处事能力有限，规则意识、法律意识及组织纪律性欠缺。在面对各类矛盾问题时，他们并未从结果出发考虑如何化解矛盾、解决问题，而思想往往局限于个人脸面、兄弟义气、小集体利益等狭隘范围，将小纠纷演变成大矛盾，将简单问题复杂化，进而引发安全事件。而在日常学习、实践和集体生活中，学生往往没有把安全方面的规则放在心上，缺乏遵纪守法的良好习惯，没有将规则与法律作为行动前的必要考量，过度追求绝对的"自由"，导致一时头脑发热或考虑偏颇，越过了雷池，引发了安全事故、扰乱了公共秩序、侵犯了他人权利、危害了公共安全，害人害己。

第四，大学生心理素质与行为习惯状况不佳。21世纪以来，大学生自杀案件的数量与死亡人数逐渐上升，大学生心理状况呈现恶化趋势，特别是极端状况多发，伤人伤己事件屡见不鲜。伴随着市场经济体制改革的逐渐深化，大学的办学环境越来越复杂，办学理念越来越开放，大学生的价值观念越来越多元，生活选择越来越丰富，许多大学生陷入种种诱惑而无法自拔。由于其自身缺乏涉世经验，在面对困境时往往无法摆脱，在情绪消极时无法控制自己的行为，所以常常一个错误接着一个错误，最终导致不可挽回的安全事件的发生。

第五，大学在安全管理与处置上存在漏洞。学校的安全工作是一项系统工程，需要领导部门、专职部门与职能部门同心协力，确立"人命关天"的红线意识，坚持"安全第一"思想，形成安全发展的科学理念，履行安全职责，坚持防患未然，在安全工作上做到不打折扣、不留死角、不走过场。很多伤及人命的事故发生后，我们再来进行责任倒查，不难发现有关领导在事故前对安全问题不重视，安全专职部门履行安全检查及应急准备工作打折扣，一些院系和职能部门对安全隐患听之任之、拖延推诿。这都使得原本可以规避的安全事故最终令人遗憾地发生。

第六，社会大环境的变化与学校周边安全环境的恶化。在新时代，中国的经济等各方面的建设都取得了长足的进展，人民生活水平普遍提高。但同时，迅速的发展也给社会带来了一些结构性的问题。例如，贫富差距加大、社会公平状况堪忧、社会底层群体人数众多、阶层固化、信仰缺失乃至社会的整体性失序。这些问题导致了在安全层面上不可预期的风险加大、社会信任体系瓦解、社会心理扭曲、社会维稳成本提高等。而由于大学生思想较为单纯、社会影响相对较大、而掌握的社会资源暂时较少、自我保护意识与反击能力有限，很多危险人群和不法分子就将目光和触手伸向了大学生，由此造成大学周边安全环境恶化，伤害事件屡屡发生。这使得新时代大学生的安全工作面临严峻的挑战。

图 3-1　安全：大学入学第一课

第二节　大学生用电安全

安全用电一向是校内的一项重要安全工作，然而每年仍然有许多与此有关的人身伤害、火灾事故发生。分析事故原因，主要在于大学生自身没有强烈的防患意识，在宿舍内违规使用电器或者私拉电线。如今大学生宿舍内常有电脑、电饭锅、电热毯等荷载较大的电器，电线因此常常超负荷运载。而当宿舍电路设备老旧、学生违规用电情形出现时，安全的隐患也就悄悄地来到了我们的身边。

为了在大学中正确用电，规避触电、火灾等用电风险，我们要做到以下几点。

一、明确用电规范

对于大学生来说，无论是在宿舍还是在教室，都可能会使用电器或电子设备。在使用之前，必须了解当前所处环境的用电规范，时时注意遵守，从而避免用电事故的发生。具体来说，要做到以下几点。

第一，牢固树立安全用电意识，及时查看用电说明和管理制度，自觉做到安全用电。

第二，一旦出现线路故障要第一时间向维修部门提报，由专业维修人员及时维修、更换，不得私自维修或更换。

第三，认识了解电源总开关，学会在紧急情况下关闭总电源。

第四，了解所处环境的疏散线路，明确消防设施、警报、现场安全负责人员的位置，知晓本地安全负责单位联系方式。

第五，常备验电笔等基本的电工器具，并了解其使用方法。

第六，严禁在宿舍内、走廊和卫生间等公共区内私自拉接电源。

第七，禁止在宿舍和教室中使用不被允许的电器，明确宿舍或教室允许的最大功率。

第八，禁止在宿舍内使用缺少中文标识、生产工厂名称和地址的"三无"产品、劣质产品、自制"电器"和不合格电器。

第九，学生宿舍内使用的电器，在通电状态下，必须有人在场，与易燃物保持安全距离。

第十，学生离开宿舍时，要认真检查用电电器，关闭电源，确保安全。

第十一，提倡节约用电，杜绝浪费，自觉养成良好的用电习惯。

二、杜绝违规用电

在了解用电规范之后，就要严格遵守相关规定，不要存在侥幸心理，要杜绝一切违规用电的行为。具体说来，要遵循以下基本原则。

第一，不靠近高压带电体（如室外高压线、变压器），不接触低压带电体。

第二，不用湿手扳开关，插入或拔出插头。

第三，禁止私拉电线，禁止使用电饭锅、电炉以及"热得快"等大功率电器。

第四，避免电器特别是电热类电器长期通电，将电器、电源放置于远离易燃物的地方。

第五，不得用手或者其他导电物（譬如，铁钉、铁丝、别针等）探试或接触电插座内部。

第六，电器选购时要仔细阅读说明书，着重检查电压、功率等技术参数，保证其符合用电要求；必须保证耗电功率不会超过宿舍供电能力。尤其要保证配线容量、插座、插头、电表、保险丝均符合电力使用需要。

第七，电源线不要拖放在地面上，以防电源线绊人，并损坏绝缘。

第八，移动电器时一定要切断电源，以防触电。

第九，常用电器要保障清洁、干燥，不得使用酒精、汽油、肥皂水或者去污粉等有一定腐蚀作用，或具有导电能力的液体清理电器表面。

第十，雷雨天气时，不得使用电脑、电视机，并拔除电视机、电脑的电源插头和天线插头；尽量不用电话。

有案可稽

2007年6月，河北某大学物理系男生张某违反学校规定，私拉电线结果触电身亡。6月28日下午，张某课后在宿舍内自修。张某所在上铺和宿舍屋顶的吊扇（摇头式）很近，为便于使用手提电脑，张某私自用两根铜芯电线从吊扇电源中接线，为手提电脑提供电能。当其接线时，左手中指、拇指不小心同时接触了电线铜线头，立即被电流击倒。舍友发现后立刻呼叫了120进行急救，并将此情况向老师汇报。虽然急救医生很快就赶到宿舍对张某实施抢救，但是因为电流过大，张某最终未能抢救成功，年仅22岁就离开了人世。

三、正确处置触电事故

触电是人体意外接触电气设备或线路的带电部分而造成的人身伤害事故。人体触电时，通过人体的电流导致合理机能失常或破坏，如烧伤、肌肉抽搐、呼吸困难、心脏停搏等，严重时甚至危及生命。触电的危害程度与通过人体电流的大小、持续时间的长短等因素有关，一般认为人的安全电压是不高于 36 伏，而人体通过 100 毫安电流即可致命。学生一旦发现触电情况，须立即进行应对，并在应对过程中首先确保本人人身安全。具体要做到以下几点。

第一，如果有人在室内触电，应立即将电闸断开，拔去插头。

第二，如果在室外触电，可以用竹竿、手套、木棒等绝缘物移开电线，使触电者与电源隔离，且不可触碰触电者。

第三，触电者神志尚清醒，则应就地平卧，减轻心脏负担，加快恢复。

第四，触电者神志不清，但呼吸、心跳尚在，应将伤者仰卧在周围空气流通的地方，并注意保暖。呼叫救护车，将其送往医院。

第五，触电者心跳停止，应立即解开衣扣，通畅气道，用体外人工心脏按压法来维持血液循环。

第六，触电者呼吸停止，应用口对口人工呼吸法。

第七，如果触电者没有呼吸和心跳，应对其同时施以体外心脏按压急救和人工呼吸（口对口）急救，在医务人员未到来之前救治不可停止。

假若现场还有其他人在场，还需进行下述工作。

第八，提供设备、工具协助急救。

第九，劝退闲杂围观人员。

第十，保持现场照明充分，空气流通。

第十一，报告相关领导，呼叫专业医生抢救。

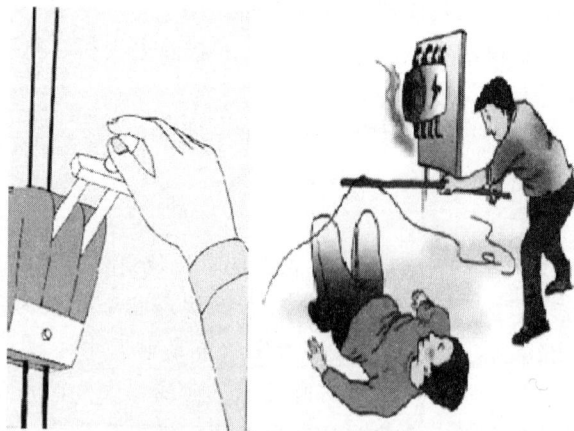

图 3-2　正确处置触电事故

四、及时扑救初起火灾，掌握火场脱险方法

一旦由违规用电或线路老化等原因引发火灾，学生应根据现场火情决定扑灭或撤离。大学生应掌握扑救初起火灾或火场脱险的基本方法，以确保人身安全。

初期火灾的扑救：

第一，切勿用水扑救电器火灾，由于水能够导电，所以如果此时用水灭火，不仅无法灭火还极有可能导致其他人触电，造成更加惨重的损失。

第二，一旦有电器发生火灾，必须先确保电源被切断，随后才可以选择用水灭火；如果无法确定电源已经被切断，应该使用二氧化碳、干粉、四氯化碳等灭火剂灭火。

第三，灭火时不能正面接近电视机、电脑等电子设备，以免显像管或者荧光屏发生爆炸造成更多的伤害，只可从设备后方或侧面接近灭火。

火灾发生时的正确脱险方法：

第一，可用毛巾、口罩等物蒙住口鼻，匍匐前进。

第二，要迅速披上浸湿的衣物、被褥等向安全出口方向冲。尽量往楼下跑，若通道被烟火封锁，则应背向烟火方向逃离。

第三，身上着火，切勿奔跑，应该就地打滚或者使用厚重衣物将火苗压灭。

第四，平时要多留心疏散通道、安全出口等方位。

第五，人命关天，以确保人身安全为火场第一要务，切不可贪恋财物，逃生后不可重回火场。

第六，在确保安全后要及时向消防局、保卫处报告火情，需说明火灾的起因、火场具体位置、火情、火场物资、现场人员伤亡及被困情况、现场环境及天气等情况。

第三节　大学生饮食安全

由于市场经济的发展与监管滞后存在矛盾，以及人们对食品健康与安全的要求的加深，饮食安全成为越来越被广大民众所重视的安全环节。从南京冠生园"旧馅月饼"事件到"三鹿毒奶粉"案件，从路边摊的"地沟油"到大型连锁食品加工企业福喜的"过期肉"，国内已经发生的食品安全事件，打击了民众的食品消费信心，破坏了民众的食品安全信任，甚至导致民众谈"食"色变。

一、掌握饮食安全的注意事项

俗话说"病从口入"，如果饮食上忽视了安全的因素，同样会伤及人身健康，甚至给生命带来威胁。因此，掌握饮食安全的注意事项对大学生来说非常必要。

第一，选择卫生的食品。若在餐馆就餐，要选择卫生条件好，有营业执照的餐馆，点菜要点干净不易变质的食物；饭前要洗手，尽量少用公共餐具。

第二，选择安全的食品。如果在集市或食品商店采购食品，应该检查食品包装标签，仔细查看生产厂名、地址、日期以及保质期等重要信息；如果要购买熟食、凉菜或卤菜，

则需要注意商贩是否采取了有效防尘和防蝇的设备，以及存放食品的容器和条件是否卫生。

图 3-3 不干不净吃了生病

第三，购买已经完全煮透烧熟的食品。通常来讲，没有彻底煮透烧熟的食物内都有致病菌，必须将其彻底烹调才能够将病原体杀灭，如果对食品进行二次加热，要确保各部分温度均超过 70 摄氏度，此外豆浆、四季豆等食品必须彻底加热煮熟才能食用。

第四，少吃剩饭。通常来讲，熟食在常温下存放超过 4 小时就会有大量有害微生物，不宜食用，如果有害微生物过多还可能导致食用者中毒。

第五，如学习和工作过度劳累，机体消化能力、免疫力都会降低，所以就餐要强调荤素、营养搭配，不可暴饮暴食，以免引发肠道疾病。

第六，平时应尽量少饮酒。若饮酒过量发生醉酒现象时，应该及时服用解酒药，平躺休息。

第七，若出现食物中毒迹象，如腹泻、恶心、呕吐、头晕等，应该及时就医。

二、大学生常见饮食误区

尽管很多学生平时注意了饮食安全，但平时不健康的饮食习惯仍然会对身体造成恶果。大学生饮食主要有下述误区。

(一)洁癖型饮食

过分要求清洁，此类学生多有饮食洁癖，通常不仅要求饮食洁净，甚至对于衣被用具的清洁度要求也很高，平常经常佩戴口罩、手套，频繁漱口、洗手；晒洗衣物过程不允许他人触动，否则就会重新清洗、晾晒。此类学生强调食用绿色无公害食品；杜绝防腐剂、添加剂，不吃冰箱内存放的食品和剩饭……在吃饭过程中，不用手直接拿取食物，对于"无菌"要求很高。因此他们通常很难和他人一起共食，难以适应学校生活，也无法快速适应环境。

(二)西洋型饮食

部分学生的饮食倾向于西式，喜爱炸鸡、牛排、牛奶、面包、巧克力、碳酸饮料以及蛋糕等，常喝咖啡，假日也更倾向于到西式餐厅或快餐厅吃饭。西方人的饮食习惯并不适合东方人，长此以往可能导致身体摄入太多热量，极易肥胖还会出现营养不均衡等问题。

(三)相悖型饮食

主、副食颠倒。通常来讲，国人饮食中既有主食也有副食，其中前者主要有谷物、米面，通常数量较多，副食主要有蔬菜、肉类、茶、糖和水果等，通常数量较少。有实践表明，这一搭配符合身体需求，比较科学。但是少数学生在校内饮食却存在主副颠倒的问题，他们常以副食为主，三餐的食物主要有面包、糕点、肉类、水果和糖，蔬菜和吃饭都较少。他们每周都会到超市去购买大量副食品，很少到食堂买主食。这种饮食习惯也并不健康。

五味没有合理调配。此类问题主要发生在本地学生身上。这一类学生的家离学校通常比较近，虽然在校内住宿但是饮食方面多数比较倾向于家庭饮食，挑食比较严重，粗细搭配不合理，偏食现象严重。中医提倡饮食五味调和，要求合理摄入五味食品。常吃辣、酸、甜、咸味过重的"可口"食物，不利于身体健康，还可能对身体造成一定损害。

饮食时间安排不合理。这一问题指的是没有在合理饮食的时间内进食。通常来讲，早饭在早晨 7 点左右用餐最好，可是这一类学生却常在 9 点才进食。上课才拿着食物进入教室，甚至上课时还在吃东西。此外，此类学生还有中午不吃饭晚上吃夜宵的习惯。这种进食时间安排，有违人体正常代谢，因此也可能对健康造成很大影响。

饮食不符合季节变化规律。这一饮食问题指的是饮食安排不符合四时气候变化。通常来讲，冬天比较寒冷，饮食方面适合温热食物。但是部分学生在冬天却爱好冷饮，尤其是女生长期以往可能导致月经不调、腹痛、痛经等健康问题。夏日比较热，饮食方面适合清凉食物。而部分学生却偏偏反其道而行之，喜欢喝羊汤，吃麻辣烫、涮羊肉、火锅，结果常会引起上火、牙痛、烦躁或者吐泻等症状。

(四)放纵型饮食

部分学生家庭条件好，生活比较富裕，家庭饮食比较丰富高档，在学校无法适应简单的餐饮，因此常去校外饭馆放纵饮食。此类学生还多数对美酒、美食有特别偏好。《黄帝内经》有言"以酒为浆，以妄为常"。常饮酒，吃油脂稠厚的食物可能导致胀满、腹泻甚至呕吐等问题，不利于身体健康。

(五)愚昧型饮食

部分学生认为自己身体好，消化功能强，"吃石头都能消化"，并不重视饮食卫生。饮食方面不讲究节制、搭配也不重视食品卫生，而且饮食没有规律，常常饥一顿饱一顿，而且对食堂、路边小摊、校外的饭馆、盒饭没有任何顾忌。部分学生因为考研、考试或者写论文，时间比较紧张，思虑较重，加上废寝忘食，因此饮食无常，这将对脾胃造成严重损害。这类学生长期如此，如果不加强调养，很容易发生肝脾不和、胃肠受损等健康问题。

(六)恐惧型饮食

部分学生担心"病从口入"，过于关注食物卫生和安全问题，拒绝一切剩菜剩饭、着色、生冷食物，拒绝添加了防腐剂的食物，甚至不吃荤腥……而且还有部分学生了解制作食品过程后，更是变本加厉。譬如，当看到报纸上关于"地沟油"的报道后，就不再吃油条、蛋糕，甚至连小馆饭也不去了；看到关于水果中激素的报道后不吃水果，看到关于瘦肉精的报道，又不吃猪肉，甚至还因为担心吃到抛光米不吃大米……如此过度担心，导致能够使用的食品选择性太少，因此严重缺乏各种营养，结果未能从食物中得到所需营养而陷入百病之中。

(七)辟谷型饮食

少数学生过度要求线条美，过度减肥。此类学生不仅常吃减肥药喝减肥茶，还因为怕长肉而少进食，甚至"辟谷"不进食。辟谷是道家修炼的一种方法，要求不吃"五谷"也就是杂粮。此类学生"辟谷"，只吃水果、蔬菜和清水，饮食显然也并不科学合理。少数比较肥胖的学生，想短时间内快速减肥，也选择了这一方法，结果常会发生乏力、头晕、困倦甚至出现虚脱现象。

延伸阅读

日本女孩对减肥已经到了痴迷的地步。据一项在日本某女子大学进行的问卷调查显示，83.1%的人认为瘦人漂亮；71.9%的人回答曾经和正在进行减肥；其中，25%是节食减肥；在曾经和正在进行减肥的人中，85.4%的人明知减肥有可能患进食障碍症(厌食和暴食)。据统计，在日本年轻人中，13%的女孩和7%的男孩患有不同程度的进食障碍症。

而据中国健康教育中心2011年的统计，我国大学生在饮食方面的现状堪忧，35%以上的大学生没有吃早餐的习惯；约30%有过减肥行为但是其中约有18.8%的体重并不高甚至偏低，女大学生中体重偏轻者占比达到了35.1%。在采取过减肥措施的大学生中，29.5%的大学生主要靠节食来减肥。他们为了追求美丽而盲目节食减肥，这样对身体发育、组织功能、骨骼健康乃至以后的生育都有一定的威胁。如有统计数据证明，近年出现的厌食症患者中15～19岁未成年人和女性青年占比高达40%，而且多数厌食症由过度节食诱发。

当人体处于饥饿状态后，会首先分解储备的肝糖原和肌糖原，这个过程最长可以持续约20小时。如果摄入碳水化合物、脂肪和蛋白质不足，那么就会影响合成代谢，人体将继续分解脂肪和"瘦组织"，长期如此很容易出现酮症，严重的还可能"酸中毒"。另外，如果摄入食物太少会导致水电解质紊乱。正常情况下，人体排尿时会排出钾，所以每天需要摄入钾3～4克，否则血钾将下降，达到某一程度后就会心跳加速、肌无力、心律失常甚至猝死。此外，假若从极端饥饿状态快速过度到过食状态，将严重影响胃肠功能，甚至导致内环境发生紊乱。不科学的"辟谷减肥"，很有可能会给人的身体带来极大危害。

(八)区域型饮食

来自不同区域学生的饮食习惯存在很大差异。譬如，山西人就比较喜欢面食，口味偏酸味；湖广地区的人则习惯吃大米，口味偏辣；蒙疆地区的人好吃肉荤，口味厚重。不同地区的饮食习惯体现的是不同地区饮食文化的差异，同时地区饮食习惯的产生与地理、自然、气候和民俗等因素都有直接关系。譬如，湖、蜀、广等地区通常比较闷热潮湿，辣椒有发汗、辛散通阳，祛除体内湿热的功效，所以这些地区的居民喜欢吃辣椒。当学生到与其饮食习惯不同的地区上学时，如果不主动适应本地饮食，而坚持自己惯有的饮食习惯，自然会带来日常生活的许多困扰。

饮食方面存在误区的学生要尽快改变饮食观，只有建立良好的饮食习惯才能拥有健康和强健的体魄。

第四节　大学生运动安全

大学生正值充满活力的年龄，喜爱运动者众多；加之人们对身体健康的需求与认知越来越多，更多的学生试图在大学阶段参与到各类运动活动之中。而在运动中，同样潜藏着对人身的可能的伤害，这需要引起学生们的注意。

一、大学生运动的规章制度

大学生需要遵守的运动安全规章制度包括如下内容。

(一)体育课安全

第一，学生在体育课上须着运动类服装，穿运动鞋。体育课中，如确需穿钉鞋时，必须得到体育教师的允许。要避免在体育课上穿着不便利，禁止穿高跟鞋、牛仔裤等服装。

第二，在体育课上，学生要遵守课程纪律，认真听教师介绍注意事项，牢记安全要领，建立强烈的安全防患意识，以及能够及时采取防患措施。同时，学生要服从教师调配、安排，不得开展和课程无关的活动，也不能擅自开展教师并未布置安排的项目。

第三，在进行可能造成一定伤害的田赛项目，如标枪、铁饼、铅球项目活动时，学生无论在场内还是在场外都要服从教师安排，站在教师指定的安全位置之内，不开小差，注意安全问题，听从教师指挥开展具体行动。

第四，在开展体操项目时，要注意保护自己，只有在有人提供保护时才可以进行练习。

(二)课外体育运动安全

第一，剧烈运动前 2 小时不要进食，最好在运动前 3 小时吃一些牛肉、瘦肉或巧克力、水果等高能食品，最好不吃膨化食品和油腻食物；运动之前不应该大量喝水，建议小口少量饮用生理盐水。

第二，运动之前，学生要提前做好准备，对所需装备进行检查，根据项目安全规定开展活动。学生要相互帮助进行安全防护。

第三，如果进行课外体育活动，学生要在指定场地内按照要求进行，不可乱跑乱窜，活动过程中如果发生摩擦要妥善解决，不得吵闹、争执，更不可斗殴。

第四，运动后不宜立即吸烟，不宜马上洗澡，不宜贪吃冷饮，不宜蹲坐休息，不宜立即吃饭。

(三)体育比赛或运动会

第一，全体学生要严格遵从比赛或运动会规则制度，服从组织赛事人员和裁判员安排，听从劝告，不得在危险区域逗留，观看比赛者要在指定观赛地区内观察。

第二，运动员参赛时不仅要顾及周边其他人的安全，同时要完全遵从规则参赛，提前做好必要的准备活动，按照项目动作顺序完成项目。

第三，运动员参赛过程中，要百分百服从裁判安排，听从裁判和相关管理人员的指挥，避免发生伤害事故。

(四)体育卫生安全

第一，学生应该关注自己的身体状态，并关注各项功能，如果出现不良症状应该及时汇报给教师，同时采取相应措施。生病时，学生要调养或者根据医嘱参与适合的锻炼，不得带伤、患病参与剧烈比赛或体育活动。

第二，学生如果出现下述症状或患有下述疾病，不得参加体育运动。

一是急性疾病并有发烧现象。

二是急性内脏疾病或者胃肠疾病发病期。

三是所有存在出血倾向疾病，包括鼻出血、肺及支气管咳血疾病，以及出现消化道出血后虽然已经停止但是时间较短还存在出血可能时。

四是恶性肿瘤。

五是慢性疾病或传染病，如乙肝等。

第三，学生如果患有高血压或心脏病等疾病，不得参加长时间进行剧烈活动的项目，如长跑。

二、常见一般性运动损伤

常见的一般性运动损伤及其原因、预防和处理如下。

(一)脚扭伤

原因：造成脚扭伤的原因有很多，通常是跳跃、奔跑、下台阶或者进行剧烈活动落地时，关节用力太大或不均，致使关节非正常扭转，导致关节组织扭伤。

预防：日常应该强化关节部位肌肉、韧带的柔韧性练习，使其在活动过程中更加稳定；运动之前应该进行充分的热身活动；掌握好投掷、跑跳的动作要领；运动过程中应该强化自我保护措施。

处理：扭伤程度较轻无须特殊处理，只需对扭伤部位进行冷水敷，使用红花油即可，如肿胀疼痛明显，应立即冷敷，加压包扎，抬高伤肢并休息，以利消肿，1~2天后，根据伤情就诊理疗。

(二)鼻子出血

原因：由于火气过大会发生鼻子流血；在运动中，鼻部受到器械碰撞及与他人相撞，使血管破裂。

预防：注意降火，多吃一些清凉的东西；在运动中，注意保护鼻子。

处理：火气过大会发生鼻子流血的现象，注意头后仰，在鼻部放置冷水毛巾，并在后颈部用冷水拍；鼻部碰撞血管破裂，则须暂时用口呼吸，并用纱布卷塞入鼻腔。

(三)运动中腹痛

原因：可能是准备活动不充分，开始运动时速度过快或强度过大；胃肠痉挛或功能紊乱；呼吸肌痉挛；内脏器官病变等。

预防：科学训练，循序渐进增大负荷；科学膳食，运动前不宜吃得过饱和饮水过多；运动前要充分做好准备活动；患有内脏器官疾病，应及早就医。

处理：运动过程中如果腹痛，应该适当减速，同时深呼吸，调整好运动、呼吸的节奏，随后用手压、按疼痛部位，或者弯腰慢跑一会儿通常即可消除疼痛；如果没有效果就要立刻终止运动，热敷腹部；如是腹直肌痉挛引起腹痛，可做局部按摩；如仍无效，应就医。

(四)晕厥

原因：第一，心排血量减少。平时不经常锻炼的人如果突然进行大量运动锻炼，其心脏功能无法快速调节满足运动所需，加上平时缺乏训练，动作不协调、憋气等，造成血液回流量减少。心排血量也随之明显减少，因而出现暂时性脑缺血。而又因平时缺乏锻炼，机体对这种情况的适应能力较差，便更容易发生晕厥。第二，重力性休克。譬如，久站、久蹲者猛然快速起身，跑步之后立即静止不再活动时，都可能由于重力作用导致血液回流量快速下降，致使脑部短时缺血而出现重力性休克。

预防：坚持锻炼，增强体质；久站时，要经常交替活动下肢，久蹲后不要突然起立，要缓缓站起；疾跑后不要骤停不动，要继续慢跑并做深呼吸片刻；久病、体弱者，暂不参加剧烈运动。

处理：有前驱症状时，应下蹲或卧下休息片刻，可避免发生昏倒。如果已经晕厥，则要保持平卧姿态，头部适度低于足部，松开衣领同时加强保暖，下肢进行向心按摩揉推。如果一段时间仍然没有醒来，可以掐(或者针刺人中)人中穴、涌泉穴、百会穴以及合谷穴等，或将氨水置于患者鼻前，一般可醒，假若呼吸停止，应该进行人工呼吸急救。此时需将患者的头侧向一方，以免呕吐物或痰液涌出时在喉头部位集中引起窒息。

三、常见急性运动伤害

常见急性运动伤害及急救处理如下。

(一)骨折

1. 骨折的急救原则

首先要止血包扎，以防止其休克；先固定再搬运，患者四肢如果有骨折，最好不要搬动，可以就地使用夹板或者其他代用品将其四肢固定后，再快速送去医院，避免出现并发症。

2. 常见骨折固定法

肱骨骨折处理：将患者屈肘，再将一块夹板放在上臂内侧，另一块夹板置于上臂外侧，固定好上臂之后绑上绷带。当只有一块夹板时，要将夹板置于外侧固定好的同时用三角巾将伤肢吊悬起来。

大腿骨折处理：拉直伤腿，用腋窝到脚跟等长的两块夹板分别固定在大腿内侧和外侧位置，随后用三角巾或者绷带绑好固定。

脊柱骨折：如果患者脊柱骨折，禁止乱搬动，只有在保持其脊柱位置稳定的前提下，才能够将其搬动放在硬板担架上，随后使用三角巾进行固定并尽快转运。切忌让患者起身行走，或者躺在软担架上，否则将导致脊柱骨折恶化，甚至致使神经断裂导致终生截瘫。

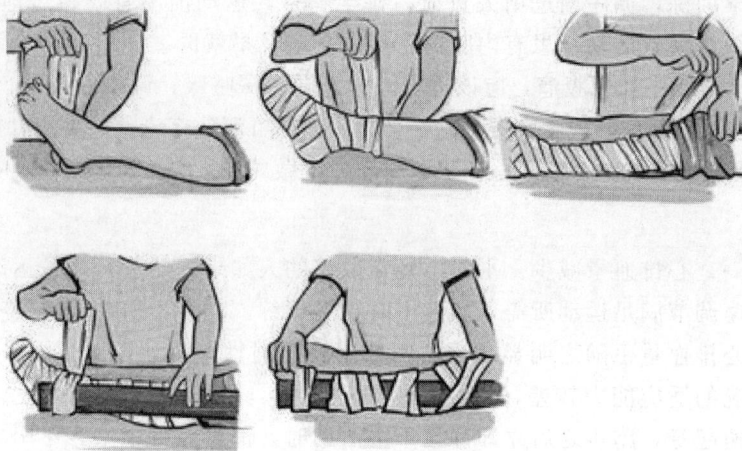

图 3-4　腿部骨折的应急处理

(二)出血

出血的主要原因是血管破裂，同时皮肤外表开裂才会有血液外流，也就是发生外出血；如果血管破裂但是皮肤并没有开裂仍旧完整，或体内内脏出血，则为内出血。

创伤出血的止血方法主要有下述两种。

1.加压包扎法

这一方法最为常见，通常多用于外伤出血中，具体包括下述情况。

第一，躯体、头部和四肢、身体外部创伤。

第二，静脉或者毛细血管出血，如果四肢动脉出现大出血需要配合使用止血带。

具体步骤方法如下。

第一，使用已经消毒的干净厚纱布将伤口完全覆盖并用力压在辅料上加压止血。

第二，让伤者取躺或坐姿，将受伤部位抬高，同时设法固定承托受伤部位。

第三，使用三角绷带或普通绷带将伤口细致缠绕，以便持续加压止血。对四肢进行包扎之后要对脚趾或手指检查确保血液正常循环。

第四，假若血液将伤口上覆盖的敷料完全浸湿了，可以增加敷料并再次使用绷带绑扎，不可将前期覆盖敷料去除。

2.指压止血法

用手指将伤口上部(即血流方向)用力压住，促使血管压于附近骨块上，将血流阻断继而实现止血。采用这一方法将导致肢体组织的血液流动不畅，所以限制使用时间，施压时间最长不得超过 10 分钟。

常用的指压止血法有如下几种。

第一，头皮出血。如果耳前、前额和靠近太阳穴位置头皮出血，指压部位选择压耳孔前部。方法：用拇指触摸，找到有血管跳动的部位就是需要压迫的颞动脉血管，随后用力下压。

第二，枕后部头皮位置出血。指压部位选择耳后突起下侧。方法：用拇指触摸找到跳动的枕动脉血管，随后用力下压。

第三，上肢出血。如果是上臂或前臂出血，则指压部位选择上臂中部。方法：一只手紧握患者前臂将其抬高后，另一只手在上臂中部凸起肌肉下缘位置用力压触到肱动脉血管之后，拇指与其余四指紧捏止血。需要注意的是：必须把肱动脉紧压在骨头上方能起效。

第四，手指止血。如果手指部分或安全断离有较大出血时，可首先要求病人抬高受伤的手超过胸部，随后在指根部两侧，用食指、拇指紧捏指动脉血管止血。

第五，下肢出血。不论出血位置是在小腿还是大腿，都可以选择大腿根部进行指压止血。方法：可将裤子脱掉或剪掉，找到大腿根部的股动脉血管（搏动处），随后用拇指大力下压，为增大压力，可用另一只手拇指覆盖加压，同时要求病人将大腿屈起放松腿部肌肉。

第五节　常见自然灾害的应对

在全球各国中，我国发生的自然灾害不仅类型多，而且频率高，覆盖地域广阔，通常都会造成严重损失。当前世界气候进一步变化，未来在国内发生的自然灾害还会进一步复杂化，情况仍会恶化，因此我国面临的自然灾害形势相当严峻。

据调查，意外事件对人造成的伤害性死亡，大致有以下几种情况：其中 1/3 当场死亡；不过仍有更多人处于伤重垂危状态，因为没有及时得到救治而死亡；还有部分人虽然在灾害发生时并未受伤，但是由于没有及时逃离，结果再次遭到重创致伤或致死。所以，人们应该掌握突发事件时的灾害应急和自救常识，保持良好的心理状态，及时采取自救行为或逃离现场。对于大学生来说，必须意识到自己身边可能发生的自然灾害，并了解一些常见灾害的防范措施，及时有效地应对，将自然灾害的损失降到最低。

一、地震

因为地球以及地壳内物质不停地运行，地下岩层受力发生错动、断裂，就会发生地震。根据烈度不同，我国将地震分成了 12 级，分别如下：3 级以下地震人类白天通常感觉不到，夜晚略有感觉，仪器能够测得；4～5 级地震会导致吊灯会轻轻晃动；6 级地震会致使器皿发生倾倒，轻微损坏房屋；7～8 级地震会破坏房屋和地面（如出现裂缝）；9～10 级地震将导致建筑倒塌；11～12 级地震会导致毁灭性破坏。在发生地震时，有如下应对策略。

第一，地震灾害发生时要保持冷静。据统计，人体从觉察到震动到建筑物受到破坏所需要的时间大约仅为 12 秒，人们需要在极短的时间内做出最大限度保障自身安全的选择。假如所居住建筑物是平房，这时需要以被子等对头部进行保护并快速跑到屋外空地处；假如所居住建筑物是楼房，一定不能选择跳楼，而是要快速将电闸、煤气等开关关掉，同时应立即跑到卫生间、储藏室等空间较小的地方或者是承重墙周边（但要注意的一点是要躲开外墙）。待地震结束后马上离开，以预防强余震再次发生。

第二，在公共场所及时发现有利藏身之处。如果在学校、商场、影剧院等人口密集的地方出现地震情况，这时要保持冷静，根据常识及时躲到课桌或某些坚固遮挡物下面，直到地震结束后在相关人员安排下快速有序撤离。而且要特别注意不要全部拥挤到出口，另外在躲避过程中要注意观察头顶是否有吊灯、电扇及空调等大型悬挂物，同时还要留意商场中所摆设的一些大型货架及玻璃橱窗等。

第三，尽可能与危险区保持距离。当行人走在街道时发生地震，应及时采取有关措施将头部保护好，并快速跑到离楼房较远的地方；如果是行走在郊区时发生地震，则应注意其周边地区是否存在山崖、陡坡、河岸等。如果汽车或火车等交通工具正在行驶，应马上停车。

第四，当处于被埋状态时要尽可能保存好体力。假如地震发生时不幸被埋在废墟物中，这时要尽可能保持冷静想办法进行自救，如果不能快速脱险，则应尽可能保存体力，在周边寻找可食用的水与食物，然后等待外界救援。

有案可稽

2014 年 8 月 3 日 16 时 30 分，云南省昭通市鲁甸县发生 6.5 级地震，震源深度 12 千米，包括云南昆明、四川宜宾、重庆在内的多个地区有强烈震感。地震发生时，中国石油大学(华东)的几名支教学生正在云南省镇雄县碗厂乡长岩村酢房"八一"爱民小学支教。当时下课铃声刚刚打响，部分学生已经走出校园，地震没有任何征兆地发生了。刚上完课的大学生杨某，在震后指挥了全部孩子的撤退，几十秒后，19 名当地的孩子与全体支教大学生，全部安全有序地集合到长岩村小学的操场上。后来在回顾地震发生的瞬间时，他说地震发生时心里很害怕，但因为以前统一参加过有效应对地震应急培训，再加上碰巧当天上午还为学生们上了一堂与地震及滑坡灾害相关的安全课，使得孩子们幸运地逃过一劫。杨某一行此次来云南支教，特地设计了安全知识普及课，同学们不禁感叹正是这些安全知识"救了自己一命"。

二、雷电

雷雨季节里雷电现象时有发生，其在发生时往往会伴随强烈的光和声，这是因为携带电荷的雷云和地面某些突起物产生接触时会出现剧烈的放电现象。一般来说，雷云电压较高且释放电量较大，而且放电时间十分短，这使得放电过程中所带来的电流及电能较大，可以将周边空气温度增加到 2000 摄氏度以上。这时空气在热能作用下会快速膨胀，迅速形成爆炸冲击波且其在空气中的传播速度可能达到 5000 米/秒。尽管该放电过程时间十分短，但对于一些位于空旷区内的较高建筑物及以金属结构作为屋顶的建筑物等均有较大安全威胁，极易导致火灾等事故。雷电的主要应对策略如下。

第一，当遇到雷雨时，要尽量远离高压变电间及电线，以及处于空旷区的高楼、烟囱、大树等，当然也不要站在这些建筑物或物体下面。

第二，尽可能不要使用立柱由金属制造的立柱雨伞。而且在郊区或露天干活时要避免使用各类金属工具。

第三，雷电天气里，如果感觉到头、颈、手等部位有蚂蚁行走感及头发立起等现象，则表明可能会有雷击发生，这时要马上蹲下，同时将身上的金属饰品扔掉，以便降低遭雷击的概率。假若闪电出现很短时间之后就听见雷鸣声，证明自己离雷暴很近，非常危险，应该即刻并拢两脚，原地蹲下。

第四，雷雨发生之前应该将门窗关好，同时将室外天线关闭，将电源、闭路、电话线等可能引入雷电的所有金属导线都拔除断开；同时不能站在灯泡下方。

第五，不要去收晾晒的衣物，尤其是晾晒在铁丝绳上的衣物，同时不可淋浴或触摸金属管道，以免雷电经水流或管道导入被击中。

第六，不要拨打电话、上网，不能使用 ADSL 或调制解调器设备，应该拔掉电脑电源，保证计算机接地。

三、洪水

洪水一般指的是由暴雨及冰雪快速融化等现象所导致的江河湖泊水量快速上升的情况，由洪水带来的灾害是目前世界范围内影响较大的自然灾害之一，而且该灾害一般发生在江河湖泊集中地，而这些区域通常人口较为集中且农业种植面积较多。我国是受洪水灾害影响较大的国家，这主要是由于我国地形构造较为复杂且国土面积较大，且拥有较明显的季风气候。据不完全统计，我国有近 35％ 的耕地、40％ 的人口及 70％ 的工农业经常处于洪水威胁之下，且该灾害给人们所带来的损害远远大于其他灾害。大学生如在城市或野外遇到洪水，需掌握以下应对常识。

第一，为有效预防洪水进入室内，要采取沙袋等物质将大门下面的全部空隙堵住。要是觉得洪水涨势较猛，应及时在底层窗槛安放一定数量的沙袋。

第二，对于洪水来时没有进行及时转移的人员来说，要尽可能爬到如屋顶等地势较高的位置进行躲避；或者找某些可以漂浮起来的物质如大型木板床等作为漂浮物以备在水中滑行。

第三，当洪水来临时人们正处于野外，这时要快速转移到周边山坡、高地等位置以等待他人营救。更为重要的是不要轻易下河或试图通过游泳进行逃生，也不要爬到某些带电物体如电线杆、铁塔等上面。

第四，如果因为山洪被困在山中，要采取一切可能的方式向当地救援部门进行求救，及时将自己的位置及所遇情况进行说明。

第五，一旦不幸被卷入洪水中，要尽可能寻找目及范围内可以抓住的固定物或漂浮物，以此来增加求生机会。

第六，当通过被淹道路时，要对周边进行认真观察，并在这些位置竖立警示牌，避免其他人不小心进入深水区或掉进排水口。

四、大风(台风)

大风是快速流动的空气，我国一般把瞬时风速达到或高于 8 级(17 米/秒)时的风叫作大风；而在天气业务规范中则规定平均风速大于等于 6 级(10.8 米/秒)时为大风。当大风给人类社会带来危害时，即构成大风灾害。大风会毁坏地面设施和建筑物，飞沙走石，影响人类正常生活生产活动，威胁行人人身安全，危害极大。它通常是一种突发性的灾害，往往很短时间就会对人类的生产、生活造成较大伤害。

而人们所提到的"台风"指的是"热带气旋",一般指的是出现在热带地区快速旋转的低压涡旋,它的出现经常会带来剧烈的天气变化,突出表现为狂风暴雨、巨浪及龙卷风等。台风的危害性主要有三个方面:大风、暴雨、风暴潮。

在遇到大风及台风天气时,大学生需掌握以下应对策略。

第一,当台风发作时,切记不可以在大型广告牌或大树下进行躲避;要远离施工地点,注意风中乱飞的杂物给身体带来伤害。

第二,当行人在走路时突然遇到台风,这时应用带子将衣服扎紧并将身体紧缩弯曲缓步向前;当行走方向顺风时,也不应急跑,一旦有沙子进入眼睛,要进行及时清理。风太强烈时可迅速转移至桥梁下或涵洞中。

第三,如果在骑车过程碰到特大台风,要及时找个地方进行躲避;躲避时要尽可能与高楼、大型广告牌等保持一定距离。

第四,在遇到台风天气时,应断电,尽量避免使用电话。

第五,若没能及时撤退至安全环境下,则应该躲进室内空间较小位置,如桌子等物体下面。如果是高楼里的人员则需要快速转移到底层。同时要尽可能避免在海堤或桥上行走。

第六,当龙卷风发生时,需将建筑物门窗打开,这样可以让屋内外气压处于平衡状态,可以降低屋顶及墙壁被吹飞或吹倒的可能性。

第七,当人们处于室内时要用双手及时保护好头部,并脸朝墙壁蹲下。

第八,当人们在野外环境中遇到龙卷风,要朝着与龙卷风前进相反方向移动或找位置躲避。

第九,如果龙卷风很快抵达则要及时找到某些低洼地形趴下,用双手对头部进行保护以避免被大风刮来的东西伤到。当坐汽车时碰到龙卷风,则要尽可能待在车中,减少外来物造成的伤害。

五、海啸

海啸通常指的是破坏力较大且可以给人们带来较大灾害的海浪,一般是由震级超过6.5级的海底地震所导致,此外山崩及火山爆发也是导致海啸发生的原因。当海啸处于深海区时,其波浪不易引起人们注意,但当其到达浅海区时,在巨大能量驱使下波浪会快速增加,从而形成一道道"水墙",这些"水墙",有时可以达到几十米,经常会给沿海地区人们生命财产带来巨大损害。海啸发生时应掌握以下应对策略。

第一,接到海啸警报应立刻切断电源,关闭燃气,在有条件时尽量远离海边。

第二,一旦落水要及时观察附近是否有类似木板等漂浮物,有的话要及时抓住,要尽可能避免和其他硬物进行碰撞,同时还要少挣扎,只需浮在水面上就行,避免游泳。

第三,当海水温度较低时要避免脱掉衣服,应尽可能保持体温,同时还要向其他落水者靠拢,相互打气以更易吸引救援者注意。

六、泥石流

泥石流一般指的是受暴雨、暴雪或其他自然灾害影响,山区或其他沟谷地区出现山体滑坡并伴随有大量泥沙以及石块的特殊洪流。与其他灾害相比,泥石流主要表现为突发性、流速迅猛及破坏性较大等特征。它经常会使交通设施及建筑物等受到较大损害，造成巨大损失。泥石流灾害的应急要点包括以下几点。

第一，山地户外游玩时，要尽可能把地形平整的高地当作营地位置，不要选择沟道处或沟内低平处作为营地位置。当遇到长时间降雨或暴雨时，要及时做好预防措施以有效应对泥石流发生。

第二，如果观察到河流突然断流或水势快速增加而且还伴有大量树枝出现；如果深谷或沟内发出像闷雷一样的声音，或者沟谷深处瞬间变暗并出现莫名震动感等现象时，应意识到泥石流很可能即将发生。

第三，发现有泥石流迹象，应立即观察地形，向沟谷两侧山坡或高地跑。逃生时，要抛弃一切影响奔跑速度的物品。

第四，尽量不要藏在陡峭山坡下，特别是上面有滚石或大量堆积物的山坡下；不要待在低洼地势或爬上树来躲避泥石流。

第六节　常见人身安全紧急情况及急救

一、心搏骤停(猝死)的急救

第一，猝死后2～4分钟是有效干预治疗时间，如果超过这个时间患者没有得到正确救治，脑部就会发生不可逆的损害，如果超过8分钟没有得到正确救治，患者就会死亡。千万不可等待，应该立刻实施心肺复苏急救。

第二，叩击心前区：患者取平卧姿势，一只手向上托起患者颈后，同时另一只手轻轻用力将其前额后推，翘起下巴，头部后仰，便于通气。利用拳头下部多肉区域，在离胸壁20～30厘米处的胸骨中段上方位置上，快速进行捶击。如果捶击一次没有反应，就需要马上给患者进行胸外心脏按压，并及时给其进行嘴对嘴人工呼吸。同时要对病人瞳孔变化情况进行及时观察，如果瞳孔出现缩小及脸色变红等情况，表示抢救达到效果。

二、休克的急救措施

第一，患者取平卧姿势，略抬起下肢促进静脉血回流，如果呼吸有困难可以抬高头部。

第二，给体温过低者身上盖上被子等以达到保暖效果。但如果患者是因高烧而导致的感染性休克病人，则需要采取必要的降温措施。

第三，尽快送去医院，注意尽量少搬运，搬运时要尽量轻。运送过程中，要派专人陪同及时予以急救或护理。

三、人工呼吸的方法

第一，病人仰卧，解开衣领，清除口腔中的一切异物。

第二，抢救者按病人前额，抬病人下巴，用手指捏紧病人鼻翼两侧，深吸一口气，然后与病人嘴对嘴进行吹气，待吹气结束后使病人鼻孔保持放松，然后让病人利用鼻孔进行呼气，再进行下一次吹气，3~5 秒一次。

第三，向病人口中吹气时，注意观察病人的胸部，要使胸部充分隆起才停止吹气。

第四，若心跳正常，则继续进行人工呼吸，直到呼吸恢复；若心跳停止，需同时进行胸外心脏按压。

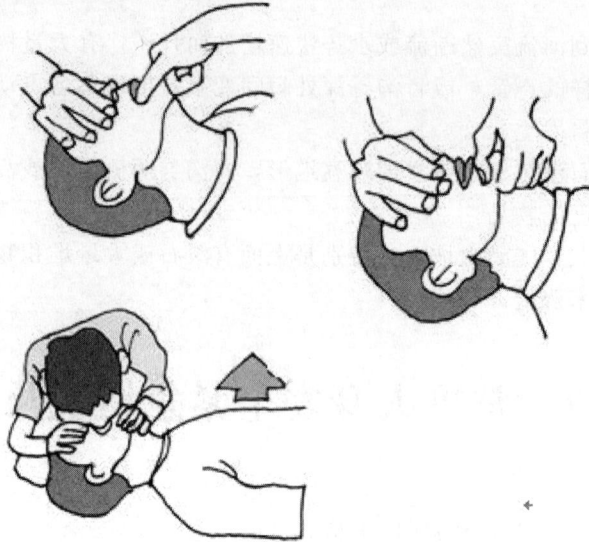

图 3-5　正确进行人工呼吸

四、胸外心脏按压

急救者应跪在伤员某一侧，将左手掌以平放姿势搁置于胸骨下段位置，将右手置于左手手背上，然后利用急救者身体重量慢慢发力，这个过程不能用力太猛以免其发生骨折，当将患者胸骨向下压了大约 4 厘米时就可以放松力道让胸骨恢复原状，以相同节奏重复按压，以每分钟 60~80 次的频率进行按压，直到被施救者心跳恢复。

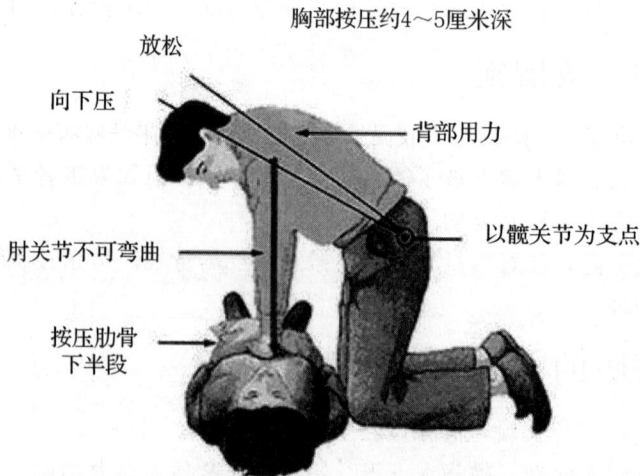

图 3-6　心脏按压复苏急救动作要点

五、溺水者的抢救

第一，应清除口中污物，并用纱布包裹手指然后把溺水者的舌头拉出，同时解开其所穿衣物领子，以保障其呼吸不受阻碍。此外，还要扶住伤员腰部，让其背部向上，头部向下以达到控水目的。或者急救者可以以半跪位姿势把伤员腹部放在其腿上，让溺水者头部保持下垂，然后用手对其背部进行平压以实现控水。

第二，呼吸停止者用口对口人工呼吸法，心跳停止者用胸外心脏按压法（每吹 2 口气，压 30 下）。

第三，注意保暖，若溺水者清醒，可让其饮些热水。

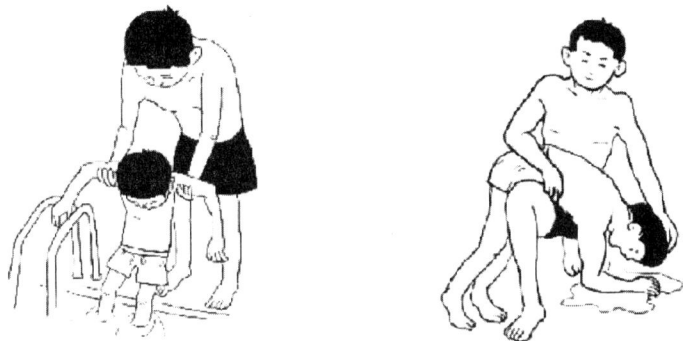

图 3-7　溺水急救

六、烧伤的急救

第一，快速脱离热源，可以就地打滚将火焰压灭，或快速将衣物脱掉，将火浇灭。

第二，尽快进行冷疗，将烧伤创面浸泡在冷水中或者直接用冷水冲洗（最短 30 分钟，最长可以 1 小时）。

第三，为免感染，可以在创面使用专用的烧伤药物，切忌涂抹牙膏或者酱油。假若创面较脏，可以先用水冲洗干净之后，涂上少量金霉素眼膏，并尽快送去医院接受治疗。

七、被狗或者猫咬伤的急救

第一，应该立刻冲洗伤口，尽快将脏血、可能沾染的狂犬病毒洗掉。

第二，彻底冲洗伤口。因为咬伤伤口的外口通常小，内部伤口深，所以应该尽可能扩张伤口，适当挤压四周，将伤口完全暴露出来，同时用大水急冲。

第三，伤口不要包扎。狂犬病毒是厌氧的，在缺氧的情况下，狂犬病毒会迅速大量繁殖。

第四，在 24 小时内到防疫站注射预防狂犬病疫苗，越快越好。

八、被蛇咬伤的处理办法

第一，对伤口进行认真观察。假如皮肤上出现能明显被观察到的牙痕，则可以确定为被毒蛇咬伤；如果没有牙痕，且在 20 分钟内没有出现明显诸如疼痛、肿胀、麻木等情况，就可以判定为没被毒蛇咬伤，仅需对伤口进行简单处理包扎。等条件允许时将患者送医院注射破伤风疫苗。

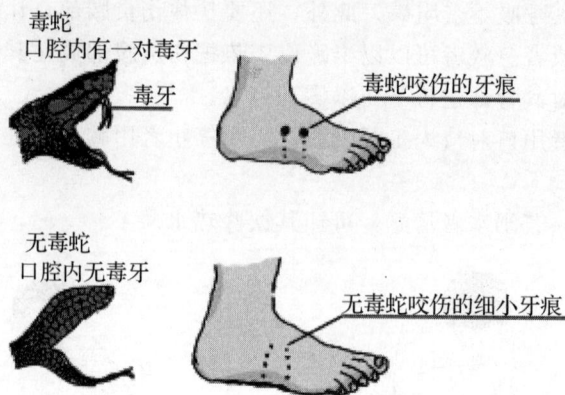

毒蛇
口腔内有一对毒牙
毒牙
毒蛇咬伤的牙痕

无毒蛇
口腔内无毒牙
无毒蛇咬伤的细小牙痕

图 3-8　区分毒蛇与无毒蛇的咬伤

第二，在距离心脏 5～10 厘米处使用长布带或鞋带等进行扎紧，以达到控制毒素扩散的目的。同时，为有效预防因绳子握紧给肢体带来的损伤，应每隔 10 分钟进行放松，每次时间为 2～3 分钟。若肿胀已经超过了带子，则将带子上移数寸。

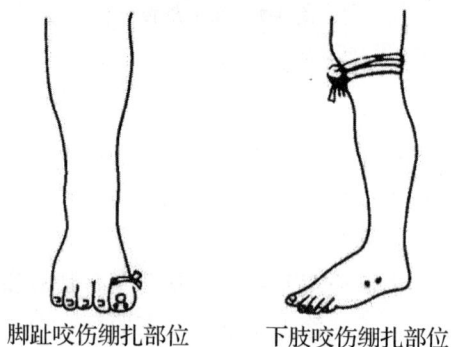

脚趾咬伤绷扎部位　　　下肢咬伤绷扎部位

图 3-9　毒蛇咬伤后的应急绷扎

第三，用冷水反复冲洗伤口表面的蛇毒，不要擦伤口，而应用布轻拍，使其干燥。使用消过毒的小刀，围绕被咬伤位置的皮肤进行切割形成十字形伤口，然后用双手对其进行挤压同时拔火罐，也可以采取在伤口上覆盖多层（4～5 层）纱布的做法，然后隔着纱布用力将伤口内毒液吸出。

第四，被咬者应马上服用解蛇毒药片，同时把解蛇毒药粉及时抹在伤口处。而且要尽可能抬着病人，不要让他自己走动，并迅速送往附近医院治疗。若不能确定是哪种毒蛇，应将蛇打死，一并带到医院，但注意不要破坏它的头部。蛇头在被割下后半小时内仍有伤人可能，需特别注意。

第七节 正确应对性侵害

在大学中，性侵害主要是指以女大学生为目标，以暴力、胁迫、诱骗、迷乱、偷窥、偷拍、暴露等手段，违背女生意志而对女生实施的性行为骚扰与侵犯。性侵害严重摧残了女性的身心健康，侮辱了受害者的尊严、隐私和人格，给受害者留下了心理上的阴影甚至生理上的创伤，破坏了正常的恋爱关系和人际交往，损害了校园秩序和社会的安全感，一部分受害女生甚至精神崩溃，自残乃至自杀。

延伸阅读

在大学中，性侵害与骚扰是一种常见的恶行，许多社会不法分子及心理变态人员都将自己猥琐而恶心的目光投向了淳朴的象牙塔中。美国白宫于2014年4月就曾经发布报告，称美国高校内女学生中至少有20％有过被性侵犯的经历，报案的占比仅为12％。为此，美国国会在2013年就颁布了《消除校园性暴力法》，用最强硬的方式与此类事件做斗争。虽然受制于传统的男权思想以及社会压力的加剧，在日本的大学校园中，性骚扰同样是一种非常常见的现象。2001年至2010年，仅仅是由于性骚扰而被处分的日本大学的教授、教员等就有近50名，不难想象没有浮出水面的事件或是来自校外人员的侵害一定更多。在我国，随着改革开放的日益深化和社会主义市场经济的深入发展，受外来糟粕价值观以及高校管理社会化、校园开放化的影响，高校性侵害案件的发生率也呈明显上升势头。在湖南师范大学过往的一项调查中显示，有40％的女大学生声称自己遇到过性骚扰，60％以上的女生认为大学中的性骚扰与侵害状况较为严重。而女生防范性侵害意识与知识的缺失、中国传统观念中对女性权益的忽视和女性性别角色的歧视、法律维权中对证据的要求、来自社会和舆论的压力、受害者对未来可能造成的影响的担忧……这些也使得侵害者难以受到严厉的制裁，性侵害案事件一再发生在大学校园中。

一、大学性侵害形式

从当前我国高校校园中所发生的性侵害类型来看，主要表现为以下几类。

(一)暴力式侵害

该侵害类型一般指的是侵害者通过语言恐吓或凶器等多样化的暴力手段对女同学进行威胁并对其进行性侵害。从侵害者主体来看，其构成较为复杂，既有社会人士，这些人借机进入学校选择合适地点或合适人选实施强奸，如其会选择将女生宿舍或校园某些偏僻地方作为作案地点；也有部分人最初目的是为了抢劫盗窃，但受某些因素诱使就会进一步导致强奸犯罪行为发生；也有部分案件是由于大学生恋爱失败容易产生极端行为，最终演变为暴力强奸。该类型侵害行为给被害人带来的伤害会较大，有些甚至可能会致人死亡。

📒 有案可稽

2007 年 6 月 29 日晚，长沙某大学女生小菲像往常一样到校区旁边的岳麓山上跑步锻炼，但当晚一直没有回宿舍。舍友在联系无果后报警，警察经过一夜的搜寻，在岳麓山一处偏僻地带发现了一具女尸。运动裤盖住上身，下身完全裸露在外，脖子处有明显刀口伤痕，四周有大量血迹。尽管同学们都不愿相信，可最终经过确认，死者正是小菲。经警方调查，犯罪嫌疑人李某最终落网。据李某交代，他刚刚从大学毕业一年，因无业而心情不畅。29 日晚 7 点多，他在岳麓山上碰巧遇到小菲，因小菲孤身一人，又身穿"诱人"的紧身运动装，遂被李某盯上。李某主动接近小菲聊天并通过其大学经历拉近与小菲的距离，在小菲放松警惕时强行将其拉入一处僻静的小树林并对其实施强奸。因担心小菲报警，李某在强奸后又用随身携带的匕首将小菲残忍杀害。此案给当地大学女生敲响了警钟，如果被害人能有较强的自我保护意识，规避一些危险的行为选择，案件也许就不会发生。

(二)流氓滋扰式侵害

流氓滋扰式侵害是指社会上的流氓强行进入学校，挑衅学校师生、无故闹事，或者是一些道德品行败坏的人由于心理变态无故对女学生实施性骚扰的行为。这些人对女学生进行性骚扰的主要方式是使用污秽的语言调戏女生，或是故意碰触女生肢体占便宜，做下流动作，以及暴露性器官、偷窥偷拍等方式。例如，在晚上女生独自一人的情形下，或是处理不当的时候，性骚扰甚至会演变成使用暴力的强奸或轮奸等犯罪行为。

(三)胁迫式侵害

胁迫式侵害指的是心怀不轨之人趁受害人有求于自己的机会，或是掌握了受害人的隐私、把柄等，并以此为条件对受害人进行威胁，受害人迫于无奈不得不屈从。

📒 有案可稽

从一个在校优等生，到无名旅馆的卖淫女，网恋害苦了 17 岁的女大学生赵某。2012 年寒假，赵某在家上网时结识了一名自称姓吴的 23 岁男子，"吴某"称自己与赵某同乡，父亲是娄底市公安局的工作人员，母亲是小学教师，还有一个在长沙某高校上学的妹妹。两人成网友之后，互换电话和个人照片，不久"吴某"便要求见面。赵某当时并没有答应，不过"吴某"长期软磨硬泡之后，两人还是在宾馆见面并建立了恋爱关系。此后，赵某与"吴某"热恋，经常相聚。但是长时间接触后，赵某发现"吴某"为人刻薄，而且行为不端，因此提出分手，被"吴某"拒绝，甚至声称要"自杀"，最后"吴某"提出与赵某最后旅游一次，结束后分手。

而当赵某跟随"吴某"外出后，"吴某"告诉她，自己不仅不姓"吴"而且只有 19 岁，家在农村，父母也都是农民。在得知侯某的真实身份后，赵某慌了神，提出要回家。但侯某不仅拒绝，更是提出要赵某去卖淫赚钱。一开始，赵某不肯答应，但侯某将其关在小旅馆内，每日毒打并拍摄赵某裸照，并以"闹到学校"威胁赵某。最终，赵某被逼无奈，走上了卖淫的道路。直到赵某父亲因长期联系不上赵某报警，赵某才被解救出来。

（四）社交性强奸

在此类犯罪中，实施侵害行为者往往是受害人熟悉的人，他们可能是受害人的同事、同学、老师、同乡或是邻居等。犯罪人利用与受害人进行正常社会交往的机会对受害人实施性侵害，而受害人即使身心受到了严重伤害，因为有多方面的顾虑而不敢轻易告发犯罪人。

有案可稽

2011年9月，北京某高校的大二女生韩某刚刚结束了暑假的实习生活回归校园，由于感觉实习收获良多，因此决定在学期中也找一份兼职积累经验、贴补用度。正巧该校某外国留学生朴某在网上发帖希望找"中国女生"来做他的汉语陪练，于是韩某决定应征。随着两周多的接触，韩某与朴某渐渐熟稔，而朴某也开始谋划实施其找陪练的真实目的。一天晚上，朴某以带韩某参观留学生宿舍为名将其带回住处，并找借口向韩某灌下掺杂迷药的酒。最后趁韩某人事不醒时，朴某对其实施了强奸。韩某醒来后仅向好友说明了情况，好友感到事情不妙，报告了老师，老师立即向警方报警，朴某被迅速抓获。然而韩某因受伤住进医院，其间，韩某心理崩溃，两次试图自杀未遂，直到两个多月后才在老师、同学和家长的安慰下逐渐恢复。

二、性侵害多发时间与地点

大学性侵害有其发生的规律，经验认为，以下时间与场所易受到性骚扰或是性侵害。

（一）夏季

女大学生遭受性侵害多发生在夏季。由于这个季节的天气非常炎热，女大学生晚上的活动时间相对较长，出外活动的时间也随之增多；夏天炎热且校园内绿树成荫，容易找到作案场所且作案之后藏身或逃脱相对容易；夏季男性性激素分泌水平较高，性欲旺盛；此外，因为夏季天气炎热，女生很多时候穿的都较为单薄，肢体外露的部分也相对较多，从而增加了对异性的刺激。

（二）夜晚

在一天当中女大学生最易受到性侵害的时段就是夜晚。夜晚的光线较为昏暗，往来的人也相对较少，犯罪分子选择这时候作案很难被发现。因此，晚上尤其是深夜的时候，女大学生尽可能不要外出活动；如果一定要外出也应该结伴外出；不可去偏僻角落；不能穿暴露的衣服等。

（三）公共场所与偏僻的处所

女生易受到性侵害的地方主要包括公共场所及偏僻的场所等。由于教室、厕所、宿舍、影院及码头等公共场所的人流比较大、也相对比较拥挤，便于不法分子向女大学生下手；如果女生进入公园假山、荒废的建筑物内、无人的电梯中及树林深处等偏僻、人少的地方，很有可能被不法分子尾随而对其实施性侵害。

三、易受性侵害的女生类型

大学女生多数正值青春年少的好时光，就其年龄阶段、身体发育情况及社会经验等方面而言，都成为犯罪分子的重点侵害对象。通过分析高校女大学生受侵害的总体情况，可以看出以下几类女大学生容易受到性侵害。

第一，穿着时尚，举止豪放，常进出歌厅、舞厅、酒吧等复杂公共场所者。

第二，心性胆小、懦弱者。

第三，行动轻浮，交友随便者。

第四，喜欢在宿舍、实验室、教室、厕所等人较少的地方独处者。

第五，能够被用来要挟的隐私被他人掌握者。

第六，贪财、图享受，辨别能力又不高者。

第七，意志不坚定，容易受到诱惑，精神没有寄托，不遵守法纪者。

第八，夏季穿衣比较暴露者。

第九，晚上频繁、长时间单独外出者。

四、预防性侵害

女大学生应从以下几方面加强对性侵害的预防。

第一，应该加强安全意识和法律观念，学会用法律手段维护自身权益和安全。

第二，对于认识不久的朋友不要过于轻信，不能与其单独相处，更不能与其去不熟悉的地方；平时要注意培养自己的观察能力、锻炼自己的意志，要能够明辨是非，不要被甜言蜜语所惑而失去正确的判断。

第三，要尽量避免在险恶的环境中出现，将可能受害的条件尽可能消除。比如说，晚上尽量不要自己单独活动，尤其是不要去人少、偏僻的地方；如果必须外出最好结伴同行，即使是和熟悉的人约会也要选择相对安全的环境，而且要注意时间不能太晚。

第四，女生要学会爱护自己尊重自己，不要因为自己的言行举止或穿着引起犯罪分子的注意而受到侵害。女生日常的装扮要大方得体，不要过分地浓妆艳抹、衣着暴露，否则容易给人一种轻浮的感觉，而被坏人盯上。要正确处理与异性交往的尺度，不要接受超过一般的馈赠；如无恋爱打算对追求者拒绝态度应明确，避免暧昧不清、占人便宜、脚踏双船等；对过分的举动要明确表明自己的反对态度。

第五，对于熟人，仍需注意自我保护。留心是否有刻意碰触自己身体的行为、是否讲一些与性有关的话题进行引诱、是否有意将自己带往他熟悉或是偏僻角落等危险迹象，防止受到社交性性侵犯。要控制感情，避免表现轻浮；把握约会的环境；杜绝过量饮酒；对过分的举动要明确表明自己的反对态度；不要轻信新结识的朋友，更不要单独跟随其去陌生的地方。

第六，女生应该有较强的防范意识，并掌握一定的防范技能。譬如，如果独自一人在宿舍内，应该锁闭门窗；独行时要注意周围情况，密切关注是否有人尾随；到达新环境应注意有无可容犯罪分子藏身之地，注意紧急逃生线路和人群密集的位置，注意可疑接近人员；可以学习一些基础防身术或携带防身器具；在受侵犯时，要注意打击犯罪分子的要害部位，如太阳穴、印堂穴、小腹、阴囊、眼部等，振作精神，不必手下留情、畏首畏尾。

五、性侵害的应对

如不幸已被不法之徒盯上，陷入面临性侵犯的困局，学生应注意以下几点。

第一，遇到性骚扰时，如环境相对开放，附近有较多其他人员甚至熟人，应立即明确避开或大声呼喊，吓跑不法之徒，制止骚扰行为，引起他人注意。

第二，在遭遇性侵害时，最重要的是保持头脑清醒、镇定，不能表现得太过恐惧、慌乱。这种情况下如果能够表现得毫无惧色、临危不乱反而会震慑到犯罪分子，使其因害怕而不敢轻举妄动。

第三，在遭遇性侵害的情况下，要有足够坚定的信念，相信自己能够保护自己，采用各种办法进行反抗也为自己争取更多的时间，依据当时的具体情况，想办法自救或是等待救援。

有案可稽

2010年3月18日深夜，东北某大学应届毕业生关某在天津求职后赶赴同学住处，由于夜深，她打上了一辆出租车。当出租车到达目的地时并没有停下来，而是朝着一个偏僻的树林开去。关某发现有些不对劲并去提醒司机，司机却说前面修道，得绕行一段路程。当车停下时，关某发现外面竟是一片漆黑的树林。这时，司机露出了狰狞的面目，面对色魔，关某先是极力反抗，无效后关某又以身体有传染病为由警示对方，终于色狼停止了侵害行为。关某逃脱魔掌后，迅速到附近派出所报案。民警根据嫌疑人的出租车停靠地点和体貌特征，于第二天中午12时将犯罪嫌疑人王某抓获。在面对侵犯时关某保持了冷静，机智应对巧妙脱身，避免了一场无妄之灾。

第四，一旦出现机会，就要抓紧时间赶紧逃离现场。比如说，可以采用假装同意的办法来麻痹犯罪分子，再趁其不注意的时候使劲将他推倒，以最快的速度逃离现场，同时要注意在逃跑的过程中也不要忘了继续呼救；也可以趁犯罪分子放松警惕的时候朝其阴部猛烈击打，在他顾及自己受伤部位时，抓住机会逃跑。

第五，利用身边一切可作为武器的物品进行积极防卫。在遇到性侵害的时候，一定要冷静判断自己身上是否有可作为防卫武器的物品，如发夹、水果刀及高跟鞋等，同时要看看自己所处环境中是否有可作为武器的器物，如木棒、砖块及酒瓶等。在犯罪分子实施侵害行为时，可利用上述器物击打他的要害部位，如头、眼睛及性器官等，这样就可以大大降低或是解除犯罪分子实施侵害行为的能力，由此可以趁这个机会赶快逃跑。

第八节 正确应对校园突发安全事件

校园突发事件指的是校园内突然发生的危及师生人身安全、影响学校正常秩序、可能造成严重社会危害的意外事故。校园突发事件种类多样，涉及范围广、社会影响力大、具有一定的复杂性且不同于普通的社会突发事件，由于高校独特的敏感性和社会性，更易产生极高的关注度和不良的社会影响。

校园突发事件往往发生、发展的速度很快，令人出乎意料，且危害大、涉及面广。所以，大学生在应对时应培养危机意识、加强预防能力，对隐患提高警惕，提高判断能力，并掌握自救与他救的急救技巧，在突发事件中，有效地保障自身安全。

一、拥挤踩踏事件

在空间有限，人群相对集中的场所，因为某种突发原因，人群的情绪变得过于激动亢奋，甚至失控，此时危险就容易产生，而此时置身其中的人就可能受到伤害。拥挤事件属于突发性事件，是难以有效提前预防的。同学们在遇到拥挤的情况时要保持镇定，冷静判断、沉着处理，尽量避免有人因此受到伤害。一旦公共场所出现群体性拥挤踩踏事件，后果不堪设想。在我们身处人群中时，务必要提高自己的安全意识。在处于行进状态的人群中，一旦前面的人发生摔倒的情况，而后面的人又一无所知继续前行，这时候就很容易发生连锁性的倒地、相互拥挤踩踏事故。且当人在受到惊吓和恐慌时，由于惊慌失措，会加剧拥挤踩踏事故。

有案可稽

2014年12月31日夜间，正值上海跨年夜活动，很多游客市民聚集在上海外滩陈毅广场迎接新年。在陈毅雕像广场东侧黄浦江边，有一个比广场高出三至四米的观景台，与广场通过宽约5米的17级台阶石梯相连。事发当晚，按惯例江边将会有迎接新年的重头表演之一的5D灯光表演，因此，观景台成为欣赏灯光表演的最佳位置。渐近表演开始的时候，大约23时35分，人群开始集中涌向观景台，预备抢占"有利位置"。而同时，由于观景台人员众多，许多游客准备通过石梯离开。人流于石梯处发生对冲，上不去下不来，而后排群众因不明情况继续向前挤，导致有人摔倒，随后人流如同海浪一般后排压前排，纷纷摔倒，造成踩踏和挤压。事故共造成36人死亡，49人受伤。遇难人员平均年龄22岁，多为学生和女性，最小遇难者年仅12岁。令人遗憾的是，传说中的灯光表演因为市政府预计人员密集，早已在11月份即被取消，当天不会在陈毅广场上演。许多游客未关注此消息，白白陷入了危险之地，丢掉了宝贵的生命。

大学生在进入拥挤的场所前要先观察安全出口的位置，一旦有危险，立即有目标地撤离。在置身拥挤的场所中时，要时刻保持警惕，面对情绪失控的群体时，要保持冷静。预防和应对拥挤踩踏事件，主要有以下几点。

第一，要保持文明的举止，在人流密集的环境下，不要故意推挤、起哄或是制造恐慌氛围。

第二，尽量不要去人群拥挤的地方，如果无法避免应该尽量靠边行走。

第三，一旦发现人群拥挤着向自己走来时，要马上避让，不要慌乱，不要乱跑，以免摔倒被人群踩踏。

第四，在人群中行走时切记要顺着人流，不要逆着人流前进，不然很可能会冲撞到人流而跌倒。

第五，如果陷进拥挤的人群当中，首先要稳住自己的身体，避免倾斜而失去重心跌倒，当鞋子被人流踩掉时不要立刻去捡鞋或系鞋带，在有条件的情况下要先抓紧牢靠的物体慢走或原地不动，在人流走过后快速撤离该地。

第六，如果自己被人群挤倒，要想办法挪到墙角的位置，将身体蜷缩起来，同时紧扣双手放在脖颈后，这样能起到保护身体最脆弱部位的作用。

第七，随人群行走时，如果有台阶或楼梯要抓住旁边的扶手，以免摔倒受伤。

第八，当身处拥挤的人群时，要保持高度的警惕性、密切留意周围情况，在发现某人情绪异常或人群出现骚动时，要马上做好相应的准备以保护自己及周围人不受到伤害。

第九，当人群出现骚动时，要特别留意地面情况以防被绊倒，以免引发严重的拥挤踩踏事件。

第十，在发现前方有人摔倒时要立刻停止前进，然后大声向周边的人呼救，并告诉后方的人不要再往前走。

图 3-10　拥挤人群中的自我保护动作

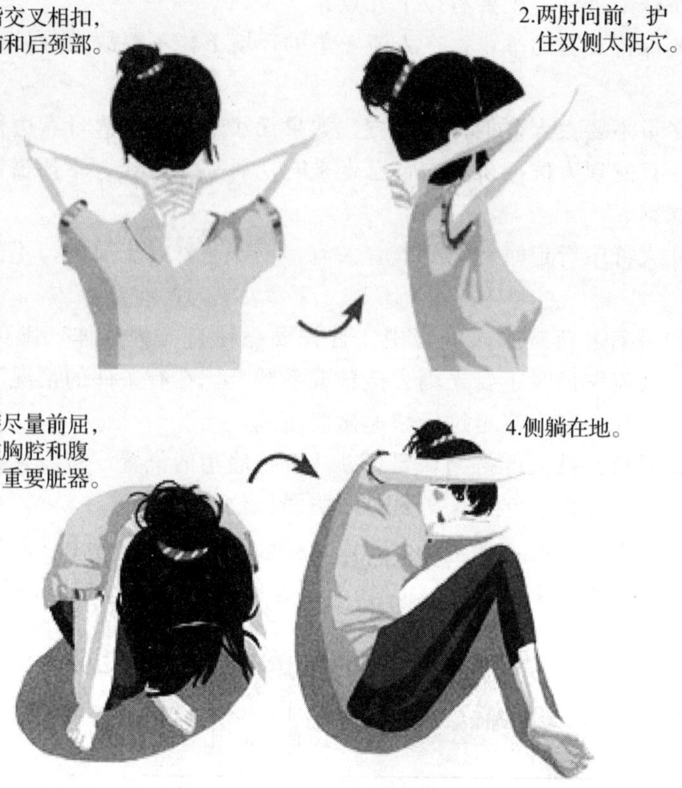

1.两手十指交叉相扣，护住后脑和后颈部。

2.两肘向前，护住双侧太阳穴。

3.双膝尽量前屈，护住胸腔和腹腔的重要脏器。

4.侧躺在地。

图 3-11　不慎倒地时的自我保护动作

二、公共卫生事件

(一)食物中毒

食物中毒指的是患者食用了被细菌或是细菌毒素污染的食物，或是含有毒素的食物等而引发的急性中毒类疾病。根据病因不同可有不同的临床表现。患者在食物中毒一小时至一天内会发生头痛、头晕、恶心、呕吐、发烧、腹泻等症状，严重的食物中毒会导致死亡。

有案可稽

2010 年 9 月 16 日凌晨 2 时 30 分，河南某大学陆续有学生腹痛、腹泻进入校医院问诊，最后统计发现有上述不良反应的学生多达 60 人。据了解，这些学生都是 15 日在该大学第一餐厅就餐后出现的这些不适症状，出现学生中毒事件后餐厅遭到查封，市疾控中心职员也在餐厅实施了采样检查。

1. 预防食物中毒

确保饮食卫生是预防食物中毒的关键，以下几方面是大学生日常饮食中需要多加注意的地方。

第一，购买与食用食物时要注意挑选与辨别，不要食用河豚、有毒蘑菇及发芽土豆等有毒食物。

第二，在烹调食物时要保证达到可食用的熟度，食物做好后应尽快食用，储存剩余的食物时要将其置于不超过 7 摄氏度的环境当中，储存过的熟食必须经过彻底加热才能食用。

第三，要勤洗手，特别是在饭前、便后。

第四，要将食品放置在昆虫、鼠类及其他动物接触不到的地方。

第五，出外就餐时应选择有《食品卫生许可证》的餐厅或是饭馆，尽量不要在卫生不达标的排档等地就餐。

第六，不要生食毛蚶、泥蚶及炝蚶等违禁水产品。

第七，不要在无经营许可证的摊贩处购买食品，也不要购买没有商标、出厂日期、生产单位及保质期等信息的包装食品。

第八，生吃瓜果、蔬菜先要洗净还要进行消毒。

第九，不要随便食用自己不了解的植物与动物，如各种野菜、野果等。

第十，不吃腐败变质的食物。

2. 群体食物中毒事件的应急处理

第一，出现食物中毒的情况时，应立即拨打"120""110"求援，同时大声呼喊并提醒还在进食的同学立即停下，以防止病情蔓延。

第二，保存现场可疑的中毒食物、呕吐物、餐具等，以便卫生防疫部门化验样品，及时查出病因。

第三，催吐是食物中毒最常见的急救方法，喝浓食盐水或生姜水是最常用的催吐办法，如果还是不起作用，这时可以用手指或是筷子等物体直接刺激咽喉部位来催吐，但是如果因为食物中毒引起昏迷，这时不应该再强行催吐，以免造成窒息。当完成紧急处理后，患者应该马上进入医院进行治疗。

(二)传染病疫情

传染病疫情指的是校园内突发的会损害或可能损害师生及学校工作人员等身体健康并且达到一定程度的传染病，非典、高感染致病性禽流感病例等都属于此类。

1. 传染病的预防

突发性的疾病公共卫生事件大都源于疾病的传染性，大学生在日常生活中有效预防传染病的关键是切断传染病传播链，所以大学生要养成下述良好习惯。

第一，保持卫生，增强防病能力。

第二，加强锻炼，多喝水，提高抵抗力。

第三，定期接种预防，增强免疫力。

第四，搞好寝室卫生、保持室内通风，勤洗手，并消灭传播疾病的蚊、蝇、鼠、蟑螂等害虫。

第五，学习传染性疾病的防病知识。

2.传染病疫情的应对

在校园爆发突发性的传染病疫情时，大学生应做到以下几点。

第一，尽量减少不必要的出门、避免到人多杂乱的地方，不要去探视病人，在遇到不可避免需要出门的情况时要戴上口罩防护。

第二，做好寝室的卫生消毒工作。

第三，服从学校的各项防护安排，如接种疫苗、隔离、转移等。

第四，当感到身体不适时，及时上报就医，防止交叉感染，并将所住寝室隔离。

第五，传染病人接触过的用品及居室均严格消毒。

延伸阅读

传染性非典型肺炎是一种急性呼吸道传染病，WHO组织将其命名为重症急性呼吸综合征(Severe Acute Respiratory Syndrome，SARS)，其发病根源是SARS冠状病毒(SARS－CoV)。临床特征为发热、干咳、气促，并迅速发展至呼吸窘迫，外周血白细胞计数正常或降低，胸部X线为弥漫性间质性病变表现。

"非典"，这个带着"恐怖"意味的名词，2003年席卷中华大地。自3月6日北京市发现首例感染病例后，迅速扩展蔓延，并引发全城性恐慌。北京各大高校为了防止疫情的进一步扩散于4月21日采取了封闭校园的紧急措施。根据相关统计数据显示，北京地区一共有60多所普通高校，校区将近180个，校门就有360多个，所有高校的保卫工作人员加起来共有2500名，他们全天24小时既要守着校门，也要负责在校医院与校内隔离区进行看护，还要在校园内进行巡逻。

市政府要求首都各高等院校每天都要测量学生体温；对教室、实验室、食堂及学生宿舍等公共场所按规定进行消毒。各个高校都不得擅自停课、停学，学校要根据实际情况合理安排教学计划与教学活动，保证教师与学生在学校正常上课。学校务必要加强对校园的封闭管理。学生要想离校必须得到有关人员的批准；不得批准生病或是农村地区、西部地区及疫区的学生离校。同时学校还应跟踪离校学生的健康情况，并将其作为学校疫情监控与信息报告的组成部分；离校后要求再返校的学生(包括住在北京当地的学生)也必须先对其进行隔离观察，确保其未被感染，再安排其进行上课。

经过为期约3个月的集中战斗，北京市终于有效控制住了非典疫情。6月24日，世界卫生组织不再将北京划为非典疫区，并撤销了此前对其进行的旅行警告。

三、校园暴恐事件

校园暴恐事件，就是发生在校园中的对师生有组织地使用暴力或是以暴力手段进行威胁的行为，恐怖分子为了达到某种政治或是个人目的置师生于恐怖的情形之中，使其生命安全受到威胁。暴恐事件主要是由极端的恐怖主义团体，极端的民族主义、种族主义的组织和派别，以及具有极端倾向的失控个体所组织策划的。

校园暴恐事件的发生受到社会大环境的影响。我国正处于社会转型的加速期和改革的攻坚阶段，政治体制改革、经济体制转轨、社会结构调整、文化价值重构等多重原因使得社会利益结构出现重新分化和整合，加之法制建设无法跟上社会快速变革的步伐，造成大量社会矛盾的出现，导致社会冲突的增多。不断扩大的社会弱势群体对经济、生活下行的承受力有限，他们较为敏感、脆弱，易产生失望、不满、愤怒等消极情绪，一旦受到特定情境、特殊事件的刺激，就可能爆发较大的社会危机或安全事件。

此外，受全球极端势力抬头的影响，加之国家高速发展过程中产生的暂时性不平衡以及国际反华势力的煽动策划，国内暴力恐怖势力、民族分裂势力、宗教极端势力大搞暴力恐怖活动，残杀无辜，挑起暴乱骚乱。

延伸阅读

2007 年之前的十年中，新疆地区的恐怖主义、分裂主义和极端主义势力在中国境内外共制造了近 300 起恐怖事件，造成包括维吾尔族在内的各族无辜群众、基层干部等 200 多人丧生。2009 年以来，东突恐怖势力制造的暴力恐怖事件已呈现出多发、频发，特别是近年以来发生的新疆"7·5"事件、"天安门金水桥"事件、"3·1"昆明暴力砍杀事件等严重极端暴力犯罪案件，均造成了大量人员伤亡和财产损失。当前，国内的恐怖活动进入了活跃期，呈现出由边境民族地区向内地蔓延，组织集中严密到分散随意发动"圣战"的趋势，反恐怖斗争形势日趋严峻。

有案可稽

2013 年 10 月 28 日中午时分，在天安门前金水桥边发生了一起汽车故意冲撞致人伤亡案件，当时从南池子南口驶来的一辆吉普车直接闯入了长安街的便道上，随后在由东向西行驶的过程中连续冲撞天安门金水桥护栏并引起汽车着火，汽车在行驶中还伤到了数名游客与执勤民警。北京警方在现场立即开展工作并组织施救，火被迅速扑灭。事件共造成 5 人死亡，40 人受伤。很快警方初步认定这一事件是有人预谋、组织、策划的暴力恐怖袭击案事件，随后很快确认其幕后指使者就是西亚和中亚地区盘踞的"东伊运"恐怖组织。

有案可稽

2014 年 3 月 1 日晚 9 时 20 分，穿着统一服装、并且蒙面的八名暴徒在云南昆明火车站广场及售票厅等地持刀砍杀附近的群众与旅客，此次事件中伤亡人数达到了 172 人，其中 31 人死亡、141 人受伤。据警方的调查可知这是新疆分裂势力策划的一起严重暴力恐怖事件。3 月 3 日下午该案成功告破。现已查明，该案是由以阿不都热依木·库尔班为首的暴力恐怖团伙所为。这个犯罪团伙一共有 8 名成员，公安机关当场击毙了 4 人、击伤并抓获 1 人，其余的 3 人也已经被警方抓获。

发生在校园的暴力恐怖案件主要包括砍杀、劫持、纵火、投毒等表现形式。

有案可稽

3月23日7时20分左右，正逢孩子上学的时间，南平实验小学门口，中年男子郑某手持砍刀，连续砍伤砍死13名小学生。据悉，郑某因感情纠纷导致心理扭曲，犯下不可挽回的罪孽。由此开始，从2010年3月23日到5月12日不足60天的时间里，广西合浦、广东雷州、江苏泰兴、山东潍坊、陕西南郑等多地小学、幼儿园里发生暴力伤害案件，那些如花的生命瞬间逝去，无辜的孩子承担了太多的痛苦。

(一)校园暴恐分子的特征

对于校园暴力恐怖犯罪分子，及时识别并加以控制是减少此类恶性事件发生的有效手段。总体来说，这些犯罪分子具有以下特征。

第一，神色慌张、言行举止显得极其怪异。

第二，穿着打扮或是随身物品与身份、季节明显不符，或身体某些部位有异常鼓突者。

第三，假冒熟人献殷勤，借机打听学校的相关情况。

第四，在接受检查时，神情紧张显得烦躁或是态度极其恶劣、拒绝接受检查，要强行闯入校园。

第五，多次在学校周边走动或在学校门口附近出现。

第六，频繁在校园周边出现的可疑车辆。

第七，校园周边突然出现的大量社会闲杂人员。

第八，疑似公安部门通报的嫌疑人员。

而东突暴力恐怖分子则往往具有的特征为：男性满脸大胡子，穿粗短裤、裤腿肥大，缠头巾；女性头戴面纱，穿"吉利巴普"服，穿带"星月"标志的服饰。

(二)校园暴恐事件的应对

对于校园暴恐事件，学校方面应做到以下几点。

1. 加强领导，严格制度，明确职责

学校要树立"安全第一，预防为主"的理念，即时成立安全工作领导小组，健全各项安全防范管理制度，从校领导到每一位教职员工，层层落实安全责任，签订学校、教师、家长三方一体的安全责任书。

2. 健全学校安全防范保卫机制

第一，学校应设立保卫处、护校队等安保组织，及时拟定应急预案，并定期开展应急演练。

第二，建立校园安全值班制度，加强24小时值班、巡查，及时排除安全隐患，严格落实安全责任和责任追究制度。

第三，落实上课期间全封闭式管理制度，严格管控出入校园的人员，校内人员凭证出入，来校人员需严格检查登记。

第四，加强高峰期校园周边的安全防范，建立校内和校园周边两道安全防线，同时要加强与所属辖区公安机关、社区治保力量沟通协作。

第五，加强师生安全防范常识的培训，以及校内涉稳重点教职员工和学生的管控。

第六，加强当发生社会重大案件时，对师生正确的法制引导，以及校园内网、贴吧的常态化和应急状态下的管控，防止被暴恐分子利用。

3. 应急处置

(1)快速反应、及时处置

集结优势安保力量携带防卫器械，阻止犯罪分子行凶，及时上报校领导，立即启动应急预案，宣布学校进入紧急状态(校园广播、警铃等方式)，视情况及时向110、120、119等社会救援部门报警。

(2)现场封控、快速疏散

值班校领导应立即组织校园安保力量和现场安保人员，不惜一切代价建立警戒线，与犯罪分子周旋，在有利条件下设法制服犯罪分子，并立即将现场伤者和师生疏散至安全区域。

(3)加强警戒、实施救援

在先期处置的同时，应加派安保人员对校园内部重点部位及安全疏散区域实施巡逻警戒，防止犯罪分子实施二次伤害；同时校医要对受伤的人员立即进行现场救援和应急处理。

(4)协同配合、处置善后

在事件处置过程中，校方要加强指挥、安保、救护、警戒等各部职能小组的密切配合，同时还要加强与公安、医疗、消防等其他社会救援力量的组织协同；处置完结后要做好受伤师生本人及亲属的安抚、安置工作，妥善处理相关善后事宜，进行或配合进行事故的调查、调解等工作，尽快恢复正常教学秩序。

4. 加强安保人员训练和应急演练，提高现场处置能力

学校应对安保人员进行择优选录，应具备思想素质好、责任心强、身强力壮、反应灵活的基本条件，可定期分批进行统一培训，提高安保人员的现场处置能力；同时，要定期开展应急演练，增强师生的自我防范意识和现场应对能力。

5. 构建学校、社会、公安、家庭四位一体的安全防范网络

学校应加强同辖区公安机关、家长和社区的联系，共同构建学校、家庭、公安、社会四位一体的安全网络，确保学校安全工作万无一失。

(三)暴恐事件发生时的注意事项

校园内一旦发生暴恐事件，学生应立即快速离开现场，并在确保安全的情况下向学校保卫部门及公安机关报警。在听到枪声或是威胁性的喊话时，要马上原地卧倒或是躲避到最近的掩体中，切不可再行动。

一旦学生被暴力分子或恐怖分子劫持，要尽力做到以下几点。

第一，要尽量让自己冷静下来，并保持镇定，不要盲目反馈劫持人，要对政府有信心。

第二，不要直视暴力或恐怖分子，也不要与他们讲话，慢慢地趴在地上，等待救援。

第三，在条件允许的情况下要将通信工具藏好，并在第一时间将手机调为静音模式，

在恐怖分子放松警惕的时候快速编写短信向警方报案求救，短信内容一定要简洁，只要写清准确方位、被劫持人的数量及恐怖分子数量等关键信息即可，以免被发现。

第四，要留意参与劫持的恐怖分子，特别是其中的领头人，以利于事后向警方作证时能够提供有用的信息。

第五，当警方发起突然袭击时，要尽量趴在安全地带，在合适的时机下借着警方的掩护快速逃离现场。

在向公安等有关部门报案时，有以下几点需要特别注意。

第一，要保持头脑清醒、冷静，才能够正确判断当时的情况。

第二，首先要确定自己是否安全，一旦发现自己有危险要想办法确保自己的安全，及时逃离危险地带或是就地躲藏，要视具体情况而定。

第三，报案时要先说明最重要的信息，如案发的地点、时间、犯罪嫌疑人、案件情况及有无人员伤亡等；如果发生的是纵火事件，务必要明确火灾发生的具体位置，越详细越好，以便于警方尽快赶到现场进行救援。

思考回顾

1. 人身安全的意义何在？大学生主要面临几类人身伤害，造成的原因是什么？
2. 大学生在用电时应注意哪些具体事项？
3. 大学生应如何合理饮食？
4. 如何应对常见的运动损伤？
5. 你认为有哪些常见的自然灾害？如何应对？
6. 大学中性侵害的类型及其诱发原因有哪些？大学女生如何应对各类性侵害？
7. 当发生拥挤踩踏事件时应如何应对？
8. 如果出现传染病疫情，有哪些注意事项？
9. 怎样分辨校园暴恐分子？如何应对校园暴恐事件？

第四章　大学生的财产安全

习近平指出，公共安全连着千家万户，确保公共安全事关人民群众生命财产安全，事关改革发展稳定大局。为确保学生免受财产损失，除了学校和社会力量要做好安全防范工作外，也要求同学们增强自我防范意识，重视自身财产安全。

财产是我们在生活中经常会遇到并使用的一个词，通常它是指所拥有的金钱、物品、房屋、土地及相关权利等。而财产安全，就是指这些物资及权利的所有权不受非法侵害。对于大学生来说，财产安全主要指的是大学生个人的金钱物品的安全，这是大学生大学学习生活的重要保障之一。大学生在校学习、生活的各项开支都以财产作为重要支持，而计算机、手机等贵重物品也已成为大学生的普遍必备用品，这些都是不法分子进行财产侵害的目标对象。

侵犯财产罪，是指故意非法将他人所有的财物据为己有，或者故意毁坏他人财物、破坏生产经营的行为。近年来，以大学生为目标的侵财犯罪案件不断增多，这也是涉及学生犯罪的最普遍案件。

高校侵财案件的主要形式有盗窃、诈骗、抢劫和抢夺。这也成为危害大学生财产安全的主要隐患。对于大学生来讲，一定的金钱和物质资料，是其进行正常学习和生活的物质保证。那么作为一名普通的大学生，应当如何防范这些侵犯财产的违法犯罪，保护自己的人身和财产安全呢？

本章引用了发生在大学校园的盗窃、诈骗、抢劫的典型案例，从如何防盗、防骗、防抢三个方面入手介绍了防范技巧和常识，希望大家能从中受到启迪，学会如何防范此类案件的发生，提高安全防范意识，切实掌握财物保护的实用技能，确保自身的财产安全，共同维护和营造学校的安全稳定。

第一节　对盗窃的防范

一、盗窃罪的概念

盗窃罪也就是出于非法占有意图，秘密盗取较高价值的公共或私有财物，多次行窃，或者入户盗窃、携凶、扒窃的行为。所谓秘密窃取也就是指行为人用认为不会被保管人、经手人或其所有权人发现的方法取走财物的行为。

盗窃是一种最常见的，并为人民群众、师生员工最为深恶痛绝的违法犯罪行为。在大学校园里，发案率最高的就是盗窃案。因此，提高大学生防范盗窃的安全意识及能力，是大学生安全中尤为重要的问题。

二、相关法律法规

《中华人民共和国刑法》第二百六十四条"盗窃罪"：盗窃公私财物，数额较大的，或者多次盗窃、入户盗窃、携带凶器盗窃、扒窃的，处三年以下有期徒刑、拘役或者管制，并处或者单处罚金；数额巨大或者有其他严重情节的，处三年以上十年以下有期徒刑，并处罚金；数额特别巨大或者有其他特别严重情节的，处十年以上有期徒刑或者无期徒刑，并处罚金或者没收财产。

《中华人民共和国刑法》第二百六十五条"盗窃罪"：以牟利为目的，盗接他人通信线路、复制他人电信码号或者明知是盗接、复制的电信设备、设施而使用的，依照本法第二百六十四条的规定定罪处罚。

《中华人民共和国治安管理处罚法》第四十九条：盗窃、诈骗、哄抢、抢夺、敲诈勒索或者故意损毁公私财物的，处五日以上十日以下拘留，可以并处五百元以下罚款；情节较重的，处十日以上十五日以下拘留，可以并处一千元以下罚款。

《最高人民法院最高人民检察院关于办理盗窃刑事案件适用法律若干问题的解释》（法释〔2013〕8号）中有如下表述。

第一条　盗窃公私财物价值一千元至三千元以上、三万元至十万元以上、三十万元至五十万元以上的，应当分别认定为刑法第二百六十四条规定的"数额较大"、"数额巨大"、"数额特别巨大"。

各省、自治区、直辖市高级人民法院、人民检察院可以根据本地区经济发展状况，并考虑社会治安状况，在前款规定的数额幅度内，确定本地区执行的具体数额标准，报最高人民法院、最高人民检察院批准。

三、高校盗窃案的发案现状和原因

盗窃是高校中常见的一种犯罪行为，一般占高校内发生的各类案件的80%以上，是危害大学生财产安全的三大隐患之首，盗窃案件不仅会给当事人造成不必要的经济损失，而且还会在一定程度上给同学们留下严重的猜测、怀疑等心理阴影，大学生应当掌握一些防范盗窃的知识，避免自身、他人和学校财产的损失。

在高校发生的各类案件中，所占比例最多的是盗窃案。究其原因，一是现在的高校一般对外开放，进入校园的人员混杂，不利于管理，易被盗的地点有公共教室、学生食堂、体育场馆等，外来人员可以随意出入，防范条件较差，便于犯罪分子盗窃；二是学生防范意识不强，贵重物品的保管不妥给犯罪分子留下了可乘之机；三是随着经济的飞速发展，学生身边掌控的贵重物品越来越多，且价值越来越大，让犯罪分子有东西可偷；四是少数大学生对自己要求不严，守法意识淡薄，为追求享乐，不顾家庭和自己的经济能力，盲目攀比，没有钱就去偷，见好东西就拿，违法乱纪，有的甚至逐步走向犯罪道路。

延伸阅读

北京海淀区内有大量高校。2003年至2008年，该区检察院受理了601件高校盗窃案件，涉案财物总值超过384万元人民币，涉及67所高校。有数据统计表明，上述盗窃案件高发于北京大学、清华大学等校区人员出入比较复杂的重点院校内。因为近年国内高校大幅扩招，多校合并，导致校内人员结构变得更加多元，而校内监管并未随之强化，存在诸多漏洞，由此高校盗窃案件始终处于较高水平。

高校盗窃案罪犯多数为外部流动人员。他们主要有三个特点：第一，多为外貌、装束类似大学生的青少年；第二，多为校区附近经济条件不好的农民工或无业人员；第三，对校内环境十分熟悉，尤其熟悉校区内的建筑分布和学生作息规律。

从案件发生时间分析，在学期末和刚开学这两个阶段发生的高校盗窃案最多。刚开学时，学生从安全性较高的家庭环境返校，通常会携带较多物品和现金，防范意识有所放松，因此很容易被罪犯盯上。期末时，学生忙于应付考试，而且部分学生陆续回家或进行最后的整理准备，校内秩序较平时乱，所以容易给罪犯可乘之机。

此外，高校盗窃罪多发生在白天，尤其是午餐(12时)时间或晚餐(下午5时)时间。这段时间学生多数集中于食堂或外出用餐，宿舍和教室人少甚至没有人，犯罪分子作案不容易被发现。

从犯罪发生的地点分析，高校盗窃案件多见于教室、宿舍、图书馆以及食堂内。数据统计证明，其中发生在宿舍的盗窃案总量最多占比最高(48%)；发生在教室的盗窃案总量排名第二，占比约为20%；第三个高发地点是操场、停车场以及食堂(占比约32%)。罪犯之所以选择宿舍作案，主因是宿舍通常没有完善的防盗设施，而且管理不严，陌生人极易混入，同时学生对于宿舍防盗没有形成较强意识，宿舍内没有人，或者学生自己在宿舍内休息时并未锁闭门窗，而且贵重物品也没有妥善细致保管。此外，高校盗窃案中还有不少"舍友自盗"现象。在停车场、教室、操场以及食堂之所以常发盗窃案，主因是在上述区域内人多，不易监管，外部人员很容易混入作案。

从犯罪目标分析，手机、钱包是主要盗取对象；其次是照相机、笔记本电脑、平板电脑等价值高、体积小，易于携带的物品也是罪犯最喜欢盗取的物品；此外，各类有价凭证(如银行卡)也常被盗。

四、校园盗窃案发案时间和地点

盗窃人员为了降低被人发现的概率，通常慎重选择作案地点和时机，通常选择在无人或有人但不注意周边情况的空隙和漏洞的情况下进行盗窃。

(一)校园易发案时段

新生开学时，不法分子利用新生对学校各方面还不是很熟悉，且身边又带有较多财物时进行盗窃；

放假前，尤其是学生毕业离校期间，进出宿舍人员较为混杂，毕业生的物品在走廊随意放置，不法分子易乘乱进入宿舍楼进行盗窃，或个别宿舍管理人员、学生见财起意，拿走走廊的箱包、衣物等；

寒暑假、国庆、五一等长假期间学校人员较少时易发生盗窃。

(二)校园盗窃案的主要发案场所

学生在校园内的哪些地方容易被盗呢？归纳而言，主要有如下公共场所。

第一，在公共教室、图书馆，用书包占座，手机、钱包、笔记本电脑极易被盗。

第二，在学生宿舍内无人或睡觉时未锁门情况下极易发生溜门盗窃现象。

第三，在学生食堂用餐区用书包占座易被盗，在打饭区拥挤排队打饭时易发生拎包盗窃。

第四，在体育场馆运动时，将书包随意放置在场馆边角，无人看管时，易被盗。

第五，在宿舍单元楼门口、教学楼门口、图书馆门口等地，乱停乱放的电动车和自行车容易被盗。

图 4-1　寝室是高校盗窃案件多发地

(三)主要场所易发案的重点时段

保卫部门经过多年总结，发现校园各区域的发案时段都有其一定的规律，总结如下，希望大学生能掌握、了解这一规律，提高防范意识，减少或避免盗窃事件发生。

1. 学生宿舍

第一，新生入学期间，宿舍混乱，家长等外来人员多，新生互相不熟悉，加之安全防范意识差，偶尔有陌生人来到寝室也会认为是其他同学的老乡或熟人，不加盘问，轻信他人，且现金、贵重物品较多，这就给作案人员创造了可乘之机，易被盗。

第二，早晨宿舍楼大门刚打开，寝室有的同学起床洗漱、上厕所，有的还在睡觉时，不法分子趁门未锁将桌上、床上的手机、钱包、笔记本电脑盗走。

第三，上课或自习期间。学生的主要任务就是学习，学生的课程安排通常比较紧凑，即便不上课，学生多数时间也会去图书馆学习或在户外活动，所以白天尤其是上午前两节课时，宿舍内通常没有人，特别是上体育课时，大家习惯将钱包和手机等放在宿舍里，容易发生盗窃事件；上晚自习时宿舍常常无人，也可能被盗。

第四，中午午休时段，宿舍内有人休息、有人串门，无人而未锁门的宿舍易被溜门盗窃。

第五，寒暑假期间易发生盗窃。一是学生宿舍被撬门破锁；二是学生留宿外人；三是学校放松管理。

第六，夏季凌晨2—4时易发盗窃案。因夏季天气闷热，人们大多开窗开门睡觉，盗窃分子也有可能深夜当学生熟睡时，进入宿舍行窃。夏季炎热，学生晚上睡觉可能没有关紧门窗，因此小偷趁夜入室盗窃。特别是一楼的宿舍因天气炎热很多人喜欢打开窗户，当房间无人时或在深夜，物品很容易从窗户里被勾出来，这就无形中给盗贼提供了盗窃的条件。

特别提示：学生宿舍实际是相对的公共场所，不要把自己的贵重物品随手放置，要妥善保管，尽量放在自己的抽屉里，必要时要加锁，离开宿舍时关合窗户，随手锁门，最好反锁，不要怕麻烦，只要多一些防范意识，宿舍被盗事件就会大大降低。

2. 学生食堂

在中午、傍晚买饭、饭卡充值排队，且人群拥挤杂乱时。

3. 体育场馆

自由活动时间段的体育场馆，外来人员可以随意逗留时，特别是下午至黄昏进行体育活动，财物放在运动场一旁疏忽看管时，不法分子乘机盗窃。

4. 公共教室、图书馆

以午休时间和晚自习时间为主，不法分子利用部分学生吃饭、出教室接听电话、活动等时间顺手牵羊盗窃手机、笔记本电脑、书包等。

五、高校盗窃案的常见作案手段

作案人员会根据地点、环境，选择有利于行窃的手段，以便得到更大利益，且尽量不被发现，高校盗窃案的主要作案手段总结如下。

(一)乘虚而入

盗窃分子发现房间无人时，迅速溜入室内盗窃财物。盛夏时节，一些学生图凉快，午夜或夜间睡觉不关门，小偷便趁他人熟睡时入室偷窃。有些同学上厕所、到隔壁寝室串门时不锁门，小偷利用时间差，快速入室盗窃。

(二)撬门破锁

此类盗窃分子撬开门锁或其他柜子、箱子后，凡是值钱的东西都盗，以价格高、易于携带的物品为主。盗窃自行车时，作案人员随身携带有"十字"改锥、"万能"钥匙等工具，直接破锁骑车并迅速逃离现场。

(三)攀爬入室

趁建筑物门窗没有安装铁栏杆，或窗户未关闭，通过阳台、水管、气窗等渠道翻窗入室进行盗窃。

(四)顺手牵羊

趁主人不备，见财起意，将疏忽看管的财物趁机盗走。盗贼趁学生不备或外出如厕、洗衣之时，将放在走廊的物品或晾晒在走道、阳台上的衣物盗走。公共教室、体育场馆最易发生顺手牵羊案件，放在课桌上、场馆边角无人看管的贵重物品极易被盗。

(五)竹竿钩盗

用竹竿将晾在窗外的衣服钩走，有的把纱窗弄开，钩走放在室内桌上、凳上的衣服、挂包、手袋等。此类作案手法主要发生在学生宿舍的一楼。

(六)浑水摸鱼

窃贼往往在人多手杂、场面较为混乱的时候，直接将财产盗走。

(七)骗取信任，伺机盗窃

通过与学生交往认识进入其宿舍，在取得学生信任后，趁学生不注意进行盗窃。

(八)抽芯盗窃

在一叠或多张现金中抽一张或几张，而不把全部现金偷走。这种作案手法的特点是目标明确，不留痕迹，不易引起受害人的注意，即便受害人发觉又往往因为数额小而不报案，或者受害人根本记不起自己花了还是被偷了，不知道什么时候被偷的。此类案件以熟人作案为主。

(九)偷配钥匙，预谋行窃

部分学生宿舍钥匙随意乱放，或转借非本宿舍人员使用，或丢失。这给有预谋作案的人提供偷配钥匙的可乘之机，犯罪分子在寝室无人时伺机作案。

(十)窃取银行卡密码，伺机作案

相互之间关系较好的同学往往疏于防范，有的同学当着其他同学的面在自动柜员机上输入银行卡密码取款，有的干脆告诉同学自己的银行卡密码让其他同学代为取款。这样就不经意间将自己的银行卡密码泄露了，一旦遇上动机不良的人就有可能遭受损失。

六、大学生防盗窃的常见方法

预防盗窃发生的主要方法有三种：第一种是人防，这也是当前制止或预防盗窃的最可靠、最有效的方法。第二种是物防，这一种方法当前使用也比较广泛。第三种是技术防护，这一种方法通常比较隐蔽，且能够长时间持续工作不会疲劳，比较容易发现入侵，同时可以替代人工监视，也比较常见。不过对于高校学生而言，强化防范意识，加强物品保护和存放最为重要。根据高校盗窃案件主要发生在学生宿舍（公寓）、教室、图书馆、食堂、运动场所、校外马路及公交车上的特点，那么了解在这些场所如何预防盗窃的策略，对保护大学生个人物品安全是有益的。

现根据盗窃案发案地点和被盗的主要物品，下面将有针对性地介绍各种防范方法和技巧。

(一)学生宿舍防盗

针对学生宿舍被盗的特点和作案方式，对于宿舍防盗归纳如下建议。

第一，宿舍中不要存放大量现金，数额较大的要及时存入银行，随取随用。

第二，钱包、平板电脑、笔记本电脑等价值较高的物品要妥善存放在安全的位置。不要将上述物品随意放在床上、桌上等地，最好放进箱子或抽屉，不用时最好上锁，避免被顺手牵羊。

第三，养成随手关门的习惯。不仅最后离开房间的同学要锁好门甚至反锁，若宿舍有人在睡觉，其他离开宿舍的同学也要锁好门，即使是去上卫生间或洗漱，因许多学生宿舍内都各自挂着床帘睡觉、学习，根本无暇顾及宿舍内发生的情况。所以，切不要以为寝室还有人就敞开大门外出，要防范溜门作案的小偷。

第四，宿舍内千万不要留宿外来人员。各高校宿舍虽然已经制定了严格的管理制度，禁止外来人员在宿舍留宿，但是仍有少数学生将多年未见的同学、朋友，甚至刚认识的"可怜"老乡带入宿舍入住，还有个别本地学生或在外租房居住的学生将自己的宿舍出租给外人，这些外来人员因完全不受学校的约束甚至可能个人信息都是假的，部分人就趁机在宿舍内实施盗窃，将宿舍内的财物一扫而空。

第五，在宿舍楼发现形迹可疑的陌生人应提高警惕。高校学生宿舍的盗窃案件一部分是外盗（即非本楼人员进入进行盗窃），针对此类盗窃，一方面保卫部门会督促宿舍管理部门提高警惕，加强管理，增加巡视和熟识本楼的人员，最好安装门禁和人员识别通道机，利用科技的力量进行杜绝陌生人进楼；另一方面需要学生自己应多关心宿舍安全，日常养成注意观察本楼学生的习惯，对本楼学生有个面熟，发现可疑人员和可疑行为打个"？"，多向宿管工作人员反映，不要事不关己，漠不关心。只有大家共同努力，提高安全防范意识，才能更好地保护我们的财产安全。

第六，拒绝上门推销人员。宿舍中常会发现进入一些上门推销人员，请大家严厉拒绝，并立即通知宿管人员和保卫部门将其驱离。因他们往往趁寝室无人之机，以推销商品为幌子实则入室实施盗窃。

第七，住一楼的同学应特别注意关好窗户，切勿将手机、现金和书包放在窗边，以免被不法分子从窗口"钩"走。某高校一宿舍夜间窗户未关，深夜犯罪分子用木棍从窗户将书包钩到窗边，将书包内的贵重物品盗走。

第八，房间换人换锁，不要将钥匙借给他人。妥善保管宿舍钥匙，最好将钥匙随身携带，不可胡乱随手扔在床上或桌上；不可将钥匙随意转借或交给其他人或外来人员；假若将钥匙丢失，应该第一时间反映给宿管人员，尽快将门锁更换。

第九，节假日或者寒暑假，学生离校前必须将门窗锁好，并且要把所有贵重物品都带走，如果实在不能带走则要将其锁好，妥善保管，以免发生被盗。

有案可稽

2014年10月，呼和浩特警方通报了一起发生在高校中的系列宿舍偷盗案件。当年8月至9月初，该地多所毗邻高校短时间内发生多起盗窃案件，经过民警认真摸排，连日蹲守，最终将7名犯罪嫌疑人抓获。经审讯，犯罪嫌疑人王某、赵某因为缺钱花，便计划盗窃学生宿舍，王某认为现在的大学生基本人手一个笔记本电脑，还有手机，平常去上课也不一定会把电脑随身携带，都放在宿舍，而且学生宿舍防盗意识不强。通常一楼里也就门房一两名阿姨，于是王某与赵某合谋先去宿舍"打探一下"，2014年6月中旬，赵某来到某大学宿舍楼，趁学生上课后，仔细观察了宿舍门锁，发现宿舍都用外挂锁子锁着，于是两人出门买了一把钢筋剪子又回到宿舍，把三四间宿舍锁子剪断，进门后为了掩人耳目又偷了一个书包，将电脑、手机带走。就这样两人第一次下手成功。两人又把电脑卖给二手市场，一台电脑也就卖个五六百元。两人觉得来钱方法又快又简单，于是又将其他同伙拉进来接连作案，作案多起。据赵某交代，有时偷到的电脑能卖到一两千元，比自己挣来得容易多了。

（二）学生食堂防盗

学生食堂也是高校发生盗窃案件的场所之一，根据高校学生食堂发生的盗窃案总结分析如下防范措施，提醒广大学生注意，避免在食堂的财产损失。

第一，在买饭、饭卡充值排队时，应提高警惕，时刻关注周边的拥挤人群，将书包、钱包控制在身前护好，拉好书包拉锁。

第二，随身携带贵重物品，切勿用装有手机、笔记本电脑等贵重物品的书包、钱包、饭卡在食堂就餐区占座。

第三，就餐时，将贵重物品放置在视线范围内，离开时查看物品是否携带齐全。

第四，餐卡尽量设置每日最高消费额和密码，且密码勿随意告知他人，发现丢失应及时挂失，避免造成更大损失。

（三）图书馆防盗

图书馆是看书学习的好地方，但同时也是盗窃最多的地方之一。结合近些年的防范经验，建议同学们在图书馆要做好以下几点，防止自身财物被盗窃。

第一，要严格遵守图书馆的规章制度。图书馆一般都设有专人保管物品的地方，可以把书包放在规定的地方，不仅可以防盗，而且可以使图书馆很整洁。

第二，贵重物品不能随便放在桌子上、椅子上，现金、贵重物品要做到不离身，以防盗贼顺手牵羊。如要短暂离开，应将现金、贵重物品带走或交给熟悉的同学代为保管。

第三，在一些高校的图书馆，同学们进去后，将书包放在指定的地点，书包很多，大多数同学都将书包随意放置在一起，书包堆并没有人看管，同学们可以随意拿放。同学们借书后一般在阅览室阅读，注意力都集中在自己书包里找东西，此时盗窃者便会趁人不备摸走其他同学书包内的文曲星、手机、钱包等物品。

（四）公共教室防盗

公共教室是学习的主要场所，但也是学生物品被盗、遗失的重灾区之一，为此我们提醒广大学生在公共教室自习或上课时注意做到以下几点。

第一，切勿用贵重物品占座。

第二，上课或自习期间，因接电话、上厕所、聊天等短暂离开教室时，最好能随身携带或托熟人看管笔记本电脑、手机等贵重物品，切勿存在侥幸心理，认为短时间离开不会被盗。

第三，上完课或自习后，离开教室要查看个人物品携带齐全后再离开。

（五）运动场所防盗

高校运动场是大家锻炼、活动的好场所，但在田径场和篮球场等运动场所的财物被盗情况也时有发生，有些高校，运动场甚至成了小偷拎包盗窃作案的重灾区。在此提醒同学们在运动场所锻炼时，既要注意人身安全，也要注意自己的财产安全，具体注意以下几个方面内容。

第一，去运动场锻炼时不可随身携带贵重物品或太多现金，一旦被盗，可以减少损失。

第二，书包、物品要妥善寄存，不能随意扔在台阶上、地上或凳子上，如果没有统一寄存处，可以把物品集中放在显眼处，安排人看管，不可人包分离。

第三，如果发现有形迹可疑者，要有所警惕，尤其要关注东张西望者，以及在他人物品四周徘徊者，如有必要可前去询问，这样也可以起到一些震慑作用，让一些有盗窃企图的人放弃作案。

第四，离开之前，要对自身物品进行清点查看。如此一来，不仅能够避免遗漏物品，还能够及时发现被盗，并将情况汇报给保卫部门。为保卫部门及时组织围堵，捉贼寻回物品争取时间。

(六)外出防盗

第一，出门游玩或者采购时，尽可能不随身带太多现金，少带贵重物品，如果必须携带较多钱款，最好将其分散放入内衣口袋，外衣仅存放少量用于购买零星物品或车票的零钱。

第二，外出不将钱夹放入身后裤袋，如果乘坐公交，则不可将贵重物品和钱包、现金放在包的边缘或底部，以免盗贼将包割开而盗走钱物。挤车过程中要把包放于身前，无论购物、吃饭或是拍照，都要把包背在身上，或至少保证包在自己的视线范围内。

第三，在人多杂乱的地方不要数现金，避免被罪犯盯上。不可由于担心常去触摸现金存放位置，以免引起罪犯注意。

第四，乘出租车下车时，要注意清点自己随身携带的物品，以免因与同学聊天或急于办事而把物品丢在车上。另外，乘出租车应索要小票，万一遗失物品也便于查找。

(七)旅途防盗

在大学生涯中，开学来校，放假回家，包括到外地的同学、亲友处游玩，都离不开长途旅行，在乘坐交通工具时保管钱物，预防被盗也是有技巧的。

第一，身上的现金分多处存放，仅在外衣取用方便的口袋中存放临时备用的小额现金，大额现金应该存放在隐秘、贴身处。

第二，旅途过程中，尽可能少与陌生人讲话，避免透露自己的行程、身份、贵重物品，更不要与新结识的小伙伴谈起与钱有关的事情。对于过于热情的人要保持足够的警惕。

第三，睡觉时要把装钱的包放在妥善之处，可放在胸前，然后双手抱着睡觉，也可以放在身下，枕于脑后等。

(八)网吧防盗

高校周边是网吧聚集的地方，也是大学生经常逗留的公共场所，但是有些网吧里面鱼龙混杂，治安环境很不好，一些窃贼专在网吧偷盗前来上网的学生的钱物，此类案件不在少数。近年来这类案件已经成了一些比较突出的问题，在有关部门加强管理和打击的同时，我们学生更应该积极加强自身的财物安全保管，避免在网吧上网期间财物被盗。

第一，尽量在校内上网，如果一定要到校外上网，切记少带贵重物品和现金，不要将大量现金带在身上，有时钱包都不必带，尽量选择治安环境好、管理规范的网吧，有些网吧已经安装了摄像头，安全系数要高很多，外出上网还要注意可以几人结伴，尽量避免单独前往和深夜前往。

第二，上网时要将随身的书包、手包放在身前，不要放在身后和椅子背上，这样可以有效防止小偷拎包或者翻包偷窃。

第三，上网时手机、钱包要贴身放，放在前面的上衣口袋中，而不是放在裤口袋内，或上衣外口袋中，以防止掉落和被人看见后从身后偷走；更不要把手机、钱包放在桌子上，这样明显的漏财很容易招致被偷。

（九）乘坐公交和地铁防盗

第一，等车时注意身边的人，特别是那些公交车一靠站就去挤而最后却又不上车的人。尤其要注意那些手中拿着雨伞、报纸和塑料袋等，重复多次上车、下车等异常行为者。上车或下车过程中，务必自觉按照秩序上车或下车。不可为抢座位或着急下车拥挤，扰乱秩序，给罪犯可乘之机。

第二，乘车前准备好零钱，手机用完之后要尽快放入随身包内，贵重物品或者现金要尽可能存入贴身口袋。上车前检查手提包的拉锁，系好衣扣，不给扒手作案的机会。不要在站台上清点财物，不要在车上翻钱包。

第三，防止划包扒窃。上车后，尽量往车厢中间走，乘车时要保持背包等物品都在视线之内。尤其当车厢内比较拥挤时，最好把背包抱在胸前，同时尽量护住，保护好随身的财物。如遇有乘客故意触碰紧贴你，尤其要加倍小心。

第四，防止犯罪团伙设计情节进行表演，在乘客注意其"表演"时，其他成员配合作案。一些盗窃团伙会安排两人假装争吵甚至动手推搡，假装不小心将目标对象压倒，这时其他成员就会趁乱下手盗窃。

第五，注意司机善意的提醒。当司机说："车厢里人多拥挤，请大家保管好自己的随身物品""请大家往里走，不要挤在门口"等类似的话时，要领会到这些话可能是防盗暗语，应提高警惕，保护好自己的物品。

（十）乘坐火车防盗

第一，进站上车时要有序排队，严防"挤车门"的扒手浑水摸鱼，上车后及时将自己的行李物品放好，避免随手乱放而导致丢失。

第二，列车到站前至停车时，要特别注意看管好自己的行李物品，以防扒手假扮旅客，在列车快到达前方停靠站时，趁乱行窃，一旦得手就会快速下车逃走。

第三，如果列车中途停靠，尽量不要下车，如果确实有下车的需要，要尽可能少携带物品和现金，购物过程中要提高警惕，看管好车上的财物，以防由于专心挑选食品而疏于防范。

第四，不要吃陌生人的食品、饮料，一旦发现可疑人、可疑事要注意观察并及时向列车乘警报告。

第五，多人一起旅行时，应轮换睡觉，轮流看护行李。如一人旅行，应尽量避免睡得太沉，加强警惕，看管好自己的行李物品。扒手常常后半夜趁旅客熟睡疏于防范而伺机实施扒窃。

（十一）特殊物品的防盗

1. 手机防盗

手机已经是现在非常普通的电子通信必需品了，大学生几乎人人都有，有的还有好几部，价格少则数百元，多则五六千元甚至上万元。从近几年盗窃案件的数据统计可以看出，以手机为盗窃目标所占的比率逐年升高且基数很大，究其原因，大概有手机普及率高，价值相对昂贵，体积小、携带方便，在二手市场便于流通等原因。有针对性地预防手机被盗方面，除了结合场所特点加以防范外，还有以下一些小窍门可以运用。

（1）购买便宜的、实用的、有防盗追踪功能的手机

在校大学生都是年轻人，追求时尚，也喜欢相互攀比，在购买手机方面喜欢买价格高的。从防范手机防盗方面看，手机价值越昂贵，对小偷行窃欲望的刺激就越大，因为这意味着，若偷盗得手，他的非法获利就越大。所以建议大学生购买和使用价值便宜和实用的手机，不要追求品牌和功能。在功能选择上建议选择带有防盗功能的手机，这种功能现在已经很普遍，且防盗效果是很明显的。比如，我们曾在工作中多次根据防盗手机发回的嫌疑手机号码查破手机偷盗案件，挽回了经济损失，这样的经验是值得大家借鉴的。

（2）设置密码

手机中一般都有各种密码的设置功能，但凡有的，建议同学们都设定起来，如开机密码、修改密码、短信密码、查询密码等，设置的目的一方面主要是万一手机被盗，在销赃时密码无法破解手机难以正常使用而减少盗窃的非法所得，从而使盗窃作案给犯罪分子带来的刺激欲望和满足感大打折扣；另一方面可以给一些临时起意进行盗窃的贪小便宜人员打开手机增加难度而放弃盗窃。

（3）妥善保管，机不离身

手机不离身是相当关键的一点，不要以为在寝室里、在球场边、在自习室里有同学在一起就可以在保管自身财物上掉以轻心。许多案例证明，一则，在场的同学帮助你看管财物的并不多，他们没有义务来做这件事，那些以为有同学在身旁就将手机随便放置而导致被偷的案件不在少数。因为每个人都有自己的事情，注意力难以更多地放在你的手机上，所以寄希望于别人在房间里，在身边，就没有人来偷的想法是不现实的。二则，就算有托付和交代的情况，负责看管的同学有时在责任心上不太尽责，也有疏忽的情况发生。所以防范手机被盗最重要的一条原则是切记手机不离身。

2. 笔记本电脑防盗

目前，在大学生中电脑的拥有率较高，因为电脑既是一些专业学习的必备工具，也是娱乐、拓展知识面的重要渠道，但随之而来的防盗问题也凸显出来。据调查以电脑为目标的盗窃案件近年来比例不断上升，因此必须引起我们的高度重视，并切实加强这方面的防范意识和方法。

第一，建议在校学生，不要买手提电脑，因为相对于台式机，手提电脑携带方便，比台式机的被盗风险要高得多；也不要攀比电脑的品牌、配置，以必需和实用的原则购买电脑，不要购买昂贵的电脑。

第二，保存好电脑配置单、配件编号、购买发票，已备案发后报案和追查线索。

第三，设置各类开机密码、系统密码、程序密码等，让小偷作案后无法正常使用，增加销赃的难度，减少非法所有。

第四，有手提电脑的同学可以配置保险钢丝锁，不用时将手提电脑和桌子、床铺连锁在一起，这样可以起到很好的防盗效果。

第五，假期、长时间外出时将电脑带回家，无法带回家时要寄存好。可放到老师家里，或托付责任心强的同学保管，就算出一点寄存费也是值得的。

第六，对于电脑防盗，结合手机防盗的经验，是不是也可以考虑安装跟踪程序呢？如在被盗后，电脑通过网络将被盗后的使用信息、网址发送到公安部门或指定的信箱中，为侦查破案提供线索。这个技术应该不难，但目前社会上还没有，建议在电脑编程等方面有专业优势的同学可以思考这方面的问题，积极探索研究一下这样的防盗追踪软件和程序。

3. 自行车防盗

自行车被盗一直是较严重的社会治安问题，在政府予以打击之外，自己也要做好自行车防盗措施。

第一，尽可能把自行车存放到统一车棚内。如果随处乱放自行车，很容易被其他人忽视而被盗。午休、晚餐时间是高校自行车被盗的高峰时段，将车存放在自行车车棚是最好的方法。

第二，白天假若楼道内有防盗门阻碍，或者说较难使用防盗门，最好锁好自行车之后将其停放在门口。因为小偷可能顾忌前后楼内住户发现，一般不会明撬。

第三，给自行车加上鲜明记号，如用油漆涂上鲜明的记号。这样一来，由于车辆不好转手出售，所以小偷通常比较忌讳也不会盗取。

第四，离开随时上锁。只要离开车子，哪怕只要几分钟，也不应该嫌麻烦而不锁。随停随锁是自行车防盗的最基本规范。尽管上锁也可能无法完全杜绝被盗，可是上锁之后，作案时间就会延长，从而提高安全系数。

在此特别介绍自行车上锁的四种方法。

第一，车锁质量要好。购买车锁要到正式的摊位，要用正式厂家生产的车锁，以提高安全系数。据统计分析：双开型马蹄锁最难被撬、套开。

第二，多锁法。为了增强保险系数，增加盗车人的盗车难度，每辆车可配两把或多车锁。一般可配一把防撬车锁锁后轮，一把钢丝锁锁前轮，还可用挂锁锁链条盘，这样既不易被撬被砸，且较为隐蔽，停车即用，养成习惯。

第三，连锁法。同学一起外出和上课时，可将几辆单车用钢丝锁连锁在一起，如果两车都有钢丝锁，可将两条钢丝锁全部用上。

第四，加固法。如停放时间较长，最好将车锁固定在无法搬动的物体上，如管道、树木、房柱、钢筋扶手等。

4. 现金、储蓄卡保管和自动柜员机取款防盗

第一，大学生要增强防范意识，不给罪犯作案留下机会，生活中要注意密码保护，并尊重他人隐私。此外，贵重物品与现金不可放于明显的位置，如果手头有大额现金应该将其存入银行，贵重物品和小额现金应该锁入柜中或随身携带，以免遭受不法侵害。

第二，存折和储蓄卡的密码及卡号要保密。储蓄卡不要随意乱放，应妥善保管，但不可和密码、身份证存放在同一处。

第三，储蓄卡、存折密码最好不要设置为个人出生日期或电话，以防被破解密码盗取。

第四，在存款机上取款以后，要随意输入临时"密码"，同时按下"确认"键，即可将刚输入的正确密码取消，避免泄露密码。

第五，在取款机上取款时，要检查取款机是否安装了其他电子设备，同时警惕他人站在背后偷记你的卡号和密码。

第六，如果储蓄卡或存折丢失或被盗，应该即刻携带有效的户口簿或者身份证等证件去银行挂失，随后到保卫处报案。

第七，网上银行有一定风险，如使用，一定要使用安全的网络，防止他人利用木马程序盗取账号和密码。

七、发生盗窃案件的处置

同学们的财物被盗以后应该怎样积极应对，也是本节阐述的重点。

（一）保护现场

保护案发现场是发现宿舍失窃后要做的第一步。犯罪现场是指犯罪分子实施犯罪的地点或其余可能留下犯罪活动相关物证、痕迹的地区。许多学生发现自己的宿舍被盗窃之后，因为想要知道自己的钱物是否被盗，着急进入宿舍，急急忙忙翻看自己的抽屉、床铺和箱子。虽然说心情能够理解，可是这一做法并不妥当，因为这一行为将破坏犯罪现场，有些重要的痕迹因此而被破坏掉，有些物证无法再提取、固定，这样就无法给办案人员呈现最初、最原始的案发状况，从而影响证据保存和侦查办案。

一旦案件发生，无须惊慌，应该快速组织人员将现场妥善保护，并立即报告学校保卫部门或当地公安部门。在相关专业人员到达现场之前，不能翻动现场的任何物品或对物品进行检查判断有否丢失，否则将会对公安人员的判断、分析、证据收集和侦查工作带来很大的影响。

（二）及时报案

在一般情况下，学生们可直接向学校保卫部门报案，也可向地方公安局派出所或拨打"110"报案。

报案后要留在现场积极配合公安机关的现场勘查和调查工作，回忆可疑对象，提供有价值的线索和侦查方向。到达现场后，公安机关、校方保卫处将根据现场情况向相关人员询问了解情况，并填写记录。如果被询问，学生要如实回答并反映真实情况。在回答问题过程中要强调实事求是，不可凭空想象或随意捏造；必须仔细认真回忆盗窃案发生前后过程，不能放过任一细节，要尽量全面准确回忆细节，从中或许可以发现疑点或线索；要消除顾虑，不能为了顾及其他同学感情或面子，而隐瞒或反映不实信息，应该如实向办案人员阐述自己的看法。因为公安机关和保卫部门对每一个反映情况的学生都将保密，你所反映的情况，不会随意让无关人员知晓。

需要强调的是报案的重要性，这不仅仅是一个人的权利问题，同时也是一个公民的义务。一方面，你若不报案，那就没有一点追回损失的可能，若你报了案至少还有希望追回损失；另一方面，你的报案既可以协助公安机关及时掌握社会治安情势，采取有针对性的防控措施和专案侦办，也有利于了解案情、定罪取证、打击犯罪，故从这个角度来说报案其实也是公民的义务。

（三）发现可疑，根据情况采取相应措施

假若学生看到可疑人员，应该冷静沉着，并主动询问对方，假若对方回答有可疑之

处，需要设法将其稳住，如有必要可组织其他学生将其围堵，同时将此情况汇报给相关部门，不过同时要防范对方狗急跳墙伤及无辜。如果当场不能将盗贼抓获，要将其特征牢记，具体信息包括性别、年龄、胖瘦、身高、衣着、相貌、动作习惯、口音、首饰特点等，便于后期向公安部门提供破案线索。

(四)积极配合调查

假若出现盗窃案件，要配合进行调查，根据真实情况答复安保人员、公安提出的问题，主动、积极提供线索，不隐瞒情况；保卫处和公安有责任和义务为情况提供者保密。

(五)及时补救，避免造成更大损失

在完成犯罪现场侦查之后，如果办案工作人员允许，相关人员才能够进宿舍对物品进行清理，假若发现存折、信用卡、就餐卡失窃，应及时通过电话银行或直接向发卡银行及有关机构办理挂失手续，以防损失的进一步扩大。若身份证同时遗失应马上到银行冻结存款，也可以采用电话银行挂失的方式先行办理临时挂失，合适的时候再到柜台补办手续。

第二节　对诈骗的防范

互联网、电信业的不断发展，给我们的工作学习和生活带来了效率和便捷。但是近几年来，通过网络通信介质为媒介的电信诈骗犯罪呈现了普遍蔓延的趋势，并且随着时间的推移，作案手段不断翻新，其中，学生、教师成为一类重点诈骗对象。诈骗案件在高校案件发案仅次于盗窃案，虽所占比例在10％左右，但涉案金额较大、破案成本和难度高，且追回损失财产的可能性很小，所以诈骗案件最有效的防范方法就是个人提高警惕，增强安全防范意识，了解诈骗常见方式，避免受骗。

现就现有几类突出针对高校学生的网络和电信诈骗案特点、规律和嫌犯作案手段进行汇总分析，以便大家辨别，提高警惕，减少案件和损失。

一、诈骗罪的概念

诈骗罪也就是为了非法占有，通过隐瞒或虚构真相骗取较大价值公共财物或者私人财物的犯罪行为。

诈骗犯罪最主要的特征就是它的欺骗性，它不是暴力犯罪，不具有现实人身伤害性，但造成的经济损失有时却可以达到惊人的数额，这同样可以让受害人家破人亡。

二、相关法律法规

对于诈骗罪的处罚，《中华人民共和国刑法》第二百六十六条"诈骗罪"：诈骗公私财物，数额较大的，处三年以下有期徒刑、拘役或者管制，并处或者单处罚金；数额巨大或者有其他严重情节的，处三年以上十年以下有期徒刑，并处罚金；数额特别巨大或者有其他特别严重情节的，处十年以上有期徒刑或者无期徒刑，并处罚金或者没收财产。本法另有规定的，依照规定。

《最高人民法院、最高人民检察院关于办理诈骗刑事案件具体应用法律若干问题的解释》(法释〔2011〕7号)有如下描述。

第一条　诈骗公私财物价值三千元至一万元以上、三万元至十万元以上、五十万元以上的，应当分别认定为刑法第二百六十六条规定的"数额较大"、"数额巨大"、"数额特别巨大"。

各省、自治区、直辖市高级人民法院、人民检察院可以结合本地区经济社会发展状况，在前款规定的数额幅度内，共同研究确定本地区执行的具体数额标准，报最高人民法院、最高人民检察院备案。

三、大学诈骗作案的主要特征

(一)作案手段比较智能

诈骗人员在高校行骗之前，通常都会精心策划设计，运用诱饵诱骗大学生。在行骗过程中常用有较高科技性，有较大迷惑性的手法来加强效果。

1. 高科技性

其中最有代表性的莫过于网络行骗。部分个人和组织利用网购渠道信息给学生提供信用卡账号、计算机设备资料，骗得学生账号信息后划拨款项得到钱财。

2. 有较大迷惑性

诈骗者进入高校行骗多数都可以摸准学生心理。这些行骗者通常有作案经验，随机应变能力较强，可以根据情势采取不同的骗术和手段，以假乱真骗取钱财。

(二)方式多样

高校发生的诈骗方式很多，罪犯将根据情况使用不同的行骗方式。

1. 假冒身份，流窜作案

诈骗者通常会将自己伪装成老乡、老师、亲戚、同学或其他人员身份，有些诈骗者还会用假的名片、身份证，骗得学生信任，得手之后就会立刻逃离。部分行骗者还会用骗取的名片、财物和信誉作为资本，去诈骗其他人，反复作案。

有案可稽

2014年9月10日，正值海淀区某高校开学，新生们纷纷到校报到。傍晚19时许，欧某正和同学一起打扫宿舍卫生，这时一名青年女子走进屋中，称自己是学校老师，前来告诉新生们住宿注意事项，并询问大家还有没有什么问题。由于刚刚入学，欧某和同学并不了解这名老师的真实身份，听她这么一说，大家立马停下手中的活儿与其交谈起来。

这名老师告诉她们，在学校上网时需要用到上网卡，一会儿会有别的老师来为大家进行办理并收取相关费用，随后便离开了宿舍。果然，没过多久，另一名青年女子来到宿舍，表示自己是来办理上网卡的老师。出于上网需要，欧某便和同屋的三名同学以每张200元的价格从这名老师手中购买了四张上网卡。可就在办卡老师走后，欧某等人却发现她们拿到的只是一张 IP 电话卡。几人追出宿舍，却发现那名办卡的老师早就没了踪迹——欧某和同学发觉受骗了，于是立刻报了警。

接警的海淀分局刑侦支队侦查员在了解了案件情况后，对案发宿舍及周边进行了详细的走访调查，并调取了现场附近的监控录像。侦查员发现欧某及同学遇到的是一个有组织的诈骗团伙：三人在进入学生宿舍楼后，先是在各个楼层来回转悠，在确定目标后，由一人负责望风，另两人行骗。其中一人先进入宿舍，告诉新生在学校上网需要办理上网卡，而后离开。不久后，假扮办卡老师的另一个骗子便进入宿舍，将市面上 20 元一张的 IP 电话卡以 200 元一张的价格卖给学生。侦查过程中，刑侦支队又连续接到多名高校新生报警，称被人以同样的方式骗了钱。经进一步工作，侦查员发现这一团伙还有其余 7 名成员在其余高校行骗，采取的都是办理上网卡的手法。工作中，侦查员还了解到，这伙行骗有一个特点，那就是专挑高校开学第一天、新生来校报到时作案。这一天为便于学生家长进出宿舍楼帮学生搬运行李、打扫卫生，宿舍楼进出口的门禁均会关闭，这就为他们进入和撤离现场提供了方便。

2. 投其所好，引诱上钩

诈骗者实施诈骗前通常会进行套话，如果发现学生亟须就业或存在留学、旅游等需求，则以此为切入点来制造诡计对学生进行财物诈骗。

3. 身份为真，合同不全

由于学生社会经历不足又存在赚钱的需求，部分不法者会伪装成组织或企业代表请求学生帮助自身销售或推广产品并许诺给予酬金，当学生完成任务后却拒绝兑现其承诺。各高校中该类案件时有发生，因为缺乏合同或合同有所缺陷，基本都难以得到有效解决。

4. 高利为虚，诈骗为实

因为多数人都无法不对利益动心，部分不法者就通过许诺高利来吸引学生加入集资活动，然后带着其钱财藏匿起来，导致学生不得不承担钱财损失，个别学生甚至由于学费被骗而不得不退学。

5. 用劣品充优品，既诈骗又盗窃

部分学生过分在意物品价格又缺乏足够的鉴别经验，诈骗者就抓住该特点到各寝室骗取学生购买质量低劣或名不符实的产品，假如碰巧寝室内没有学生，则趁机行窃然后快速溜走。

6. 接近学生，伺机行骗

诈骗者会把握一切时机来与学生套近乎，从感情上向其靠近，或假装与其气味相投，或假装慷慨来打动学生，逐步获得其信任，再伺机诈骗。

7. 改头换面，伪装骗局

因为学生大多在勤工俭学方面有所需求，部分不法者就通过收取各种费用，如服装费、中介费、押金等来实施诈骗，或是借助 App 等传播工具大量发布广告邀请学生参加虚假培训或学习，之后又使用各种借口不予退款。

（三）目标上的选择性

不法者对高校学生实施诈骗前，通常会与选定对象进行长期接触，接触方式包括信息沟通、网络聊天、直接交谈等。长期接触后不法者会对选定对象进行评估，如果发现其易于受骗，则会将其确定为行骗目标，再寻找机会作案。诈骗者还会通过向学生求助，如果学生行事草率、防范力低、爱慕虚荣、意气用事、爱占便宜、容易冲动、见钱眼开、思维简单、贪功求名则极易成为诈骗目标。

图 4-2　小心校园诈骗

四、诈骗作案的主要手段

(一)校园内诈骗

第一，犯罪嫌疑人利用学生警惕性不高、入学时间短不熟悉情况、没有社会经验等弱点或将学生亟须就业以及留学、旅游等紧迫需求作为切入点，专门制作诡计对学生进行财物诈骗，而且能够轻易得手。尤其是新入学的同学们不要轻易相信陌生人采用收费方式帮助联系入党和推荐做学生干部等事情，防止坏人冒充学校工作人员入校行骗。

第二，谎称自己是富家子弟，因发生意外急需用钱，并承诺加倍返还；或对同学谎称自己发生意外，利用同学的同情心理寻机诈骗。

第三，学生社会经历不足、合同意识不强，再加上存在赚钱的需求，部分不法者会伪装成组织或企业代表请求学生帮助自身销售或推广产品并许诺给予酬金，当学生完成任务后却拒绝兑现其承诺。各高校中该类案件时有爆出，不过因为缺乏合同或合同有所缺陷，处理时难度极大，而且过程耗时偏长且极耗精力，对学生而言可谓得不偿失。

第四，部分学生过分在意物品价格又缺乏足够的鉴别经验，诈骗者就抓住该特点到各寝室骗取学生购买质量低劣或名不符实的产品，假如碰巧寝室内没有学生，则趁机行窃然后快速溜走。

第五，谎称学生遭遇意外伤害，亟待治疗但费用不够，对其亲属或父母实施诈骗。

第六，将骗局隐藏在兼职或招工活动中，欺骗学生缴纳服装费、中介费、押金等。

第七，把握一切机会与大学生拉关系、套近乎或通过上网聊天交友，骗取信任后寻机作案。

(二)校园外诈骗

近年来诈骗案急剧增加,其中马路诈骗频繁发生,受骗者主要为年轻人,大学生也屡见不鲜,所以大学生尤其要注意防范该类案件。

1. 提防魔术行骗

该类案件看似不存在任何骗局,实际上它们大多暗藏机关,而普通人基本没有能力对其进行辨别,只要稍不注意,就会落入骗局,行骗者通常是先让事主获得利益,然后再席卷其钱财。所以,假如有人设摊表演魔术,务必提高警惕。

2. 防范诈骗者借助迷信设局

部分诈骗者的行骗手段为看诊,他们利用病人希望尽快摆脱疾病的需求来引诱其落入骗局;或者以"血光之灾"等说法吓唬人,攻破某些人的心理防线,而后他们就会以祈福消灾的迷信手段,骗人拿钱消灾解难。

3. 尽量避免加入诈骗者的游戏

部分情况下诈骗者的意图其实相当明显,不过他们懂得借助人的从众心或好奇心来引诱他人上当。例如,马路诈骗就是将简单的游戏设置于街道、小巷,引诱路人参与,逐渐使其沉迷游戏,放松警惕,再伺机行骗。

4. 切勿贪便宜

骗局得以成功的一大前提为事主热衷于占便宜,所以切勿在流动摊点处购买自身完全不熟悉或缺乏了解的商品;切勿被货摊周围购买者众多或是有人不停夸赞商品的质量或价格的现象所引诱而购买商品,因为他们可能是"诱饵"。

五、高校常见的诈骗类型

(一)网络购物诈骗

该类案件是借助带有欺骗内容的电邮以及专门创建的虚假网站来实施诈骗,诈骗者将伪造网站的链接发送给诈骗目标,当其登录该网站输入卡号、密码后,网页会提示交易不成功,迫使其多次输入,其实每次输入都对应着转账行为。诈骗者还可能会借助网站的隐藏程序来截取填写所输入的信息,再将事主的钱款转入自身账户。具体的行骗手段为:

第一,通过电邮将虚假内容发送给诈骗目标引诱其受骗。不法者通过群发账户核对、咨询、中奖等带有欺骗内容的电邮来引诱接收者回复自身信息。

第二,不法者首先创建与银行网站极为相似的伪造网站,当使用者输错链接后,将进入该伪造网站。此时若使用者输入卡号、密码,其实际接受者为诈骗者而非银行系统,之后诈骗者将冒领或转走该卡号对应的钱款。除此以外,不法者还会将木马植入电邮中,当接收者打开该邮件时,木马将进入电脑系统,假如有人通过该电脑登入电子银行,则其账号、密码或许会被不法者所获得,导致其资金被窃。

有案可稽

郑小姐在某网站看到三星手机的销售信息，和销售者沟通后，郑小姐同意将1000元转入对方账户，但对方表示没有查询到该笔汇款，要求郑小姐重新转账，当郑小姐转账三次后，对方表示转账总额必须超过5000元才能退回多转的2000元，郑小姐表示同意，之后其又借助运费、保险等缘由让郑小姐多次转账，而郑小姐直到联系不到此人才从骗局中醒来。

（二）假冒老师、亲朋行骗

1. 通过网络假冒相识之人行骗

利用QQ假冒好友借款。诈骗者会借助黑客程序来获得某QQ的密码，之后假装自己是该QQ的主人向其好友借款，假如对方稍不留意就可能会受骗。学生假如遭遇此类情况务必要有所警惕，应该首先确认借款者是否的确是自身好友，尤其要注意的是假冒相识之人通过视频实施诈骗的手法，这种案件中对方的"视频"实质为其所窃取的图像，务必要仔细鉴别，当该情况发生时，最好先通过电话等方式与该QQ的主人进行联系，避免受骗。

有案可稽

小刘同学某天登录QQ后刚好遇见身在国外的好友，就赶快向其打招呼并与其聊天，十分钟后，"好友"开启了视频，小刘认出了其影像，不过视频的持续时间极短，之后对方告诉小刘其哥哥的生意出现困难，急需3000元救急，希望小刘能够提供帮助。小刘不疑有诈，立刻赶到银行进行转账，完成后小刘还特意用电话通知好友查收，好友却一头雾水，小刘这才意识到不正常。

2. 通过电话假冒教师行骗

孩子在外父母总会有无限的牵挂。大学生去往异地求学，父母也必然会有种种担心，不法之徒就借助家长的这种心理来实施多种违法活动。例如，假称自身为教师，告诉家长其孩子身体有恙，亟待手术或入院，欺骗其转账。为提升诈骗成效，诈骗者还会借助干扰软件将学生的手机伪造成忙音，隔绝其与父母的联系。因此在校学生务必强化防范意识，注意对隐私信息进行保密，还要与家长保持联系，避免其受骗。

有案可稽

学生小A某日接到一通电话，对方自称为其所在高校的档案管理员，之所以打来电话是因为报名时小A有部分个人信息没有填写，亟待完善。于是小A便将父母的手机号与居住地址告诉对方。30 分钟后，其父母通过电话询问其是否罹患重疾，亟待入院治疗，因为 30 分钟前有人自称为其辅导员告知该消息，他还要求家长掏空储蓄转至某账号。由于父母及时联系到小 A，才躲开了骗局。

(三)网络游戏装备及游戏币交易诈骗

由于网游产业的持续成长，最近数年，有关网游的诈骗案件也日益增加，主要的诈骗手法有三种：第一，将装备低价挂牌，不法之徒依托某网游游戏从事游戏币与装备交易，当玩家相信后，就要求玩家通过银行汇款进行购买，当买家照此操作后其却拒绝发货；第二，四处发布代练广告，一旦玩家将游戏账号与代练款项转交给不法之徒，不法之徒则假装代练一两天，之后再将账号转售给他人；第三，出售账号时，尽管把详细信息一并转交给了玩家，一旦交易达成，数日后，又将账户盗回，导致玩家既支付了钱款又没拥有账号。

有案可稽

某《暗黑》游戏玩家玩该游戏超过一年，某日某玩家突然告知他意欲出售高等级的魔法道具与盔甲，问其是否有意购买，而刚好那套 95 级的道具他始终求而不得。为缩短升级时间，他同意购入，并与该玩家商定交易价格为 1200 元，不过当他将 1200 元转给对方后，对方即刻就消失不见，此时他才意识到已落入骗局。

(四)网络中奖诈骗

不法之徒借助 QQ、MSN、邮箱、网游、淘宝等渠道向网络用户发送中奖信息，假如有人误信该消息，通过信息中列明的"电话""网站"查证时，诈骗者会以税款、押金等诸多事由要求其持续汇款，而事主直到与其失联后才会察觉受骗。如果开启邮箱或登录 QQ 后发现存在没有具体列明出处的中奖消息，无论该消息具备多高的诱惑性，都务必将其忽略，更不能通过信息中列明的"电话""网站"查证，如若不然必将逐渐陷入骗局。

有案可稽

王小姐登录 QQ 时看到 QQ 推送给他一条信息，告知王小姐她的 QQ 号被摇中二等奖，他将得到平板电脑一台与 58000 元奖金，王小姐喜出望外，丝毫未曾考虑就通过该信息中的号码联系到信息发送方。对方告诉王小姐，要想收到奖品需要首先转账 1580 元作为邮费，王小姐立刻照做，之后对方提出要再转 3880 元作为保证金，王小姐依然照做，对方又提出再转 7760 元作为个税，王小姐仍然照做，对方还提出要再转 6000 元作为 WIFI 使用费，王小姐还是没有异议，直到对方彻底失联，王小姐方才从骗局中醒来。

(五)网络购票诈骗

由于具备便捷优势，网络购票开始逐渐为国人所青睐，但它也正在成为诈骗的温床。调查表明，年龄位于20～35岁，教育水平偏上的网民是该类案件的主要受害者，尤以大学生与企业员工居多。其常用手段如下。

第一，骗取订金或保证金。该类案件中，诈骗者通常会让事主事先支付部分款项作为预定或用作押金，之后再紧抓其急需出行的心理用多种事由引诱其追加款项。

第二，见票汇款。该类案件中，诈骗者一般会告诉事主由其与自己在某处见面给票，再让其朋友在银行等，给票后即刻让朋友转账。然后，诈骗者再借助相关软件（来电任意显）假冒事主联系其朋友进行转账，因为诈骗者会特意使其无法与朋友联系制造时间差。

有案可稽

李小姐通过网络向某人订购回乡的高铁票，对方要求李小姐在银行等，再让其朋友去往某处面见卖方取票，同时要求取票人与负责购票的同事电话联系，而且不允许中断该联系，导致李小姐无法与取票人联系。然后再借助相关软件（来电任意显）拨打李小姐的手机告知其已取票可立刻转账，实际上此时李小姐的手机虽然显示的是朋友号码，但拨打人为卖方。李小姐转账后再给朋友电话时却得知其在约见地没能与卖方人员碰面，自然也没能取到票，此时两人才意识到被骗。

(六)推销诈骗

推销文具用品诈骗。诈骗者穿成学生模样，将劣质文具装满书包，到学生宿舍推销，许以低廉的价格，留下联系电话，承诺优厚的退货条件等，蛊惑涉世不深的学生陷入骗局。而实际上，这些文具要么质量严重缺损，要么质量不合格，要么仅仅书包面上是文具，里面全是废纸等。所以，防范的关键是提高警惕，自觉拒绝推销，不去理睬这些巧舌如簧的推销员。

因在我们日常的保卫工作中发现，多数上门推销人员经常打着卖低廉商品的幌子在宿舍中进行盗窃或诈骗，他们推销的学习用品、生活用品，不仅质量不能保证、价格不菲，甚至诱骗部分无经验的新生交订金预订大量商品，实际推销人员离开后，你就无法再联系上他们，这时才知道自己上当受骗。

(七)拾物分赃诈骗

诈骗者故意在路上丢下假钱包、手机、首饰等做诱饵，待路过的学生捡拾后，便立即以目击者的身份上前，声称看见了捡拾财物的事情，要求与学生分利，并大方地表示自己只要少部分的，大头留给学生。而这些财物都是无法分割的，于是诈骗者就表示干脆给他多少钱算了，有些学生一想，自己捡了大便宜，于是利令智昏，落入骗局。

从以上诈骗案件中可以看出，大学生切勿轻易相信网站信息或购票时同意卖方先给付款项再给票的要求，而应当面同时交钱拿票，而且拿票时最好要分辨真伪后再交钱。

六、大学生诈骗案件的防范和处置

当前诈骗手法频出且形式不一，大学生应通过下列方法予以防范。

第一，切勿轻信他人。切勿随意将自身的隐私信息与亲属的手机号码告知他人，切勿将身份证、手机、校园卡、学生证以及银行卡等物品给他人借用或交给他人保管，否则后患无穷。

第二，严防信息泄露。不要轻易填写或透露个人的相关身份信息，给不法分子实施诈骗等违法活动以可乘之机。

第三，与家长约定好汇款条件、方式，让家长不要草率寄钱。凡是涉及掏钱出去，或要求你在规定时间到指定地点的行为，你必须三思而后行，至少应该先向家长或辅导员老师打个电话确认后再决定是否行动。

第四，多与家长联系，使家长及时掌握自身的在校状况，这样家长若遭遇诈骗就能够及时予以识别。

第五，在没有核实之前，不可相信任何关于中奖、退学费或者捐助等消息，不能贪小便宜，否则很容易受骗。

第六，不要相信到宿舍以勤工俭学为名的推销商品的行为。

第七，不要单独与陌生人外出，即使是与同学朋友老乡有事外出也一定要向老师、家长或同班、同寝室同学告知去向。

第八，拒绝便宜。假如某商品售价明显偏低，购买前应该多考虑，因为其或者是骗局诱饵或者是质量低劣，因此务必提高警惕，避免落入骗局。

第九，社会实践、勤工俭学、实习、求职等不要到学习和工作场所之外的地点赴约、面试、就餐；保持通信畅通，牢记紧急求助电话。

第十，付款、转账时要使用安全度较高的工具。统计表明，超过八成的网络诈骗之所以能得手就是源于事主未能经由正规的流程或支付手段来完成交易。因此，网络购物时务必确认好相关信息，绝不能因为麻烦就随意购买，既要查询卖家信用，又要阅读商品描述，还要对比价格，最重要的是务必使用安全度较高的支付手段，绝不能由于贪方便而直接转账。

总之，"防人之心不可无"，保持理性；不轻信，不感情用事；不图虚荣，冷静辨真伪；"天上不会掉馅饼"，贪图便宜吃大亏；有求于人谨慎行事；怀疑被骗及时报案。

延伸阅读

大学新生脱离家长庇护去往异地求学，部分学生甚至是首次进入大城市，兼之各方面经验偏少，极易成为诈骗目标。为此，北京大学、清华大学、北京师范大学、中国传媒大学等北京一些高校论坛上纷纷挂出了各种《新生防骗指南》，深受新生好评。这些指南有些结合高校制度规章详细列明了注意防骗注意事项，如宿舍不得使用大功率电器，所以如果有小贩推销电磁炉，不可购买；有人上门推销声称送话费的手机卡，其实只有几毛钱话费，一用就欠费；校内有低价校园网，不可相信购买推销的宽带等。

　　例如，某大学一名女生就曾有类似被骗经历：当时她才到学校一日，就接获微信消息告知其获中价值 10000 元的"新生大奖"。该消息内还附有查询电话，该生拨打此号码后对方假称是学生处人员，要求其汇款 200 元用作"材料审核"，好在该生防范力强，才免于受骗。

　　某大学研究生邹某就曾特意针对新生推出《新生防骗指南》，据其说明，该指南是它基于自身 6 年的大学求学生活所写，大部分骗术他都曾亲身经历和求证过，如大家常常能够遇见迷路学生借去车费，事实上他们都是假冒的学生，并每天在学校四周转悠。众所周知，没有人会连续迷路四年，可他却遇见过这种人。

第三节　对抢劫和抢夺的防范

　　抢劫和抢夺是在高校乃至全社会犯罪形式中危害最严重、公共影响最恶劣的一种暴力犯罪类型。它不仅给被害人带来了极大的身心伤害和财产损失，而更可怕的是，它容易催生不安定心理、造成恐慌情绪，引发整个社会的不稳定。尤其是大学生不谙世事，各方面经验均有所匮乏，再加上其遭遇案件后大部分都会进行配合，所以他们极易成为不法者选定的事主目标。特定条件下抢劫、抢夺案件可能会升级为恶性案件，如伤害、谋杀，导致学生出现人身、财产和精神伤害，因此严重损害其学习与生活的正常进行，大学生应当对其危害性给予足够认识，持续提升防范能力，才可避免该类案件给自身造成伤害或损失，才可在危险出现时有效应对，将伤害或损失减到最轻。

一、抢劫罪和抢夺罪的概念

(一)抢劫

　　抢劫罪是指以非法占有为目的，对财务的所有人、保管人使用暴力、胁迫等手段，强行将公、私财物抢走的行为。

　　本罪除了侵犯他人财产外，还侵犯他人的人身权利。这不但是抢劫罪与其他财产犯罪区别的关键标志，同时还是抢劫罪作为最严重的财产侵犯罪的主要原因。

　　抢劫罪的主要特征体现在四个方面。

　　第一，本罪的客观要件是现场运用暴力，采用强制手段或胁迫方法，劫取公共财物或私人财物。其中运用暴力，采用强制手段或胁迫方法，是犯罪手段；而劫取财物是其目的。"暴力方法"，是指对财物的所有人、占有人、管理人的身体行使有形暴力，使被害人不能反抗的行为，如捆绑、殴打、禁闭和伤害等。所谓"胁迫方法"也就是现场运用暴力、威胁促使被害人心生恐惧而不敢采取反抗行动的行为，这一胁迫同时要求达到抑制反抗的程度。所谓"其他方法"也就是除了胁迫和暴力之外的其他手段，致使被害人暂时丧失自由意志，然后劫走财物。

　　第二，本罪的客体比较复杂，不但涉及财产(包括公共和私有)所有权，也涉及人身权利，往往造成人身伤亡。

第三，主观方面是直接故意，并以非法占有公私财物为目的。直接故意包含两层意思：一是对公私财产非法占有的直接故意；二是对使用暴力的直接故意。如果行为人只是抢回自己被他人非法占有的财物，主观上没有占有他人财物意图，即便给对方造成了伤害，也只有可能判伤害罪而不是抢劫罪。

第四，犯罪主体是一般主体。现行《中华人民共和国刑法》规定，年满14周岁有控制、辨认能力者都可以是抢劫罪的犯罪主体。

抢劫罪是侵犯财产罪中危害最大、性质最严重的犯罪。《中华人民共和国刑法》规定限制行为能力人（14～16周岁）对抢劫犯罪负刑事责任，说明了该法对抢劫罪的严厉态度。抢劫罪的最低法定刑是三年有期徒刑并处罚金，最高法定刑是死刑并处罚金。

（二）抢夺罪

抢夺罪也就是以非法占有为目的，在他人不备的情况下，公开夺取较大数额公共财物或私人财物的行动。

抢夺罪的主要特征表现在以下四个方面。

第一，本罪的客体仅限于公私财物，而且应是数额较大。根据《中华人民共和国刑法》规定，抢夺的财物必须是数额较大的，才构成抢夺罪，数额不大、情节显著轻微的，不以犯罪论处。

第二，从客观方面分析，本罪具体表现是趁人不备，公开夺取较大金额公私财物行为。一般是趁财务所有者或者保管者不备的情况下抢夺财物，行为发生的时间短暂，被害人会立即意识到财物的损失，这是抢夺罪的主要特征。

第三，从主观方面分析，本罪表现有直接、故意、非法占有财物的意图。

第四，从主体方面分析，本罪主体为一般主体，即年满16周岁具有完全行为能力的自然人。

（三）抢劫罪和抢夺罪的主要区别

一是侵犯客体不同。抢劫罪的侵犯客体为复杂客体，是所有权（公私财产）以及人身权（公民个体），而抢夺罪侵犯的是财产所有权。

二是客观表现不同。罪犯实施犯罪时，运用了胁迫、暴力或者强制手段。虽说抢夺财物过程罪犯也会使用一定暴力，但它只作用于被抢夺的财物，而不是作用于被害人本身，故不直接侵犯被害人的人身权利。如果行为人在抢夺财物的过程中，因用力过猛，无意中造成被害人受伤的，因不属于故意使用暴力，仍应定为抢夺罪。如只造成轻伤，可以作为抢夺罪的情节从重处罚。

三是对构成犯罪的财物数额的要求不同。构成抢夺罪必须"数额较大"，构成抢劫罪无此要求。抢夺罪重在保护公民的财产权利，抢劫罪重在保护公民的人身权利。

四是处罚不同。刑法对抢劫罪的处罚重于对抢夺罪的处罚。抢劫罪的最低法定刑是3年有期徒刑并处罚金，最高法定刑是死刑并处以罚款；抢夺罪的法定刑最少为不满3年拘役、徒刑或管制，同时处以罚款，最高法定刑是无期徒刑并处罚金或者没收财产。

二、抢劫、抢夺相关法律法规

(一)《中华人民共和国刑法》第二百六十三条

[抢劫罪]以暴力、胁迫或者其他方法抢劫公私财物的，处三年以上十年以下有期徒刑，并处罚金；有下列情形之一的，处十年以上有期徒刑、无期徒刑或者死刑，并处罚金或者没收财产：(一)入户抢劫的；(二)在公共交通工具上抢劫的；(三)抢劫银行或者其他金融机构的；(四)多次抢劫或者抢劫数额巨大的；(五)抢劫致人重伤、死亡的；(六)冒充军警人员抢劫的；(七)持枪抢劫的；(八)抢劫军用物资或者抢险、救灾、救济物资的。

(二)《中华人民共和国刑法》第二百六十七条

[抢夺罪；抢劫罪]抢夺公共财物，数额较大的，或者多次抢夺的处三年以下有期徒刑、拘役或者管制，并处或者单处罚金；数额巨大或者有其他严重情节的，处三年以上十年以下有期徒刑，并处罚金；数额特别巨大或者有其他特别严重情节的，处十年以上有期徒刑或者无期徒刑，并处罚金或者没收财产。

携带凶器抢夺的，依照本法第二百六十三条的规定定罪处罚。

这就是抢夺转化为抢劫的情况。

(三)《中华人民共和国刑法》第二百六十九条

[抢劫罪]犯盗窃、诈骗、抢夺罪，为窝藏赃物、抗拒抓捕或者毁灭罪证而当场使用暴力或者以暴力相威胁的，依照本法第二百六十三条的规定定罪处罚。

这就是其他侵财犯罪过程中暴力抗法、拒捕而转化为抢劫犯罪的情况。

从这些法条可以知道，所谓抢劫罪，也就是为非法占有而现场运用暴力手段，或胁迫等方法，抢劫财物的犯罪行为。抢劫是针对受害人财产权和人身权的严重暴力犯罪，最高可以判处死刑。

三、抢劫的类型

抢劫有许多类型，按不同的标准有不同的分类。

第一，按抢劫财物的性质可分为：抢劫现金，抢劫金银珠宝，抢劫文物，抢劫军用物资或救灾、抢险、救济物资，抢劫车辆，抢劫衣物，抢劫网络游戏装备等。

第二，按抢劫的场所可分为：拦路抢劫，入室抢劫，在交通工具上抢劫，在公共场所抢劫，抢劫银行，抢劫商场等。

第三，按抢劫的人数可分为：单人抢劫，两人抢劫，团伙抢劫等。

第四，按抢劫的手段可分为：空手抢劫，持刀抢劫，持枪抢劫，麻醉抢劫，蒙面抢劫等。

四、抢劫的特点

抢劫是侵财型暴力犯罪，与盗窃、诈骗、敲诈勒索等侵财类犯罪相比，有更明显的社会危害性，归纳起来主要有以下几个方面。

(一)行为的暴力性

抢劫是以暴力实现威胁人身安全为手段的侵财型犯罪，这可以理解为：为了得到钱财，犯罪人可以不顾一切，把你杀伤还是杀死对他来说都无所谓。因为在他眼里，只有你身上的钱财才是他所在意的，什么生命、法律、道德、良知统统都丧失了，占有的欲望让劫匪失去了理智，像野兽和吃人的恶鬼一样，任何残忍的，不计后果的事情都能做出来。

(二)后果的不确定性

抢劫犯罪侵财是主要目的，在此目的下，只要有来自被害人的阻挠或反抗，暴力危险立即就会变成现实人身伤害或进一步升级。而就算受害人采取弃财保命的态度，也不能确保如愿，这其中的关键是受害人不易掌握应对抢劫中的"度"，他们表现得过分顺从和懦弱也许适得其反，这样反而激发了罪犯的欲望，从而进一步实施勒索、诈骗、绑架、强奸、杀人等犯罪。最后还不排除犯罪人自知罪孽深重，一开始就准备杀人灭口的情况。总之，抢劫犯罪情况十分复杂，它是抢劫犯和当事人之间面对面的较量，对方的性格特征、人生经历、现场的具体情境、天气情况等，影响的因素很多，存在的变数也很多，应对起来很难，具体案情的发展无法预期，最终的危害后果不易确定。

(三)性质的多变性

抢劫犯罪可以是由盗窃、诈骗、窝赃、抢夺等犯罪形态转化而来的。犯罪人自身也可能在犯罪过程中转化成别的犯罪。比如，在劫匪抢劫过程中，劫匪见被害女子年轻貌美，进而实施强奸；劫匪抢劫完后，为了毁灭证据，放火焚烧现场，引发群死群伤的火灾而转化为放火罪；在抢劫过程中，见被害人胆小懦弱，进而实施绑架，向其家中勒索钱财，从而转变为绑架罪等。犯罪性质的多变带来犯罪程度的升级，最直接的就是造成更严重的后果，同时也为我们预防和应对抢劫犯罪提出了更高的挑战。

(四)社会影响恶劣

这一点在之前已有提到，它是指站在整个社会的高度来看，抢劫犯罪对社会的稳定、居民安全感的建立产生巨大的负面影响。比如，一个学校同时发生四起案件：抢劫、强盗、诈骗、敲诈勒索，哪一件更具有负面影响力，更引起人们的关注呢？很显然无论是从急迫性、危害性、社会影响力或是其他方面来比较，抢劫无疑是最厉害的。盗窃、诈骗毕竟只是一种单纯的侵犯罪，虽然让人又气又恨，但只是损失钱财，终究不致身体伤害那样恐怖；敲诈勒索让人心里感到惶恐，但不是那么具有现实紧迫性，有时间、空间的余地，你可以报警，也可以找人商量，甚至可以跟对方讨价还价，选择和周旋的余地要大得多。而抢劫不仅在这些方面比上述犯罪要严重，更要命的是它的传播效应，一个地方若发生一起这样的恶性事件，人民群众的安全感就会大打折扣，案件一日不破，就会越传越广，直到人人自危，失去对政府、公共机关的信心，容易带来和引发一系列的社会问题，如警民关系紧张、黑恶势力横行、犯罪率升高及社会动荡等。

图 4-3　独自取钱需谨防抢劫

五、抢劫案件的一般规律

了解抢劫犯罪的一般发案规律对我们全面了解此类案件和有针对性地制订防范、应对措施很有必要，对于此类犯罪，虽然十分危险，但并不是完全无法预测和难以应对的。具体来说抢劫犯罪的一般规律如下。

(一)劫财为主，暴力为辅

从被害人角度出发理解，在劫匪一心取财的时候，若能相对有节制地满足他的金钱欲望，对于保全自己的身体、生命安全是有利的，所以应对抢劫危局时应尽量避免遭受暴力，宁肯弃财保命。

(二)侵害对象的随机性

抢劫犯作案有事先潜伏在现场的，有游荡碰运气寻找目标的，有尾随跟踪的，虽然对于作案人来说，抢劫大多经过事前的合谋、踩点、寻找目标等，但是具体抢劫却是随机的，不确定的。在作案人选择下手对象时，谁出现了，谁符合犯罪作案人的条件，谁也就成了被害人。所以，作为被害人的一方一般都是在没有思想准备的情况下，突然面对抢劫的，突发的危局是当事人必定惊慌、紧张，但必须冷静，只有先冷静下来，才能想办法应对。

(三)具有一定的规律

抢劫发案的规律可归纳为：第一，发案时间一般为休息或校园内行人稀少、夜深人静时。第二，大多数抢劫案件发生在校园阴暗、偏僻且较少人经过的区域，通常在小山上、树林中，与宿舍区距离较远的实验楼、教学楼或没有安装路灯的道路、在建建筑内。第三，抢劫的主要对象为独自行走的女性或相对弱小者。第四，作案人通常是校园内或附近有劣迹的青年，而且这些人通常结伙作案，行事大胆，由于熟悉校园环境，作案后可以迅速逃遁。

有案可稽

2011 年 2 月，北京某两所大学校园中先后发生多起持刀抢劫案件。警方得到报警之后，迅速展开行动，很快锁定了嫌犯于某并将其抓获。于某竟然才刚满 18 周岁，还是一名高三在校生。于某交代，他趁夜色在校园内有树木的地方躲藏并实施抢劫，主要对象为大学中独身行走的女生。于某为学校附近居住的高中生，对校园环境较为熟悉，因故与父母争执遭到训斥后，离家（牡丹园附近）出走，随后在大学校园中实施了犯罪。

六、影响抢劫案发生的原因

首先，校园周边环境好坏直接影响校园及周边的安全。高校是一个相对独立的小社会，与周边的环境不同，相对经济较好，大学生这个相对弱势群体又相对容易成为侵害目标，周边的一些闲散人员、辍学无业人员、劣迹、两劳人员盯着学校"过生活"，造成了客观上的不安全因素；

其次，校园建设规划不合理，没有围墙或未连成整体，门卫设置不到位，管理存在漏洞也是一个原因。由于历史的原因和扩建发展建设的滞后等原因使有些学校进出校园的小路四通八达，无法有效控制出入校区的外来人员，给犯罪分子作案带来了便利；

再次，当前高校公安体制改革不畅，与地方执法对接脱节，对犯罪打击不力，也造成高校在防控此类案件上的措施相对薄弱；

最后，当前社会整体治安形势严峻。虽然公安机关也在不断加大防范和打击犯罪的力度，但客观来讲，犯罪率、发案率的问题还是十分突出的。为什么近年来一些地方不断出现群体性的暴力抗法事件，其中的原因值得我们深究和思考。

七、防范抢劫和抢夺的方法

抢劫是罪犯和受害人之间必须面对面才能进行的一种犯罪，总结发生在社会上和校园及周边的案例，可以发现一些基本的规律，从中总结一些有价值的经验，具体来说包括以下几个方面。

第一，外出时不要携带过多的现金和贵重物品。钱够用就行，贵重物品再多也不要显摆，外出必需的就带，不要平添负担和危险。如果必须携带大量现金或较多贵重物品，应估计来去时程，若要很晚才能结束，干脆明日再去，并最好邀请同学、朋友随行，同时尽量乘坐出租车。坐出租车是相对贵一些，但为了安全，绝对值得。

第二，财不外露，妥善保管。每次外出前应预先准备一些零钱，尽量不要在人多眼杂的时候翻点现金，可以考虑带信用卡刷卡购物，但要注意不要和身份证放在一起。不要当众向他人炫耀和展示自己的金钱和贵重物品，小心隔墙有耳，听者有心。外出着装也不要过于华丽，舒服、整洁就好，打扮得珠光宝气出门很容易惹人注意的。

第三，晚上不要在校园里行人稀少、灯光昏暗或没有路灯的偏僻路段，以及校外道路单独行走，午休时也尽量不要单独外出。要身戴"护身符"，即随身带上一两件护身用品，如哨子、小型的警报器或喷雾器等。抢劫发案较集中的时段为晚上 10 点以后，部分偏僻地段时间还要提前，7 点开始就要注意避免前往，但也不要以为校园内白天就不会发案。

第四，谈恋爱的学生切记不要坐在偏僻黑暗的地方，更不要长时间逗留此地，劫匪一贯喜欢找这类目标。在大学里，大学生遭抢劫的案件发生得比社会上要少，损失和伤害也相对小，但因为性质比较恶劣，警方一直对此很重视，不少高校都在重点部位安装了监控摄像头，此举吓跑了一些犯罪分子。但大学生谈恋爱的比较多，两个人在一起不喜欢在灯光亮或人多的地方，常常钻到校园里一些隐蔽昏暗的地段，但恰是因为这一点，让犯罪分子有了可乘之机。

第五，假若怀疑有人尾随自己，要提高警惕，同时不妨多次回头仔细审视对方，或者大声喊叫熟人姓名，还可以立刻打电话与家人、朋友联系，并立刻向有人，有灯光的地方走，或到附近商店、超市躲避。

第六，去陌生地点之前应该提前了解详细方位，尽可能向警察问路，少找陌生人问路。走路时要前后环顾，犯罪分子动手前一般会在事主后面或身边跟随一段距离，伺机出手，所以要注意自己前后的车辆及行人的变化。尽量不要和陌生人说话，有陌生人主动凑近搭话应尽量保持一定的安全距离，感觉有异常时要马上离开。

第七，手机不可放在显眼的位置，如腰间或前胸，走路尤其是经过地下通道或者天桥时尽量不要拨打电话，如果在地下通道内遭遇抢劫应该大声呼救。

第八，慎选取款点。不要在路边设置的自动取款机里取数额较大的现金，尤其是在夜间，这样做很容易被不法分子跟踪、抢夺或拦路抢劫。

第九，谨防"飞车党"。走在人行道上尽可能远离机动车道，避免飞车夺宝；如果骑单车要加强戒备，现金和贵重物品要贴身携带，不要把装有财、物的包挂在车头。

第十，避免"晚归"，少进校外网吧。大学生或因自习而晚归，或因在外娱乐而晚归，或因恋爱、约会而晚归等。很多案例证明，晚归的大学生常常成为不法分子伺机抢劫、抢夺的对象。校外网吧往往藏污纳垢，在里面上网的人员复杂，不乏社会上游手好闲的无业人员。更不要上网和不明身份的网友会面，尤其是女大学生更应该学会保护自己。

八、其他防抢知识

（一）宿舍防抢

如果有人到宿舍推销产品，不要和推销人员纠缠，也不要让推销人员进入宿舍。如果有陌生人代替他人送来物品，要先打电话问清楚之后再开门，不可轻信，如果不能确定真伪，可以先委婉谢绝，待搞清楚状况之后再说，不可轻易打开房门。

（二）出行防抢

随身不要携带贵重物品和大量现金，妥善保管不可轻易外漏。现金、手机和其他贵重物品应该妥善存放在背包中，购买车票或者拨打电话过程要注意周围是否有可疑人员出现。如果骑车，在停车后要锁好车辆，并随身带走提包，不能将背包留在车筐甚至挂在车辆把手上。

(三)背包防抢

如果背包走路或骑车，应该尽可能靠道路内侧行走，背包背在内侧。背包内最好不要装贵重物品，如果要把背包挂在车把，应该将包带多缠绕几圈；出门斜挎比直挎更加安全。同时要随时警惕身边的可疑人员。

(四)防麻醉抢劫

如果有陌生人试图和自己亲近，如果不能确定对方意图，不可随意接受对方提供的茶水、饮料、食品或香烟等物品。

九、遇到抢劫、抢夺案件的处置措施

(一)应对抢劫处置的原则

知己知彼，百战不殆。了解了抢劫犯的心理和发案的基本情况，为我们有针对性地制定应对抢劫的方法打下了良好基础。归纳起来，应对抢劫的原则有以下几点。

1. 保证生命安全、身体完好为第一宗旨，切不可"要钱不要命"

钱财是身外之物，钱没有了还可以再去赚，生命没有了或是受到伤害则是无法挽回的，所以千万不要自恃身体强壮或胸怀正义就不顾一切地冲上去，智取永远比蛮干要好得多。

2. 沉着冷静，切勿过度紧张

冷静的心理情绪状态对应对危局至关重要，只有在此基础上才能够冷静下来思考应对办法，记住作案人的特征，不然手足无措或鲁莽反抗都将是十分危险的。

3. 相对的穷寇勿追原则

面对劫匪，如果抢劫得逞正准备离开，可以在不暴露自己、不引起劫匪警觉的情况下，适当地予以跟踪，这样可以发现更多的线索，为破案提供帮助，如记住犯案人员进入哪个网吧、居民楼，坐上了哪个牌照的汽车等；但不要盲目追赶，不要暴露自己，以防止狗急跳墙做出过激反应，也不要长距离跟踪到偏僻的地方，以防有什么不测，那将是得不偿失的。

(二)遇到抢劫可采取的措施

当遭遇抢劫或者抢夺案时，大学生可以采取下述措施应对。

1. 沉着冷静不恐慌

无论什么时间被抢劫或抢夺，首先应该尽量克服恐慌和畏惧情绪，保持镇定；其次设法将对方制服，破坏其作案能力或影响其心理促使其终止当前犯罪行为，从心理、精神层面将对方压倒并将其战胜。

2. 力量悬殊不蛮干

犯罪分子抢劫前通常都已经有所准备，对方可能人数众多，或手持凶器，学生如果性格比较刚烈、鲁莽，很容易受到伤害。

3. 迅速离开不犹豫

如果遭遇抢劫，双方力量对比差距较大而无力与之抗衡时，可借机向人员集中或者灯光处迅速奔跑离开，通常罪犯心虚不会紧追，如此也能够避免遭劫。

4. 灵活周旋不畏缩

如果被罪犯控制无力反抗，可以首先主动将部分财物交出缓和气氛，然后从言语上理直气壮地反抗，向罪犯开展法制教育宣传，分析利害促使其心理恐慌而停止作案，或在犯罪分子开始动摇放松警惕时，看准时机反抗或逃脱，切不可一味求饶，应当尽力保持镇定，与作案人周旋。

5. 暗留记号不放过

如果遭遇抢夺或抢劫，应该对作案人进行密切观察，尽可能将罪犯特征准确记下来，如年龄、身高、性别、体态、发型、胡须、衣着、语言、特殊疤痕或者行为习惯等，并且要尽可能在其不注意时，在罪犯身上暗留记号，如在其衣物上涂抹上血迹、泥水或墨水等，为后期公安破案留下记号线索。

6. 高声呼救不胆怯

罪犯诚然胆大妄为，有些罪犯还十分凶悍，不过罪犯也十分心虚，只要把握好时机，及时高声呼救，有些抢劫案便可得到有效控制。

图 4-4 正确应对抢劫案件

第四节 对传销的防范

近年来已有许多传销组织在高校向大学生下手，而且这一现象还在逐步恶化，报纸上也常有大学生陷入传销的报道。近两年，我校也有学生被骗入传销组织，保卫处和公安部门已经数次前往他省解救被骗传销的学生。在传销活动面前"天之娇子"为何会丧失理智受骗呢？传销组织到底采取了什么样的骗术？如何才能够识破传销组织的真面目，有效防范呢？下面将针对这些问题展开探讨。

一、我国传销的特点

《禁止传销条例》定义的传销，是指组织者或者经营者发展人员，通过对被发展人员以其直接或者间接发展的人员数量或者销售业绩为依据计算和给付报酬，或者要求被发展人员以交纳一定费用为条件取得加入资格等方式牟取非法利益，扰乱经济秩序，影响社会稳定的行为。

(一)甄别传销

第一，没有实质业务或提供实质服务，仅仅以发展新人作为收入来源。

第二，提供高额回报，进行非法集会设计各种理由或价值较低的产品收取与产品价值不符的较高费用的方法集资、获利。

第三，借口销售商品或提供服务，进行集资诈骗，欺骗甚至强制对方交易。

采取上述行为或类似手段非法将他人财产据为己有，或者对社会整体管理和经济秩序造成巨大干扰的，都可以被认定为传销活动。

(二)传销案件的主要特征

第一，传销人员常来自国内不同地区。

第二，"拉伙"发展对象主要是同学、同事、亲友等。传销组织里常有儿子"发展"父母、丈夫发展"妻子"的，还有"发展"同学的，有些传销人员将全家人甚至姑姑、阿姨、舅舅都"发展"到了传销组织中。

第三，组织人员学历逐步提高。近年来国内传销组织内人员的学历逐步提高趋势明显，已经有不少大学生出现在传销组织内。少数大学在校生在假期或见习期间参加了传销组织，还有些学生甚至休学开展传销活动。参与传销的大学生有些来自普通院校，也有些来自名牌院校。

第四，传销组织主导者通常不在组织内而在外地。

第五，对社会将造成了恶劣影响。

第六，传销组织内部上下线人员主要单线联系，"培训"期间还会限制被培训人员的人身自由。国内传销活动规模还在不断增大，许多人深陷其中无法自拔，满脑子都是拉"人头"而不是诚信经营，导致社会诚信遭受巨大破坏。

二、传销的方式、方法

第一，参与传销人员需要先交付较高费用或者花费昂贵代价购买价值远低于商品定价的产品之后才能够加入组织，加入组织之后，才能够介绍他人同样交付费用或购买产品加入组织，也就是"发展下线"。所有被发展者交纳的费用在组织中被定义为推荐人的"下线"，也可以将其他人介绍到组织内成为自己的下线。如此上线、下线的链接，从消费关系看，组织内成员不仅是产品消费者同时还是产品经营者，不仅使用产品同时也销售产品。

第二，上线可从下线交纳的费用或购买产品的费用中分享利益，直接发展的下线和自身已有下线发展的下线总人数越多，得到的利益也就越高。也就是说，传销组织的薪酬计算和发放方式是"复式计酬"。

假若加入组织之后，没有成功发展下线或者说发展成为自己下线的人数太少，那么自己加入组织时交付的高额费用就将一去不返，其利益将因此受损。事实上，如果下线人数发展的越多，组织规模越大，之后加入的人员必然越多，也就是说交费进入组织而费用受损的人，即上当受骗者就越多，形成利益不断向上移动的金字塔，处于底层的人员利益必然会受到损害。

第三，由于传销组织没有足以支持组织运转的正常产品销售赢利体系，组织活动的收益主要是入门费，所以传销组织整体并无生财之道，只是将下线的钱骗入金字塔上层人员的口袋中。这也就是为什么有些传销组织在前期培训传销人员时，公开宣称组织提供的商品并不值钱，可以随意扔掉，要想将给组织交的费用赚回来，或者赚取更多的钱就必须发展下线。由此可见，说明传销的商品只是传销组织发展成员的一种媒介，并非物有所值，从而揭穿了传销者的面纱，暴露出赤裸裸的"传人头"诈骗活动的真面目。

第四，组织者先给出短期得到很高回报诱使他人进入组织，短期内得到较高回报是所有传销组织诱使人加入的主因。譬如，某个传销组织在宣传中，称"公司"升职机制是只需要介绍两个朋友加入组织就能够升级到 C 级，如果再介绍另外两个朋友加入组织就能够升级到 B 级，如果下线人数达到 8 个就能够升级到 A 级也就是老总级，收入可以达到 130 万，升职如此容易而且回报如此之高，必然极易勾起人的贪婪之心，因此就会进入传销组织而上当受骗。

图 4-5　非法传销的陷阱

三、大学生被骗参与传销的原因

骗术之所以能够得逞，其中关键在于投其所好，高校学生之所以被骗参与传销主因有下述几点。

(一)未能区分传销和直销

高校学生通常没有丰富的生活和社会经验，并未意识到传销危害，也不了解传销与直销之间的根本差异，因为没有清晰的认识，所以极易被组织借口招聘利用，结果陷入其陷阱。部分高校学生刚被骗入传销组织时，虽然有所察觉，有些学生还会和传销分子进行辩论，不过因为他并未正确认识传销和直销之间的区别，结果很容易被传销分子说服"洗脑"，随后就会逐步认同组织自称为"直销"的说法，并将此活动视作很有前途和前景的"辉煌事业"。

(二)巨大的利益诱惑

参加传销组织的高校学生家境通常较差，因此他们希望可以快速找到能够迅速赚很多钱的工作，以便帮助家庭摆脱困境。非法传销的主要宣传恰恰是能够快速得到很多钱，符合高校学生着急赚钱，帮助家庭摆脱困境的心理，所以很容易被传销组织的宣传诱惑而加入组织。

(三)传销组织的培训"洗脑"和"亲情管理"，能够满足高校学生未能被满足的需求

传销组织在日常管理过程中，主要运用了"家庭式亲情管理"方式，其中家长是组织内骨干，承担了日常家庭管理工作，高校学生进入传销组织之后，通常会得到组织成员的热情欢迎，得到"回家"的温暖，因此学生的戒备心理将因此降低，家庭内各成员都有机会发表自己的言论，并且每次发言，其他人都会报以热烈掌声，此外成员之间还会互相尊称"老总"，其"家庭"与"家庭"之间还会开展许多联欢、授课以及交流互动，组织内成员相互恭维能够极大地满足成员的虚荣心。有传销参与经历的学生称，尽管在传销组织中睡在地板上，吃的是捡来的菜叶，生活相当清苦，可是因为组织内成员互相关心、鼓励，能够得到家里未能得到的温暖。由此可见，由于传销组织采用"亲情管理"方式，所以能够给予部分学生在家、在校不能被满足的感情需求，才能够得到大学生的认可，继而留在组织中。

要让招聘到的人员最终进入组织，传销组织首先会对新成员开展培训，也就是"洗脑"，以便促使其接受传销理论，并支付传销组织入门费。我国现有的非法传销组织主要自称自己的"直销"，会先从产品定价结构角度分析，自称自己是直销，没有传统销售链的大量中间环节，所以其利润是厂价和市场零售价的差，这一收入是合法的，并且水平较高。使得参与者相信自己加入的组织是"直销"团队；其次，传销组织还会宣传下线发展对于收入提高和级别提升的关键作用，为了强调这一点，他们会运用几何倍增学理论分析，说明只要短短数年时间，参与者的月收入就可以达到数万甚至数十万之多，而且这一过程十分容易。譬如，自己进入组织之后，只需要再介绍四个人进入组织成为自己的下线，接着下线会继续自行发展4个新的下线，这样类推下去，只需数月或数年，就能够变成月入数十万的经理。由于传销组织每天都会对学生进行不同形式的反复培训轰炸，灌输传销思想，很容易影响被吸引来的人，促使其加入组织进行传销活动。

有案可稽

2014 年夏，有关女大学生失联的新闻在全国很多地方发生，发生了劫持、绑架、失踪甚至被谋杀的悲剧。而榆林学院大四女学生周某失踪的新闻，也进入到全国各大媒体及群众的视野里。周某是广西桂林市恭城瑶族自治县的一位学生，2011 年考入榆林学院，因家境不富裕，暑假期间想外出挣点学费，后来通过同学介绍去北京打工，随后就杳无音讯，不知所踪。

9 月 14 日，经北京师范大学和北京警方提供线索，河北霸州市公安局对一处假借天津天狮集团名义的传销窝点进行清查后解救了北京师范大学被骗女生董某。据其透露，自己是被周某（同乡）骗来的。"周某"两个字一出，立即引起了民警的高度重视，仔细询问情况后确认，骗董某来霸州传销窝点的，正是全国目前都在寻找的失联女学生周某。经过公安民警及反传工作人员日夜不休的摸排踩点，掌握了几个传销窝点的行踪，并于 9 月 20 日开展联查行动，清理传销窝点，最终，霸州民警将榆林学院失联多日的女大学生周某找到。

周某被该传销组织洗脑，不仅自己参与传销活动不能自拔，还将包括董某及同班男生郭某在内的同学以介绍实习工作为由骗入传销组织。周某获救后，依旧没有意识到自己行为的错误，并声称就算把她送回家也没有用，自己还是会回到霸州进行传销活动。为了扭转周某的思想，专业进行反传销教育的工作人员对其进行反复教育、说服，并给周某出示了大量实际资料和实例分析，最终才促使其意识到了传销活动的错误和巨大危害。

(四)高校的教育内容和管理体制存在缺陷，使传销组织有可乘之机

高校当前学制主要是学分制，院校主要重视专业教育，并不重视安全教育，也很少涉及非法传销教育，日常宣传不足，导致学生日常只关心专业学习和学分，对社会了解不多，缺乏锻炼学习。因为高校学生长时间在家庭、学校两个比较单纯的环境中生活，较少直接接触社会，并未充分意识到社会的复杂性。尽管通过长期学习，高校学生拥有了大量专业知识，可是其社会实践较少，同时心理素质较差，尤其对复杂的社会生活不具备较强的鉴别能力，也没有能力进行自我保护，因此极易受骗。

当前高校管理多数采用学分制，学生能够自行选择想要学习的课程，而班主任并不熟悉学生的选课情况。再则，高校管理不严格，通常不会严格检查学生的上课情况，教师并不清楚学生有没有正常上课，而本应最了解学生情况的班主任大部分是兼职教师，没有充足的时间和精力检查学生的上课情况，导致高校普遍存在比较严重的缺课问题。学校对于准毕业生的管理更加松散，高校为支持学生就业、择业，通常不会对高校学生外出进行严格审查，教师更不会过多询问。譬如，重庆发生的"欧丽曼"一案中，许多学生就是被非法传销组织以招聘为由骗去的，部分学生离校已经超过半年，学校都没有发现。部分低年级学生因为进入传销组织而长期缺课都未被学校发现，可见高校管理并不严格。

（五）打击力度不足

尽管早在1998年4月国家就已经颁发了《国务院关于禁止传销经营活动的通知》，要求各地区相关执法部门严厉查处、打击传销活动，在一定程度上抑制了非法传销发展势头。不过尽管如此，部分地区相关执法部门因为多种原因，对于传销活动的打击多数采用"赶"的策略，一有风声就将其驱散而不是将窝点彻底捣毁，结果导致传销分子隐匿避风头之后很容易死灰复燃。

当前我国法制还不够完善，法律规定中暂时还没有关于传销活动参与者的严厉惩处规定，致使对非法传销的打击先天存在缺陷。打击实践过程中，抓捕到传销头目之后，通常根据其收取钱财数额，将其定性为非法拘禁或者诈骗罪论处，而活动参与的普通成员主要进行一番教育之后将其简单遣散了事。传销组织头目一般不会在组织中出现，身居幕后获得钱财之后就会快速转移到其他地点，因此打击过程很难查证得到其钱财获取总额，即便把传销头目抓住，也常常由于无法掌握充足收取钱财总额较高的证据，而只能实施轻罚，也不会处罚参与传销活动者。总而言之，国内现行法律对于非法传销活动的震慑力度不高，导致传销分子变成了"老油条"，并且为逃避打击还会采取更加隐蔽的手段开展传销活动。

（六）当前严峻的就业形势

由于当前国内就业形势十分严峻，所以每年毕业季，就会出现大量年轻的无业人员，这些人员也是当前国内传销组织最主要的诱骗对象。当前国内大学生面临的就业竞争十分激烈，许多学生毕业后无法找到理想的工作，未能顺利就业。少数大学生自身没有正确的、循序渐进地发展的就业观，一心想短期暴富，结果很容易被传销组织利用，同时由于大学生比较天真、单纯很容易哄骗，所以很容易被传销组织"洗脑"，继而丧失理智，参与到传销活动之中，变成传销组织的骗人发展的工具。

延伸阅读

根据反传销咨询救助网的数据统计，每年前来咨询者中高校学生占比高达30%，由于没有充足的社会经验，同时抱有一夜暴富的错误心理和不切实际的想法，致使高校学生屡屡陷入传销窝点。

2013年夏，珠海某校大一新生韦某到广州之后本想找一份暑假短工，可是当其到地铁站之后，却不知所踪。后来警方调查发现韦某被骗进了传销组织。经过多方寻找，警方才将其找到。韦某哥哥介绍韦某之所以会到广州找暑假短工，主因是轻信了女网友要给他"介绍一份暑期工"的话而误入传销组织。

有一些学生进入传销组织之后，不仅失去了自由，甚至还失去了宝贵的生命。2013年7月初，孙某刚从国外回国，之后，通过网络找到了东莞某公司提供的入职起薪为5000元的"高薪工作"，当他到达东莞这家公司所在地时，才发现自己进入了传销组织。由于孙某拒不加入组织，结果被群殴致死。

大学生面临着较大就业压力，都希望能够快速找到工作。传销组织利用这一点，主要通过网络发布招聘需求，并将自己包装成优质、高薪、前景好的"民营企业"，目的是将毕业生骗进组织内。

　　当然，大学生之所以会被传销组织骗入其中，也与其迫切要成功、赚大钱、一夜暴富的不切实际的想法和欲望有关，事实上，许多大学生加入传销组织之后，并不知道所在组织是非法传销组织，也不知道所从事"工作"是非法传销活动。

四、非法传销对大学生的欺骗手段

　　通过对部分参加传销活动的大学生调查，我们可以知道，传销组织通常会采用下述手段对学生进行行骗。

(一)借口招聘，非法传销之实

　　传销组织主要通过现有成员介绍新成员发展壮大。高校毕业生求职时，多数被同乡、同学、亲友等以帮忙找工作或介绍工作名义骗入传销组织，部分传销组织甚至会直接进入人才市场发广告宣传"招聘"，借口招聘市场营销人员将人骗到传销组织中。调查证明，进入传销组织的大学生多数是被亲友、老乡或同学借口介绍工作骗去的，他们多数认为自己只是在做普通的营销工作，给组织交费之后得到组织商品销售授权，为企业以"直销"方式销售产品，在自己的熟人圈内销售发展下线，结果不知不觉中变成了传销组织中的一员。

(二)灌输"暴富"思想，进行思想控制

　　采取非法途径诱骗大学生进入传销组织之后，传销组织会对其进行长期的洗脑，最后，这些大学生就会同意进入传销组织，这也是传销组织工作的重要内容。这些传销组织特意扩大影响，甚至激发学生想要改变现实的欲望，最后，再宣称传销是最好的渠道，并利用几何倍增学理论来扩大致富理论的影响力。"给你一个成为百万富翁的机会""今天努力，明天做老板"，使人们觉得百万富翁并不难，而大学生经历较少，根本无法抵制其中的诱惑。此外，由于传销的这一特殊的经营方式，自身无法创造利益，实质上是通过控制他人来获取财富，为了赚钱，不得不采取多种不法手段，把身边的亲戚朋友拉下去，并不断扩大规模，从而导致传销组织当中，大部分人都是亲属关系，或是朋友等，只要是关系好的人都被拉下水。如果一个学生陷入传销组织之后，就会安排其将身边的人拉下水，好继续骗人。

(三)通过家庭式管理，控制人身自由

　　非法传销组织主要采取异地招聘的方式扩大规模，并实施"家庭式管理"。但这些大学生进入非法传销组织，传销人员只是表面上将其当作家人，给予温暖，但实际上，传销头目会安排一个人监视你的一举一动，使你无法单独行动，甚至在外出时都是时刻陪着你的，同时上交通信工具，无法与外界联系，无法再拥有自由。在被"洗脑"及缴纳一定的费用，并同意加入组织后，传销组织就安排他们欺骗朋友等，以此扩大规模。如果仍然无法改变想法，或是拒绝加入，他们就会采取相反的措施，禁止外出，直到交钱之后才能让你离开，甚至还有一些传销人员会采取多种暴力手段，胁迫受害人的亲属交钱，媒体曾多次报道了这一现象，或是发生了一些大学生受害之后跳楼等恶性案件。

图 4-6　伸向大学生的黑色鱼钩

五、传销的防范对策

大学生参与传销就会偏离正常的生活轨道，是影响社会稳定的重要因素，在一定程度上也反映了大学生的就业过程面临着严峻的挑战，作为一名大学生，要树立判断传销组织的意识，同时也需要社会各方加强合作，学校是培养人才的重要组成部分，首先要采取多种措施提高大学生的自我防范意识，而社会也要为大学生创造良好的发展环境，加大对传销组织的打击力度，尽可能降低这类事件的发生概率。

（一）加强宣传教育，增强非法传销抵抗力

大学生安全意识宣传教育，作为保护大学生人身安全的重要手段，学校各个部门也需要共同合作，为学生提供重要的思想引导，提高学生对非法传销的认识、包括传销对社会的影响，让学生认识到只有保持求真务实的工作作风，才可能抵制非法传销，以良好的心态进入社会，适应社会变化，实现自己的梦想，为社会发展做出自己的贡献。

（二）加强日常生活管理，落实防范措施

在学生的日常学习过程中，班主任要尽可能地多与学生加强交流，包括学生生活中遇到的问题都要及时了解，把握学生内心的想法，还要保证学生正常的出勤，对无法正常上课的学生要了解其存在的问题，这些情况都要及时报告给学生家长，同时也要为大学生今后的就业问题提供重要指导，及时核查大学生实习单位的真实性，在外出工作期间还需要留下联系电话，尽可能解决大学生现阶段遇到的问题。学校也要与企业加强合作，核实用人单位的真实性，防止一些传销组织的混入，还需要与公安机关加强合作，工商部门也需要加大监督。

（三）积极挽救，保障学生安全

现阶段大学生就业过程面临严峻的挑战，而非法传销暂时无法完全消灭，因而导致大学生就业过程难免出现陷入传销组织的问题，因而各大高校要重视这一问题，使高校学生树立正确的价值观，如果高校发现学生被骗进传销组织的问题，要及时采取解决措施，还需要与公安机关相配合，做好营救措施，保护学生的人身、财产安全，防止这些学生被传销组织洗脑，最后，成为非法传销组织的一部分。

有案可稽

2012年8月10日晚，正在北京某电视台实习的大学生黄某接到一个河北沧州的陌生电话，对方声称在赶集网上看到了黄某的求职简历，希望他能为一淘宝商铺新上市的秋装拍摄产品照片。黄某经过一番考虑，同意前往，并向实习单位请假、交接工作，临走前还和北京的同学及家人打电话说明去向，并留了暗号。

8月11日中午时分，黄某抵达沧州西站，有一个高个子的男生和一个身材娇小的女生来接站。上出租车后，男生王某抢先坐在副驾驶的位置，防止黄某与司机聊天暴露情况，但机警的黄某记住了目的地"沧州市中心人民医院"。下车时，王某二人以出门时忘记带钱为借口，由黄某支付了车费和之后的午餐费。午饭时，王某二人轮流上厕所，并与黄某聊天套底细。饭后，黄某被王某二人以去仓库拿摄影器材为由，带至一个又破又脏的小巷子，此时他心中不免起疑心，正要询问时，女生以自己的手机没电为由，"借走"了黄某的手机。之后，黄某被带进一家有着大红色铁门的院子——也就是他被传销分子软禁了11天的地方。

黄某被带进大院子里的一个房间内，有一个微胖男人和一个矮胖女人很热情地招呼他，并帮他把背包卸下。黄某几次提及工作时，对方都把话题岔开，黄某开始怀疑，说要打电话，却被矮胖女人挑明电话被"借走"了。之后，矮胖女人问黄某知道"安利"不，黄某一听立马明白自己误入传销了。黄某按捺住紧张的心情，装傻地与犯罪分子周旋，五六分钟后，大门上锁了，从屋外冲进五六个壮汉，个个膀大腰圆。黄某意识到自己双拳难敌四手，就想借上厕所伺机溜走，不料被三个壮汉跟着。

黄某每天都被限制在房间里，24小时有人跟着，上厕所、洗澡也不例外。每天都有不同的人来和黄某聊天（实则通过聊天获取黄某更多的信息，尤其是寻找黄某的心理弱点，然后有针对性地制定他们对黄某的"洗脑"方案）。犯罪分子一方面经常用言语恐吓，暗示他们"当地有背景""有人脉"，想让他从心理上绝望，放弃求救；另一方面通过简陋的饮食（早餐：南瓜＋馒头；中餐：白水面条；晚餐：方便面）和游戏体罚，消耗新人尤其是男生的体力，防止他爬墙逃跑。

在接触不到外界任何信息的封闭压抑环境中，传销分子还通过讲故事、唱歌和所谓的"课程"对新人进行"洗脑"。刚被骗进传销团伙时，犯罪分子对黄某比较客气甚至比较热情，任何事情都会有人代劳，包括洗脸，洗脚、擦脚、换鞋等。但经过几天的"考察"，如果仍旧"顽固不化"的话，犯罪分子就开始凶相毕露了。第四天，黄某被带去与传销团伙中一名叫高某的"领导"谈话，因黄某一直未被洗脑，就先后被对方言语攻击、叫骂、指鼻子、扇耳光、强行将头摁入水中等。第八天,当传销团伙怀疑黄某与外界通风报信时,又对黄某实施了扇耳光、踹胸、抽皮带、针刺脖子、砖头砸手等暴力行为。且每次打完后,犯罪分子都要黄某清洗干净后才允许其回住宿处。

在被软禁的日子里,黄某一直在寻找逃脱的机会。院子的围墙有三米多高,上面还有电线,墙上凡是可以抓着的地方都被犯罪分子用水泥弄得光滑如镜,兼之,每天都有人监视,无法翻墙逃出。于是,他利用上厕所的机会观察地形,发现院子右边有一棵枣树,左边有一棵高大的榆树,上面还有许多成片的枯叶,他还通过影子与大门院墙的角度,判断出巷子的东西走向等,所有这些信息,他都利用犯罪分子要求他向亲友要钱的机会一点点透露出去。黄某的手机被"借走"后,就一直被传销分子控制着,不允许随便打电话,每次打电话都有好几个人看着,一个人帮拿手机,并打开免提,手指还按在挂机键上,一有不对马上挂断电话,并开始教训他。

由于黄某出门前留了个心眼儿,跟家里人对了暗号,打电话的时候,他先顾左右而言他,不经意地提起暗号,并将观察到的地理信息用方言一点点透露出去,家里人明白了他的处境之后立即报警。第十一天,公安机关根据这些线索找到了黄某所在的传销窝点,黄某被成功获救。

思考回顾

1. 高校侵财案件的主要形式有哪些?
2. 高校盗窃案件的多发时间与地点有哪些?
3. 财物被盗以后应该怎样积极应对?
4. 大学诈骗作案的主要特征有哪些?
5. 请简单列举常见的大学诈骗类型与防范措施。
6. 抢劫和抢夺如何定义?怎样区分?
7. 抢劫案件有着怎样的特点?
8. 请熟悉抢劫案件的一般规律。
9. 如何防范抢劫与抢夺案件?
10. 了解传销的基本性质与手段。
11. 大学生为何更容易陷入非法传销组织?
12. 非法传销组织主要通过哪些手段欺骗大学生?

第五章　大学生的交通安全

随着经济社会的快速发展，人们衣食住行的条件得到了巨大的提升。特别是"行"，人们的出行方式和出行条件发生了重大改变。同时由交通拥挤引发的交通安全问题也得到越来越多的关注，作为新时代的大学生，了解交通法律法规和高校校园内的交通特点，熟悉常见的交通安全标识，学会搭乘与驾驶交通工具，了解交通事故的危害以及掌握预防和处置方法至关重要。

校园交通一头连着师生民众，一头连着教育事业发展大局，领域广、危险因素多，安全既是交通发展的基本前提，也是根本保障。国家持续推进"平安交通"建设，出重拳、严监管，确保交通安全。然而交通安全直接牵涉学生自己的基本安全，更需要同学们准确了解、掌握安全常识。

交通安全是个人在出行时的安全保障，是一种不会发生交通事故的假设，同时指司机在开车时集中注意力，按照交通规则行事，防止由于个人的疏忽导致的交通意外。大学生交通安全主要指大学生在校园内和校园外的道路行走、乘坐交通工具时的人身安全。而行人、道路、车辆是造成交通事故的主要因素，因此，发生交通事故的概率是非常大的，甚至也会影响交通安全，也许只是一个不经意，就会发生交通事故，最后，就会落下残疾，甚至失去生命。

➡ 延伸阅读

提倡六大良好交通行为：

1. 提倡车辆礼让斑马线。
2. 按照正确秩序驾驶机动车。
3. 正确摆放机动车辆。
4. 正确使用车灯。
5. 行人/非机动车正确行驶道路。
6. 行人/非机动车过马路严格遵守交通规则。

抛弃六大交通陋习：

1. 自行改变、随意占用机动车车道。
2. 使用应急车道。
3. 开车玩手机。
4. 不重视安全带。
5. 不戴头盔驾驶、驾乘摩托车。

6. 行人过马路跨过隔栏。

禁止六大危险驾驶行为：

1. 酒后驾驶。

2. 行驶速度过快。

3. 驾驶时间过长。

4. 闯红灯。

5. 强行超车。

6. 乘坐人员过多等危险驾驶行为。

第一节　交通法律与法规

只要是在我国，所有的司机、行人、车辆等与交通活动相关的因素，都要按照我国的交通安全法来执行，尤其是大学生，在交通如此便利的今天，如果我们忽视了交通法规的重要性，则会导致个人生命、安全出现问题。因此，大学生要重视我国的交通安全法，并将其作为重要的学习内容。

我国制定了多个交通安全管理法律法规，主要有：《中华人民共和国交通安全法》《驾驶证申请流程与相关规定》《机动车登记流程与具体条例》《交通事故处理标准与相关规定》。制定这些法律法规的重要目的是为了创造良好的道路交通环境，防止交通事故的发生，为公民、个人合法权益提供基本保障，保证良好的通行环境。

一、法律相关规定

(一)《中华人民共和国道路交通安全法》

第二条 中华人民共和国境内的车辆驾驶人、行人、乘车人以及与道路交通活动有关的单位和个人，都应当遵守本法。

(二)《中华人民共和国道路交通安全法实施条例》

第七十条 驾驶自行车、电动自行车、三轮车在路段上横过机动车道，应当下车推行，有人行横道或者行人过街设施的，应当从人行横道或者行人过街设施通过；没有人行横道、没有行人过街设施或者不便使用行人过街设施的，在确认安全后直行通过。

因非机动车道被占用无法在本车道内行驶的非机动车，可以在受阻的路段借用相邻的机动车道行驶，并在驶过被占用路段后迅速驶回非机动车道。机动车遇此情况应当减速让行。

第七十二条 在道路上驾驶自行车、三轮车、电动自行车、残疾人机动轮椅车应当遵守下列规定：(一)驾驶自行车、三轮车必须年满 12 周岁；(二)驾驶电动自行车和残疾人机动轮椅车必须年满 16 周岁；(三)不得醉酒驾驶；(四)转弯前应当减速慢行，伸手示意，不得突然猛拐，超越前车时不得妨碍被超越的车辆行驶；(五)不得牵引、攀扶车辆或者被其他车辆牵引，不得双手离把或者手中持物；(六)不得扶身并行、互相追逐或者曲折竞驶；(七)不得在道路上骑独轮自行车或者2人以上骑行的自行车；(八)非下肢残疾的人不得驾驶残疾人机动轮椅车；(九)自行车、三轮车不得加装动力装置；(十)不得在道路上学习驾驶非机动车。

第七十四条 行人不得有下列行为：(一)在道路上使用滑板、旱冰鞋等滑行工具；(二)在车行道内坐卧、停留、嬉闹；(三)追车、抛物击车等妨碍道路交通安全的行为。

第七十五条 行人横过机动车道，应当从行人过街设施通过；没有行人过街设施的，应当从人行横道通过；没有人行横道的，应当观察来往车辆的情况，确认安全后直行通过，不得在车辆临近时突然加速横穿或者中途倒退、折返。

第七十六条 行人列队在道路上通行，每横列不得超过2人，但在已经实行交通管制的路段不受限制。

第七十七条 乘坐机动车应当遵守下列规定：(一)不得在机动车道上拦乘机动车；(二)在机动车道上不得从机动车左侧上下车；(三)开关车门不得妨碍其他车辆和行人通行；(四)机动车行驶中，不得干扰驾驶，不得将身体任何部分伸出车外，不得跳车；(五)乘坐两轮摩托车应当正向骑坐。

延伸阅读

为了更好地开展"讲文明树新风"活动，逐步提高公民的文明交通意识，了解交通规则的重要性，尽可能解决我国不遵守交通规则的问题，保证道路的正常行驶，有利于提升社会文明程度，使公民逐步提高自身的文明素养，相关部门针对这一问题制定了"文明交通行动计划"，而这一计划的实施规定为2010年到2012年。2013年12月2日是第二个全国交通安全宣传日。在全国范围内以"摒弃交通陋习，安全文明出行"为主题，开展了2013年全国交通安全宣传日主题活动。2014年4月12日是北京道路交通安全宣传日，主题是"文明交通不乱行不乱停"。

二、道路交通事故处理相关规定

(一)《中华人民共和国道路交通安全法》

第七十条 在道路上发生交通事故，车辆驾驶人应当立即停车，保护现场；造成人身伤亡的，车辆驾驶人应当立即抢救受伤人员，并迅速报告执勤的交通警察或者公安机关交通管理部门。因抢救受伤人员变动现场的，应当标明位置。乘车人、过往车辆驾驶人、过往行人应当予以协助。

……

第七十七条 车辆在道路以外通行时发生的事故，公安机关交通管理部门接到报案的，参照本法有关规定办理。

(二)《道路交通事故处理程序规定》

第十三条 发生死亡事故、伤人事故的，或者发生财产损失事故且有下列情形之一的，当事人应当保护现场并立即报警：(一)驾驶人无有效机动车驾驶证或者驾驶的机动车与驾驶证载明的准驾车型不符的；（二）驾驶人有饮酒、服用国家管制的精神药品或者麻醉药品嫌疑的；（三）驾驶人有从事校车业务或者旅客运输，严重超过额定乘员载客，或者严重超过规定时速行驶嫌疑的；（四）机动车无号牌或者使用伪造、变造的号牌的；（五）当事人不能自行移动车辆的；（六）一方当事人离开现场的；（七）有证据证明事故是由一方故意造成的。

　　驾驶人必须在确保安全的原则下，立即组织车上人员疏散到路外安全地点，避免发生次生事故。驾驶人已因道路交通事故死亡或者受伤无法行动的，车上其他人员应当自行组织疏散。

　　第十九条 机动车与机动车、机动车与非机动车发生财产损失事故，当事人应当在确保安全的原则下，采取现场拍照或者标划事故车辆现场位置等方式固定证据后，立即撤离现场，将车辆移至不妨碍交通的地点，再协商处理损害赔偿事宜，但有本规定第十三条第一款情形的除外。

　　非机动车与非机动车或者行人发生财产损失事故，当事人应当先撤离现场，再协商处理损害赔偿事宜。

　　对应当自行撤离现场而未撤离的，交通警察应当责令当事人撤离现场；造成交通堵塞的，对驾驶人处以 200 元罚款。

　　第二十条 发生可以自行协商处理的财产损失事故，当事人可以通过互联网在线自行协商处理；当事人对事实及成因有争议的，可以通过互联网共同申请公安机关交通管理部门在线确定当事人的责任。

　　当事人报警的，交通警察、警务辅助人员可以指导当事人自行协商处理。当事人要求交通警察到场处理的，应当指派交通警察到现场调查处理。

　　第二十一条 当事人自行协商达成协议的，制作道路交通事故自行协商协议书，并共同签名。道路交通事故自行协商协议书应当载明事故发生的时间、地点、天气、当事人姓名、驾驶证号或者身份证号、联系方式、机动车种类和号牌号码、保险公司、保险凭证号、事故形态、碰撞部位、当事人的责任等内容。

➦ 延伸阅读

　　在国外，如果出现司机不遵守交通规则的问题，各国的处罚措施也各不相同，甚至让人觉得好笑。

　　第一，送幼儿园。

　　在巴西的圣保罗市，如果出现司机违反交通规则的现象，则会安排其进入幼儿园上学，与小朋友们共同玩耍，在虚拟的公路以及交通线路上玩驾驶儿童玩具汽车的游戏，在孩子们的嘲笑和指责中，反思自己的过错。

　　第二，剃光头。

　　在印度尼西亚，如果出现司机违反交通规则的问题，首先对其罚款，然后吊销执照，最后再剃光头发，防止司机们再违反交通规则，这一做法对司机起到了很大的警示作用，司机们今后只能根据规则行事。

第三，当护士。

在美国，如果司机出现违反交通规则的现象，首先安排其当一回护士，最后分配到医院病房，照顾发生交通意外的受害者。整天看着这些发生交通事故的受害者，司机就会反思自己的行为，在以后的开车过程中也会更加小心。

第四，看电影。

在哥伦比亚，司机违反交通规则之后必须要观看一次电影。如果司机出现违规驾驶的问题，就被请进一个内部电影院，观看一部让人震惊的交通意外事故电影。通过这些可怕的画面，引起司机的反思，并认识到交通意外事故的严重后果。

第五，忏悔十年。

在美国的得克萨斯州，如果因司机造成的交通事故导致人死亡，每个周日，就要给以受害人命名的基金会捐赠10美元，10年期限；同时，在受害者的每个祭日，司机还要亲自扫墓，反思自己的过错；在10年惩戒期内的每个月，司机要选择一整天的时间，去自己酗酒的酒吧里，举着喝酒驾车造成事故的牌子，告诫司机们千万不可以酒后驾车，除了这些，司机还需要将十字架以及纪念物品放在交通事故地点，在10年惩戒期内每三个月要为交通警察提供一天帮助，疏导交通。

第六，幽默邮票。

在德国市场流通的交通事故邮票上，将酒瓶、酒杯与轿车形成鲜明的对比，前者摆放清楚，而后者四轮朝天、面目全非，用简单的构图反映了喝酒驾车的危害；而法国市场上的交通安全邮票构图为，司机喝得烂醉之后无法辨别方向，最后意外地撞到了巨大的酒瓶上，用这一夸张的方式鲜明地展现邮票主题：喝酒开车的危害，让司机们得到警醒；在德国市场上的反对驾车的邮票上，酒杯、开车的司机、救护车几个要素有机地结合在一起，给人警醒的感觉，并为之震惊；在匈牙利发布的反对喝酒的邮票构图为，一只大手紧紧地抓住一只准备拿酒杯的手，采用速写的方法反映出这些信息：喝酒与生命，自行选择！

第二节 搭乘与驾驶交通工具的注意事项

一、搭乘交通工具的注意事项

(一)搭乘交通工具常识

第一，禁止在机动车道上拦乘出租车，"打车"必须站在人行道；乘坐公共交通工具，应根据相关提示地点依次候车，等到车停好之后，按照先下后上的次序上车。

第二，在机动车道上禁止从机动车左侧上下车；二是开关车门，不得影响其他车辆的正常行驶或是行人通行。

第三，在知道驾驶人喝酒，或是身体状态不佳不宜驾驶的情况，应禁止乘坐并提醒驾驶人停止驾驶。

第四，在乘坐机动车时，所有人员都要按规定使用安全带。

第五，乘坐货运机动车时，禁止站立或者坐在车厢栏板上。

第六，乘坐二轮摩托车时，禁止反向骑坐，所有人员都要戴安全头盔。

第七，禁止搭乘以下车辆：小型摩托车、电动车；非陪护人员禁止搭乘残疾人机动轮椅车。

有案可稽

2013年8月2日上午，一辆载有22人的温州旅游大巴在开往金华的路上，因错过岔路口竟然在高速公路上倒车，导致尾随的半挂货车追尾，事故造成货车司机当场死亡，23人受伤。由于司机以及许多乘客没有系上安全带，甚至有乘客起立在车内行走，因此，当车祸发生的时候，有部分乘客瞬间被高速翻滚的客车甩出窗外，身受重伤。而通过车内监控视频发现，坐在大巴车第三排的王女士因为系紧了安全带，不仅毫发无损，还在车祸发生的第一时间就能够起身救助伤者。她在倒车时也曾不断地呼吁"别倒车"，还特别注意护住了头部。可以说，强烈的安全意识和正确的安全行为确保了王女士在车祸中的人身安全。倘若车内司机和乘客都能像王女士一样随时绷紧安全之弦，摒除侥幸心理，那么这场车祸原本是可以避免的。

(二)不宜乘坐飞机人群

第一，传染性疾病患者。患这类病的人，在隔离期没有完全结束之前，不得乘坐飞机。其中，水痘病人患病没有正常恢复，也不得乘坐飞机。

第二，精神病患者。由于航空空气质量不佳容易诱发疾病急性发作，因此不宜乘坐飞机。

第三，心血管疾病患者。由于空中氧气质量不佳，会导致心血管病人疾病病情加重，尤其是心功能不正常、心肌氧气不足的病人，一般情况下禁止乘飞机。

第四，脑血管病人。患有这些疾病的人，受飞机起降声音或是氧气的变化的影响，也会容易造成身体不适，因此不得乘飞机。

第五，呼吸系统疾病患者。这类疾病的患者，由于无法适应环境变化，存在气胸、肺大泡等，也会由于气体发生变化导致病变。

第六，刚完成胃肠手术的病人，在一般情况下，如果做完手术的时间尚未超过10天，应禁止乘坐飞机。而消化道出血病人要在身体恢复三周之后才能乘飞机。

第七，贫血严重的病人。血红蛋白量不超过50克/升的病人，无法正常乘坐飞机。

第八，耳鼻疾病患者。做手术时间不长，或是耳鼻有急性渗出性炎症的病人，不能进行空中飞行。

第九，将要生产的孕妇。空中气压变化较快，从而导致胎儿无法正常分娩，甚至是妊娠35周后的孕妇，也不能乘坐飞机。

(三)乘坐交通工具安全规定

第一，禁止携带易燃易爆等危险品。这些危险品主要指容易引起爆炸，或是具有放射性物质的物品。在生产运输的环节，由于对物品的使用操作不当，就会导致严重后果，轻者引起物品损毁，严重地会造成人身损害。易燃物品有以下几个组成部分：易燃固体（包含的化学物质为硫黄）、易燃液体（包括油类相关的物质，如汽油、煤油等）、容易燃烧的气体（如液化石油气）、能够自行燃烧的物品（主要指油制品，还有黄磷）、遇水就能够瞬间燃烧的物品（包含的化学物质为金属钠、铝粉）。易爆物品主要包括：在兵器工业领域应用广泛的火药、在工厂当中得到广泛应用的产品、核能物资等。

第二，禁止向车外扔东西。在驾驶过程中，如果出现向车外扔东西的现象，会对后面行驶车辆视线造成很大影响，甚至很容易出现交通问题，人身安全无法保障。因而乘车人在乘坐交通工具的过程中，应尽量遵守交通规则，文明乘车，提高个人素质，禁止向车外抛洒物品。

第三，禁止出现将身体探出车外的行为。乘车人如果将身体探出车外，则会导致人身安全受到伤害，尤其是在行驶速度较快的道路上，两个车道的车辆距离过近，而如果乘车人经常将身体探出车外，就会影响人身安全。但在一些特定的条件下，乘车人可以将身体探出车外。如果出现如转向灯、刹车无法显示的情况，乘车人打招呼，为驾驶员提供帮助，但要在能够保证安全的前提下进行。

第四，禁止乘坐人与驾驶人交谈。开车过程中与驾驶人交谈会分散驾驶人的注意力，也无法及时解决突发性问题。但在一些特定的条件下可以交谈，如乘坐人能够为驾驶人提供一些帮助，使驾驶人更好地认清路标等。与乘坐人适当交谈也能够减轻驾驶人的疲劳，这对于长途驾驶而言至关重要。但首先要考虑具体情况，应在遵守交通规则的前提下适当地与驾驶人交谈。

第五，上下车不等到车停好，甚至没有按照顺序上下车。这也是乘车人需要重视的基本问题，如果忽视了这个细节，则会使交通事故发生概率增加，尤其是乘坐公共交通工具，如果上车时不注意也容易出问题。因而乘车人需要耐心地等车停好再上去，且要按顺序上车，尽可能减少交通事故的发生。

二、驾驶交通工具的注意事项

（一）驾驶机动车注意事项

1. 出车前准备

应该对油（汽油、机油）、水（电瓶、水箱水）、电（车灯、喇叭）、制动和轮胎进行检查。

2. 开车注意事项

新手上路应该做到：放松，杜绝恐惧心理，听从陪练指令，领悟所学动作要领，集中精神，轻松把握方向盘，准确快速换挡。起步过程中，左脚应该慢速抬起，如果发动机声音发生改变或感觉到车辆轻微颤动，就可以用右脚慢慢踩下油门踏板，同时松开离合踏板，禁止猛踩猛抬。并线过程中要注意观察路面情况，确认行车安全之后才能够并线，不可强行并线。转弯或者掉头行驶过程中要减速换挡，让直行车先行，不可抢行。倒车入库过程中要观察四周，避免碰撞。

3. 收车注意事项

将车辆停入车位，关闭好车窗、车门。

⮌ 延伸阅读

新手上路驾驶技巧十大法则：

你作为一名菜鸟司机，在拥有了一辆汽车之后往往要经过几个月的磨合期，才能对开车过程中出现的许多突发情况进行有效应对。作为新手，当你手握方向盘准备正式上路时，要注意哪些重点事项呢？

第一，行车过程中要保持心情轻松。

新手的一个共同特点是在开车过程中容易紧张或分神，尤其是在进入闹市区时，过多的车辆会让新手心生紧张情绪。这时，就需要司机及时调整心态，尽可能放松心情，避免因为心情过度紧张而导致意外事故发生，在开车或停车等过程中要通过反光镜仔细观察车况。而且在开车过程中要少受其他车辆催行喇叭影响，做到慢点火、稳起步。

第二，行车过程中要慢点开、稳点开。

新手在刚拥有车辆后往往会开快车，特别是当进入某些车辆偏少的郊区公路时，因为车少人少，这时为了追求刺激感可能会提高车速，在这个过程中新手会体验出前所未有的兴奋感，这些新手往往会存在一种认识上的错误，认为开得越快就代表车技越好。事实上这是错误的，无论道路上车多还是车少，都要控制好车速，特别是对新手来说，由于其对于许多突发情况都难以有效应对，所以一旦把车开得过快，如果前面路面上出现较大石块或出现小动物等均可能导致一些事故发生。为此，作为一名新司机，应尽可能把行车速度控制好。

第三，要把预防工作做在前。

新司机在驾驶车辆过程中，要提前预想好前方路况可能发生的事情。例如，在转弯过程中可能会在看不见的位置突然出现某个行人；当经过十字马路时可能会有行人或车辆窜出；前面车辆不知为何出现急刹车等。基于对上述情况的预想，新司机可以提前做好应对措施，同时还应将车速尽可能保持在一个可控范围内，以有效预防不可知风险的发生。

第四，变道行驶时切记不要过于着急。

在变道行驶过程中即便后面没有车辆，这时也要按照具体要求进行缓慢变线。从操作步骤来看，首先是要打转向灯，然后观察后视镜，并进入某一条车道，驶入道路中间，随后再边观察后视镜边缓缓进入另一条车道，并打回转向灯。这种做法可以有效避免视觉死角的出现，避免事故的发生。

第五，选道在先并预先做好准备。

在驾车过程中要走哪条路线要提前规划好，不要随便变道，以免给自己及他人驾驶带来不便及不安全因素。当到达某一路口时，要事先选好行驶道路，通常来说在离路口大约200米距离的方向一般都会有线路提示牌，而且地上车道一般也会有具体标识，要根据这些提示提前做好变道，以免发生实线内变道的情况。

第六，一看、二慢、三停、四通。

如果汽车行驶在双向且只有两条车道的路上，这时司机发现在自己向前行驶的方向上，路边停有某辆车，而且迎面来了另一辆车。假如你正打算超过路边车时，突然前面出现某个行人或自行车，使得原本就拥挤的路面显得更小。在这种情况下，司机要在距离路边车 3 米距离时就停下，让对面驶来的车或自行车等先行通过。

第七，驾驶过程中要注意力集中。

不管是新手还是老司机，在驾驶过程中都要形成良好的驾车习惯。在行车过程中，司机要保持双手不离开方向盘，一些人认为自己驾驶技术过关，有时会边开车边干其他事情，在这个过程中会将双手脱离方向盘。但往往就是在这一瞬间，事故就发生了。

第八，在过没有红绿灯的路口时要慢行等待。

对于部分没有安装红绿灯却设置了主辅路标志的路口，新手在驾车过程中假如位于辅路，需等主路上全部车辆行驶离开后再穿行。如果主路车流量比较多，则要慢行等待，不要以侥幸心理横冲直撞。有许多新手，看到主路来车距离较近时还是会选择加速穿过，这种情况极易导致事故发生。

第九，下坡时要尽可能不使用空挡。

新手在下坡行驶过程中要杜绝空挡滑行，这主要是由于当汽车处于空挡时就表示发动机迁阻制动机制不正常运行，一旦刹车时间较长，则会产生过热现象，不但会导致刹车效率有所下降，严重时还会失灵。

第十，牢记安全驾驶观念。

如何评价一个人的驾驶技术好不好？我们认为，好的驾驶技术并不是说要像出租车老司机那样能够快速超车、钻缝等，而是要在具备较高行车技术的同时把握好车速，要使车辆最大限度保持平稳，让乘车人感到安全舒适，同时严格遵守相关交通法则。

(二)驾驶非机动车的注意事项

如果骑单车、三轮车或者电动车等交通工具出行，也要遵守下述交通法规，注意交通安全。

第一，应该走非机动车道。

第二，如果道路中没有具体划分中心线、机动车和非机动车道，应该靠右行驶。

第三，应该保证车铃、车闸以及反射器均有效。

第四，三轮车和单车不得改装机械动力装置。

第五，儿童不足 12 岁者不得在道路上骑三轮和单车。

第六，驶入大中城市市区或者人流车流较大的道路中时，单车载物高度距离地面最大1.5 米，宽度最多比车把宽 15 厘米长度，前方最多与前轮齐平，后方最多超出车身 30厘米。

第七，单车骑行转弯之前应该减速，同时瞭望后方并伸手示意拐弯方向，不可突然猛拐。

第八，超车应该保证被超车辆正常行驶。

第九，横穿超过四条机动车道，上坡或者车闸失灵时，应该下车推行；且下车之前应该上下摆手示意，不得对后方车辆正常行驶造成阻碍。

第十，不得双手离把行使，攀扶车辆行驶或者手中拿物骑车。

第十一，车辆之间不得相互牵引。

第十二，与友人同路骑行时，不得并行、追逐或者竞驶。

第十三，大中城市市区不允许带人，但是对于学龄前儿童则各地有不同规定，应该遵守当地规定。

第十四，不允许在道路上学骑车。

第十五，骑车过程中要坐在坐垫上。

第十六，不可逆向推行。

应该根据车管所规定，定期接受车辆检验，未按时接受检验或者未通过检验者不得上路。

交通法是每个人生命保证的基本法律。无视交通法，将骑车视作儿戏，也就是将自己的生命视为儿戏。骑车上路严守交通法，必然能够有效提高上路安全系数。

延伸阅读

骑自行车时的"三要三不要"：

三要：一要结伴而行；二要保持注意力集中；三要尽量靠边行驶。

三不要：一不要抢路，特别是千万不要和汽车抢路，以避免事故发生；二不要逞强，如上坡时使劲蹬车使自行车车链断裂，下坡时不用捏闸或捏闸过猛导致事故发生；三不要在晚上或恶劣天气情况下骑车。

有案可稽

2011年4月的一个雨夜，武汉某大学一名年仅20岁的大二学生高某，骑单车回宿舍，途中经过操场西路下坡路时，高某并未减速反而一路飞驰，结果迎面撞上了一名奔跑的男生。对方后仰倒地，头部着地血流不止，当场昏迷。高某与路过的其他学生连忙将其送去医院，对方罹患急性颅脑损伤，五天之后不治身亡。

同年3月31日，武汉某学院的夏某，骑单车载着同学沿着磨山公园内西南侧陡坡滑行，撞倒了一位外地游客杨某，双方均当场昏迷。游客所在旅行团导游立刻报警，随后警察开道将两人紧急送去医院，可惜杨某被撞时头部着地，导致弥漫性脑挫裂伤，颅底、右枕骨两处骨折、右肺挫裂伤，随后引发多器官功能不全，抢救111天之后，因呼吸循环衰竭死亡。

上述两起案例肇事者均为在校大学生，所驾驶的交通工具也都是看上去"危害不大"的自行车，但由于在下坡路段继续滑行而没有采取减速制动措施，对有可能突发的状况预估不足，造成了难以挽回的后果，高某与夏某均被判刑并对逝者家属进行了高额赔偿，他们为自己草率鲁莽的行为付出了沉重的代价。

第三节　交通事故的预防和处置

交通包括道路交通、铁路交通、水路交通、航空航天交通等。本书所说的交通事故主要是指道路交通事故。根据《中华人民共和国道路交通安全法》第一百一十九条第五款规定："'交通事故'，是指车辆在道路上因过错或者意外造成的人身伤亡或者财产损失的事件。"车辆包括机动车和非机动车，机动车中有各类汽车、摩托车和拖拉机等，是用发动机或电动马达驱动的车辆。非机动车中有畜力车和自行车等。道路也就是街道、公路、里巷、胡同、停车场或者广场等专供公众通行的地方。供车辆的道路是车行道，行人的道路是人行道。和道路连接的隧道、桥梁、轮渡、电梯等均包含在"道路"内，是其附属设施。

一、交通事故的危害

根据统计资料可知，全球每年约有 50 万人死于道路交通事故，因此受伤者达上千万人，交通事故造成的经济损失相当于国民经济生产总值的 1‰～25‰。我国的情况也不容乐观，每年死亡 9 万人左右，平均每天死亡 250 多人，相当于每天坠毁一架大型客机。损失之大，不言而喻。

陆上交通事故较多，据世界卫生组织统计，全世界每年在公路上死于各种车辆事故者约有 70 万人，约有 1500 万人受伤，可谓"车祸猛于虎"。

所有车辆(含机动车、非机动车)进入道路(包括公路以及城市道路)行驶或者停放时，出现剐擦、碰撞、翻覆、碾压、坠落以及起火甚至爆炸，导致人员或财产损失的所有事故，皆为道路交通事故。根据事故的严重性，可将其分成下述几类。

第一，特大事故(下述任一现象发生)。

①一次致死超过 3 人。

②一次重伤超过 11 人。

③致死 1 人并重伤超过 8 人。

④致死 2 人并重伤超过 5 人。

⑤财产损失超过 6 万元。

第二，重大事故(下述任一现象发生)。

①一次致死不超过 2 人。

②重伤超过 3 人不足 10 人。

③财产损失超过 3 万元不足 6 万元。

第三，一般事故(下述任一现象发生)。

①一次造成重伤 1～2 人。

②轻伤超过 3 人。

③财产损失不足 3 万元。

第四，轻微事故(下述任一现象发生)。

①一次造成轻伤 1～2 人。

②机动车事故造成财产损失低于 1000 元，非机动车事故造成财产损失低于 200 元。

中国每年发生交通事故约 50 万起，因交通事故死亡的人数均超过 10 万人，相当于一个小型县。据不完全统计，我国每 5 分钟就会有一人死于交通事故，每 1 分钟都会有人由于交通事故而导致伤残现象发生，每年由交通事故发生而带来的经济损失规模超过百亿元。随着我国居民汽车保有量的增加，交通安全形势更加严峻，事故发生频次进一步增加，人员伤亡和财产损失惨重，因交通事故造成的死亡人数占各种事故的90%以上，其对人类的危害已远远超过了地震、洪水、火灾这些可怕的灾难。随着改革开放政策的不断深入，经济快速发展，机动车辆迅猛增加，交通条件有限及持续增长的交通流量间的矛盾不断扩大。虽然我国为了改善交通事故危害做了多方努力，但由于受安全法律意识薄弱及事故防范能力较低等因素的影响，使得道路交通安全现状仍面临严峻挑战。

(一)超载超限驾驶的危害

货运车超载超限的危害性很大，主要体现在：承载了大量超出桥梁和公路设计运输标准的车辆，造成桥梁和公路严重受损，使用年限度缩短；超载超限运输车辆行驶，致使车辆制动、转向等性能降低，车辆部件磨损加剧，缩短了车辆寿命，严重影响了交通安全；超载超限运输严重扰乱运输市场秩序，引起恶性竞争；超载超限运输扰乱了国家养路费和路桥收费政策，造成了新的不公平；车辆超载严重污染大气环境。

(二)超速行驶的危害

首先，反应距离延长。驾驶人行车过程中不但要结合感知材料，同时还要结合其经验对问题进行认真分析。行车过程中如果遇到意外，即使快速处理也会需要几秒钟进行判断，而许多事故就是在这几秒钟发生的。其次，视野变窄。驾驶者的视野随车速变化，车速为40千米时，驾驶者能够看清前方200米的物体，如果车速提高到100千米时，驾驶员只能看清前方160米的物体，也就是说随着速度的提高，驾驶员的视野、视力会下降，因此可能会由于无法及时看清前方突发情况而不能及时减速规避。再次，恶化事故。速度过快情况下发生的交通事故会更加严重。最后，会增大制动距离。由于物体惯性力与车速呈正比，所以车速越快，制动距离越长，事故也更有可能发生。超速还会影响驾驶稳定性，特别是在弯道行驶过程中，由于存在离心力，车辆极易倾斜或侧滑。如果离心力太大将致使车辆失控、侧翻。

有案可稽

2009年5月7日，杭州青年胡某驾驶跑车在闹市区公路上超速行驶，遇人行横道没有避让和减速，撞飞横过马路的浙江某大学毕业生谭某，致谭某当场死亡，遇害者谭某只有25岁。据其同事和同学反映，谭某在大学就读期间和走上工作岗位后的表现都非常优异，而且在和女友安排结婚事宜。这起交通案件在社会上引起了很大关注，闹市区改装车飙车屡屡再现、肇事车有"前科"却"风采依然"、肇事者"富二代"身份的质疑及其满不在乎地想花钱摆平的态度……种种细节成为民众对忽视交通安全的行为不满情绪的聚合点，从而引发杭州乃至全国人民的质疑与愤怒，也让杭州从政府到司机再到行人重新审视道路交通秩序与伦理。

(三)酒驾的危害

酒后驾车一般指的是在喝酒后8小时或醉酒后24小时之内驾驶车辆。有数据表明，酒后开车事故发生的可能性为正常开车状态下的15倍，我国有大约30%左右的道路交通事故是因为酒后驾车导致的，有 59％的驾驶员死亡和饮酒有关，可见酒后驾车的危害性极大。具体来讲，酒后驾车会对驾驶员造成下述影响。

1. 触觉能力有所下降

酒精所带来的麻醉作用，往往会使人四肢的触觉变得不太敏感，从而在对油门、刹车及方向盘等的控制中出现失误。

2. 判断及操作能力明显下降

人在喝酒后会对光、声等外界刺激的反应放缓，与此同时，其本能反射动作所需要的时间也会有所延长，而眼睛等感觉器官与手脚等运动器官的配合性会明显下降。所以，这些因素使其难以有效判断行车距离与速度。

3. 视觉障碍

喝酒之后可能会让视力在一定程度上受到影响，如出现视像不稳或辨色能力降低等现象，这就会使其对于交通信号及道路标识等无法进行正确辨识。此外，喝酒之后人的视野会变小且视像会出现模糊，这使得其会将注意力放在眼睛前方的目标物上，而对于处于视野边缘区域的危险则无法及时发现，从而容易导致事故发生。

4. 心理变态

人们喝酒后往往会在酒精的影响下，做出某些非常规举动，此时他们过于高估自身的能力，对他人的告诫置之不理，从而做出一些异常之事。

5. 疲劳

饮酒后更容易产生困倦感，有科学表明，驾驶员如果没有饮酒，其一旦发现前面路面存在危险现象，从眼睛看到到踩制动器这一过程往往只需要 0.75 秒，但如果喝酒则这一过程所需要时间要增加 2～3 倍，而且相同速度下行驶中所需要的制动距离也会进一步增加，这使得事故发生的可能性明显增加。此外，也有研究表明，如果驾驶人处于微醉状，其发生事故的可能性要高于正常人 16 倍。因此，饮酒驾车，尤其是醉酒驾车，其对交通安全有着较大危害。

(四)疲劳驾驶的危害

疲劳驾驶一般指的是驾驶人在经过较长时间连续驾车后，无论是在生理上还是在心理上均会出现机能失调，从而导致其驾驶技能及应急能力的下降。通常来说，如果驾驶人睡眠不足再加上长时间连续开车就会产生疲劳。

如果在明显感到疲劳后还继续开车，就会出现困倦瞌睡，且四肢无力、注意力难以集中、判断力降低等现象，情况严重时还会产生精神恍惚等情况，在驾车操作过程中则主要表现为动作缓慢或误操作，从而导致交通故事发生。所以，疲劳驾驶万万要不得。

二、高校校园内的交通特点

高校校园交通是以校内师生为主体的交通活动，主要具有下述特点。

(一)校园内机动车和非机动车出入通行数量增加显著

国内高校规模连年扩张，校园教学资源逐步社会化，科研和教学工作快速发展，学校和外界合作、交流变得更加频繁，高校出入的车辆和人员急剧增多，校园内的交通安全事故明显增多。根据 2014 年 5 月 11 日北京师范大学白天 12 小时的统计,在大约 800 亩的校园面积内,机动车出入频率高达 7 辆次/分钟(总共超过 5000 次),校内有至少 6000 辆单车。

(二)校园内机动车保有量持续增长

随着高校的发展和教职员工生活水平的提高,校园内机动车的保有量不断增加。以北京师范大学为例,在大约 800 亩的校园面积内,办理车证数量约 4000 个。停车位严重不足,使得机动车不得不停放在道路两侧或便道上。再加上非机动车乱停放现象比较严重,使得本来就比较狭窄的道路更拥挤,通行能力明显下降,从而进一步增加了交通事故发生的可能性。

(三)校园内交通方式增加

学生除了步行、骑单车之外,还有不少人选择了机动车,再加上后勤人员和校外人员常用到电动车、摩托车、三轮车或其他运输货车,以及校内观光和集体活动的巴士车进入校园,导致高校内交通变得更加复杂。

(四)道路网分割校园空间

当初校园道路网在设计过程中充分结合高校校园各功能区划分特点进行规划,其主要目的是为了让不同功能区分区联系更方便,从而基本形成了围绕南北或东西两条主干道的道路结构。但这种道路网导致车行道会穿过教学区,这样,一方面增加了机动车行驶噪声,另一方面也带来了更多交通隐患。此类校园交通布局没有避免教学区内部的车行交通。

(五)道路狭窄

校园内并没有根据机车类型对道路进行明确划分,从而导致机动车、非机动车、行人等在同一道路上出行,使道路交通安全存在较大隐患。北京高校校园面积普遍偏小,高校内的道路设计本身存在一定缺陷,路面设计普遍较窄,两侧通常有多条较宽的岔道口。

(六)道路设置缺乏针对性

高校校园的道路设置布局参照城市道路设置方式,所有道路采用人车混行方式,以车行道为主,步行道在其外缘,依附于车行道。车行道承担了过多的交通功能,步行者、非机动车驾驶者变成了弱势群体。因为规划设计存在缺陷,所以校园主干道两侧多为建筑物或者运动场,上下课(班)、就餐、赛事、培训、会议或者文体活动时,人员大量集中在某个区域,极易引发交通事故。

三、交通事故的预防

(一)驾驶员预防交通事故

交通事故的发生其本质在于人、车、路、环境四个要素间的平衡性不足。通常来讲,驾驶员是交通事故发生的主因,有统计资料证明,驾驶员在交通事故中负直接责任的占比高达 70%,乘车人和行人负直接责任的占比仅为 20%。驾驶员应该做到下述要求,才能够预防交通事故。

1. 不超速

超速行驶可能影响车辆驾驶稳定性，延长制动距离，扩大车辆制动非安全区；高速行驶的情况下转弯，极易引发翻车；超速行驶也会使正常交通秩序受到影响，过短的时间往往使驾驶员在遇到险情时难以做出正确判断，只有有效控制车速才能够有效预防事故。

2. 不违章

在驾车过程中没有遵守交通规章进行超车、抢行；在转弯过程中不降速、不鸣喇叭，不按要求在规定地点停放车辆；不根据具体要求进行装载；由没有驾驶本的人开车或酒后开车等，都是造成事故乃至车祸的重要原因。

3. 精力集中

有时受心情或生理等因素影响，会使得驾驶人在驾驶过程中心烦意乱，且精力不集中；在驾驶过程中听音乐，与其他人进行聊天使注意力分散；过度疲劳驾车；对自己驾车技术过度自信而麻痹大意……这些都是驾驶人应该注意的。

4. 提升驾驶水平

许多司机驾驶时间较短，且技术不熟悉不过关，再加上驾驶经验较少；如果不了解车辆和道路状况，一旦发生险情就会慌张无措，很容易进行错误操作。司机应不断熟悉汽车性能，努力提高个人驾驶技术，避免盲目自信，过早上路。

5. 定期检修车辆

车辆经过长期驾驶往往会存在许多问题，如制动受损、转身装置出现问题等，以及车轮、灯光、喇叭、仪表等也或多或少出现毛病；特别是存在漏油、漏气、漏水等情况时，会导致车辆技术性能受到损伤，增加安全隐患。定期检修机动车辆能有效降低车辆故障率，保障行车安全。

6. 对道路及环境状况要及时观察

如果道路状况不佳，如路面附着条件不好，或者存在道路线形、视距、车道宽度等没有达到相关规定的情况；路基过于松软；路面坡度太大且视线距离不好；交通标志及有关安全设施不完善；受天气影响出现雨雾、风沙等使能见度受影响；在高原等特殊地区驾驶人容易出现疲倦感，而在闹市区驾驶人注意力容易受影响；部分遮挡物的存在形成驾驶盲区。这些客观条件同样是引起交通事故的重要原因，也需要驾驶员予以高度注意。

(二)行人预防交通事故

大多数大学生更多地是以行人的面貌出现在公共交通环境之中。行人是道路上的弱势群体，相对于驾驶员更容易在交通事故中受到伤害，因此，行人自身注意交通安全也是非常关键的。

行人在自觉遵守交通法的同时应进一步提升自我保护意识，以预防意外交通事故的发生。怎样才能有效预防交通事故呢？

第一，有人行道时要在其范围内进行活动，如果没有人行道则应尽量靠边行走。

第二，在过压马路时要认真观察交通信号灯或按照交通民警指挥来通过。在通过有信号灯的路口时，要做到红灯停、绿灯行；当经过没有交通信号灯的路口时更要对来往车辆进行仔细观察。

第三，要避免在道路上进行随意玩耍或做出其他有碍交通安全的行为；严禁钻越、跨越人行护栏等隔离设施。

延伸阅读

行人注意交通安全的"五不能"：

不能在道路中间自行拦车、追车，不能随便向行驶车辆乱扔东西。

不能在道路中使用滑板、旱冰鞋等作为行驶工具。

不能在道路上随意玩耍或做出其他有碍交通安全的行为。

不能钻越、跨越人行护栏等隔离设施。

不能随意进入内外环路或高速公路、高架道路等。

四、交通事故的处理

(一)法律规定

交通事故处理是车辆在道路上因过错或者意外造成的人身伤亡或者财产损失事件的处理。交通事故处理的依据主要是我国现行的《中华人民共和国道路交通安全法》与《中华人民共和国道路交通安全法实施条例》两部法律法规。

按照《道路交通事故处理程序规定》要求，在处理交通事故时可以采取自行协商和简易程序两种方法。

根据我国《中华人民共和国道路交通安全法》第七十条的内容要求：在道路上发生交通事故，车辆驾驶人应当立即停车，保护现场；造成人身伤亡的，车辆驾驶人应当立即抢救受伤人员，并迅速报告执勤的交通警察或者公安机关交通管理部门。因抢救受伤人员变动现场的，应当标明位置。乘车人、过往车辆驾驶人、过往行人应当予以协助。在道路上发生交通事故，未造成人身伤亡，当事人对事实及成因无争议的，可以即行撤离现场，恢复交通，自行协商处理损害赔偿事宜；不即行撤离现场的，应当迅速报告执勤的交通警察或者公安机关交通管理部门。在道路上发生交通事故，仅造成轻微财产损失，并且基本事实清楚的，当事人应当先撤离现场再进行协商处理。

我国《道路交通事故处理程序规定》第二十四条明确指出：交通警察适用简易程序处理道路交通事故时，应当在固定现场证据后，责令当事人撤离现场，恢复交通。拒不撤离现场的，予以强制撤离。当事人无法及时移动车辆影响通行和交通安全的，交通警察应当将车辆移至不妨碍交通的地点。具有本规定第十三条第一款第一项、第二项情形之一的，按照《中华人民共和国道路交通安全法实施条例》第一百零四条规定处理。撤离现场后，交通警察应当根据现场固定的证据和当事人、证人陈述等，认定并记录道路交通事故发生的时间、地点、天气、当事人姓名、驾驶证号或者身份证号、联系方式、机动车种类和号牌号码、保险公司、保险凭证号、道路交通事故形态、碰撞部位等，并根据本规定第六十条确定当事人的责任，当场制作道路交通事故认定书。不具备当场制作条件的，交通警察应当在三日内制作道路交通事故认定书。道路交通事故认定书应当由当事人签名，并现场送达当事人。当事人拒绝签名或者接收的，交通警察应当在道路交通事故认定书上注明情况。

我国《道路交通事故处理程序规定》第二十五条明确指出：当事人共同请求调解的，交通警察应当当场进行调解，并在道路交通事故认定书上记录调解结果，由当事人签名，送达当事人。

我国《道路交通事故处理程序规定》第二十六条明确指出：有下列情形之一的，不适用调解，交通警察可以在道路交通事故认定书上载明有关情况后，将道路交通事故认定书送达当事人：（一）当事人对道路交通事故认定有异议的；（二）当事人拒绝在道路交通事故认定书上签名的；（三）当事人不同意调解的。

(二)处理流程

当交通事故发生后，应遵照如下流程进行具体处理。

1. 马上停车

将车辆停好后及时切断电源并打开危险报警闪光灯。如果事故发生在晚上，还应及时打开宽灯、尾灯、危险报警闪光灯。如果事故发生在高速公路上，则应在车辆后面放置危险警告标识。

2. 立即报案

当事人如果可以自行报案则可以打122或110等报警电话就事故具体情况（发生时间、地点及伤亡情况）等告知交通民警或公安机关；如果无法自然报案则可以向其他人进行求助。或者也可以通过打120或110向周边的医疗单位、急救中心等进行求助。假如现场出现火灾，还要及时联系消防部门。

3. 做好现场保护工作

要尽可能让现场保持原始情况，对于车辆、人员及其他痕迹、散落物等都不要随便进行挪动。如果为了对受伤者进行抢救，不得不挪动位置，也要对其原始位置做好标记。为了保护好现场，可在处理人员到达之前利用绳索等做好警戒工作。

4. 及时抢救伤者或财物

如果在交通事故中有人受伤，在对其伤情进行确认后要尽可能采取措施进行抢救并联系附近医院进行救治。除了没有受伤或伤势较轻且不愿去医院的当事人之外，其他受伤人员可以通过来往车辆或由医院提供的救护车等及时送往医院进行救治。同时还要对现场物品及钱财等进行保护，以免出现被盗被抢。

5. 防火防爆

事故发生后应及时切断车辆电源，同时严禁吸烟。假如事故车辆载有危险物品，则应及时将有关情况告知警方及消防人员，以便其及时采取有效应对措施。

6. 协助交警等做好现场取证工作

当事人应就事故具体情况对公安交管部门进行说明，不得对相关情况进行隐瞒，同时还要配合这些部门做好调查及事后处理工作。此外，如果车辆及人员参加了保险，应在48小时以内向保险公司进行报案。

7. 接受交通管理部门处罚

第一，与驾驶员积分相关的处罚。如果驾驶人积分已经达到12分则要对其驾驶证进行扣留，同时安排其对道路交通安全法律法规进行再学习及考试，待考试通过后再还给其驾驶证。

第二，与没投保第三者责任强制保险相关的处罚。公安机关交通管理部门可根据具体要求对其车辆进行扣除直到其投保，同时还要按照规定缴纳当前两倍保险费数额罚款。

第三，与超速行驶相关的处罚。如果机动车驾驶速度已经高于规定时速的50%，不但要交纳罚款（罚款最高2000元），同时还要吊销其驾驶证。

第四，当机动车驾驶证处于被吊销或被暂扣过程中驾驶机动车相关的处罚。在这两种情况下驾驶人均不得驾驶车辆，如果违反这一要求则需交纳罚款（罚款最高2000元）并处于不超过15日的拘留。

有案可稽

2010年10月20日23时，某大学学生药某开车从长安区返回西安市时，当其行驶到某大学附近时，与同方向驾驶电动车的张某发生交通事故，药某及时下车观察情况，看到张某在地上呻吟，由于担心其看到自己的车牌号，药某脑海中就产生了杀人灭口的念头，他从车中取出了尖刀对张某连捅几刀，最终导致其死亡。随后，药某被警方拘捕，法院对该案件进行审理后判定，被告人药某属故意杀人罪，判处死刑，而该案件恰恰是由于这名大学生在交通事故发生后处理不正确导致的悲剧。

思考回顾

1. 交通法律法规主要有哪些？
2. 高校校园内的交通特点是什么？
3. 搭乘与驾驶交通工具的注意事项有哪些？
4. 交通事故的危害是什么？
5. 如何预防和处置交通事故？

第六章　大学生的消防安全

　　火是人类赖以生存和发展的一种自然力。火的使用对人类发展和社会进步产生了深远影响。人类学会用火，是跨入文明世界的重要标志。在人类社会发展的历史中，火具有不可替代的重要作用。火给人类带来了温暖、光明，也给人类社会的发展带来了能源和动力，"燧木用火，以化腥臊"是对古人初始用火时代的反映。用火安全对于人类来说十分重要，否则在时间和空间中失去控制的火就会由造福人类变为危害人类，人类的生命财产和生活空间就要受到无情损害。

　　消防安全涉及千家万户，事关人民群众生命财产安全，是大学安全的命根子工程。当前高校公共消防安全基础建设与经济社会和教育事业发展不适应、消防安全保障能力与师生群众安全需求不适应、师生消防安全意识与现代社会管理要求不适应的问题依然突出，影响消防安全的因素大量存在。近年来发生的几起重大火灾事故，充分表明了当前消防安全形势的严峻性。

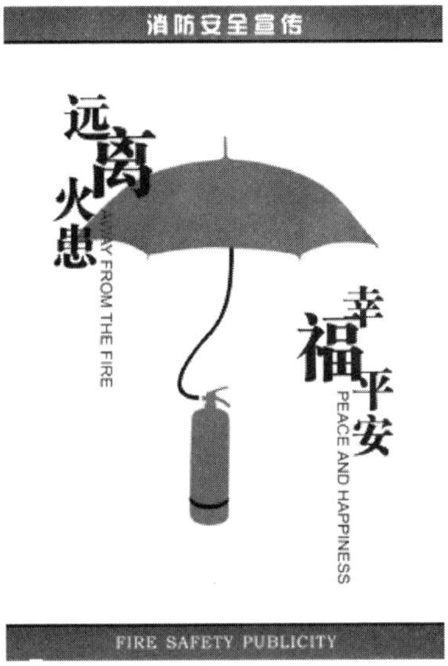

　　大学校内是一个相对封闭的小社会，校内不仅有学习需要的图书馆、实验室、教室，还有生活所需的公寓、食堂、商店，以及管理后勤需要的档案室、计算机服务中心、印刷厂、各类校办工厂和机修房、配电室、锅炉房以及存放化学危险品的仓库。可以说，各处都有发生火灾的可能，因此具备一定的危险性。

　　高校是所有学生生活和学习的主要场所，也是常常聚集了大量人群的重要社会场所。随着招生规模的逐步扩大以及大学城建设的推进，高校人员的密度逐步增大，消防工作压力也随之提高。可是高校内以大学生为主要群体的这些部分人还并没有建立起较好的消防意识。虽然说大学生已经掌握了丰富的专业知识，可是多数大学生并不了解消防安全知识，也不具备防灾技能，更没有较强的自我保护意识。许多大学生甚至将消防安全视作管理部门和校方领导的责任，认为这一工作与自己无关，

图 6-1　远离火患，幸福平安

不仅不懂消防安全知识，而且还没有自我保护意识。不少大学生甚至连消防基本常识都不懂，看不懂常见消防标志、警示符号，不会分辨和使用消防器材，不懂得面临火场时该如何自救。

　　校内出现的火灾多数发生在人员密集的场所，如宿舍等。要想有效预防宿舍火灾，学

生的作用最为重要。假若学生没有强烈的消防安全意识，不懂得消防常识，不会进行火灾扑救，也不懂得如何自救、逃生和互救，那么在面临火灾时，就无法第一时间采取有效措施处理，因此很有可能导致火情恶化，最终会引起严重后果。

基于此，加强对学生消防安全的教育，帮助学生了解校内消防状况，探究校内消防措施，学习解决方案，增强消防安全意识，掌握消防安全和防护、救助的基本技能，具有重要的意义。

第一节　消防基础知识

一、火灾的定义与分类

火灾也就是在时间或空间上发生的未能有效控制的燃烧导致的事故伤害。火灾是一种十分普遍的社会现象，火灾起因主要有三种：第一是个人实施的不安全用火以及放火行为导致起火；第二是物质本身不安全的状态导致起火；第三是技术工艺缺陷导致起火。上述起因中第一种因素是导致火灾的最主要因素。

根据燃烧物质的特性，可将火灾划分成下述五类。

A类：固体物质引起的火灾。此类物质通常为有机质，燃烧后常有余烬，主要包括煤、木、毛、纸以及棉引起的火灾。

B类：液体或者能够被融化变成液体的固体引起的火灾，如由煤油、汽油柴油、乙醇、甲醇、原油、石蜡和沥青等物质燃烧引起的火灾。

C类：气体燃烧引起的火灾，如天然气、煤气、氢气、乙烷、甲烷等气体。

D类：金属物燃烧引起的火灾。

E类：指由带电物体和精密仪器等物质燃烧引起的火灾。

二、火灾的蔓延

(一)室内火灾的发展过程

火灾的发展，一般都要经过一个火势由小到大、由弱到强、逐步发展的过程。建筑火灾通常出现于建筑物内的局部区域或房间内，随后蔓延至邻近区域或房间，最后导致全部楼层起火，甚至蔓延至整个建筑。房间中局部燃烧发展为全室燃烧的过程是轰燃，也是室内火灾的突出特点，经过此阶段后火灾才开始全面发展。假若安全疏散没有在轰燃发生之前完成，仍然留在室内的人将很难幸存。

室内火灾的发展过程可以用内部烟气温度均值波动变化来描述，我们可以将其划分为四个时期：火灾初期、火灾全面发展期、火灾最盛期、火灾终期。

(二)建筑物内火灾蔓延的途径

建筑物内某一房间发生火灾，当火势发展到由房间内局部燃烧向全室性燃烧过渡时，这种现象通常称为轰燃，之后火势就会突破该房间的限制向其他空间蔓延。火灾蔓延的途径有水平方向的蔓延和通过竖井蔓延两种。火灾蔓延主要是通过内墙门、隔墙、楼板、外墙窗口洞孔进行火焰蔓延、热传导、热对流及热辐射。

三、火灾发生的规律

火灾从古至今从未间断过，这说明火灾的发生、发展是客观存在的。但人们可以认识火灾，找出它们的规律和特点，采取对策防止火灾和战胜火灾。

(一)火灾随社会环境因素的变化而变化

由于火的利用是社会性的，因为火成为灾害必然受社会各种因素的影响，其中有政治、经济、文化、风俗习惯等方面的因素，如政局稳定、法制健全、社会安定、消防管理严密、经济的发展、物质的丰富、技术的更新、教育的普及及习惯的养成等。

(二)火灾随季节的变化而变化

就火灾随季节的变化而言，全国各地有着基本共同的规律：冬季(12月～次年2月)火灾起数最多，夏季(6月～8月)火灾起数最少。春季(3月～5月)，火灾起数仅次于冬季，排第二，秋季(9月～11月)名列第三。

(三)火灾昼夜变化的规律

1. 起火时间规律

从昼夜起火的时间看，10时至11时为起火高峰期，22时至次日上午8时为起火低峰期，其中凌晨4时到8时起火风险最小，20时至早晨6时火灾成灾率较高，损失较大。

2. 火灾昼夜发生规律

第一，白天起火风险大，以下午为最大，次数较多，但成灾率低。

第二，夜间起火风险小，以后半夜为最小，次数最少，但成灾率高。

(四)新形势下火灾的新情况

第一，第三产业火灾频繁。

第二，装修场所火灾多发。

第三，仓库业火灾损失严重。

第四，人为因素是火灾发生的主要原因。

(五)火灾成因的规律和特点

第一，电器火灾突出。

第二，违反安全规定和生活用火不慎，火灾严重。

第三，自然火灾损失不高。

延伸阅读

《周礼》记载："仲春以木铎修火禁于国中。"这里讲的就是消防人员拿着铜铃在人口居住密集的地区挨家挨户进行消防宣传，提醒居民预防火灾。这一习惯一直延伸到唐代，如《入林屋洞诗》(皮日休)内就有记录"腰下佩金兽，手下持火铜铃"。明代政府建立了防火缉盗功能合一的铜铃夜巡制，有记载称"皇城外红铺七十二座，铺设官定十八夜巡，铜铃七十有八""初更遣军人摇振，环城巡警"。清朝政府则将这一工作交给了普通百姓。《杭州治火议》中有记载："先立三十家牌，以牌中各户轮流为首，每首值十日，每日早晚值者至各家呼'清查火'，挨各家'查家'一遍，答曰'查讫'，然后至第二家亦如是。"

四、消防相关基本概念

消防是指救火与防火的意思，由于火具有双重性，人类在利用火的同时，也就有了消防管理。

(一)燃烧

从化学角度讲，燃烧是指可燃物与氧化剂之间发生的化学放热反应，通常有火焰、火光和烟产生。可燃物燃烧后会产生新物质。燃烧不但可能发生在有氧环境中，也可能发生在无氧环境中，如氢气和氯气能够反应燃烧。不过现实生活中的燃烧多数是可燃物质在有氧环境下的燃烧。

燃烧具有三个特征，即化学反应、发光和发热。

燃烧反应最终会产生液体、气体或者固体产物。常见产物主要有 CO_2、CO、P_2O_5、SO_2、HCL、NO、NO_2，以及水蒸气等。上述产物中，只有水蒸气无毒。其他气体尤其是一氧化碳不但毒性强烈，而且与空气混合后还有可能引起爆炸。生活中常见的橡胶、塑料等高分子合成材料燃烧之后都会有刺激性或有毒害作用的气体产生。

(二)燃烧的条件

燃烧的出现与发展的基本条件有：可燃物、合适的温度或火源以及氧化剂。唯有上述条件均具备时，才会燃烧。换言之，必须达到一定的可燃物浓度、一定的氧气含量、一定的点燃能量，并产生未受限制的链式反应，燃烧才会发生。

可燃物：所有能够在有氧气等氧化剂内燃烧的物质都是可燃物，如常见的煤气、液化气、汽油、酒精、木材、棉花和纸张等。可燃物可以分成多个类型，根据可燃物的组成可将其划分成无机、有机可燃物两大类。根据状态不同可将其划分成气态、液态以及固态可燃物三大类。

助燃物：所有氧化性强且可以和可燃物产生燃烧反应的物质称为助燃物或氧化剂，如空气、氧气、氯气、氯甲酸、高锰酸钾等氧化物。

着火源：所有能够致使可燃物质起火的热能源均为着火源，常见的着火源有电火花、明火焰、火星和赤热高温物体等物质。

但是，有时即便燃烧的所有要素都存在也不会发生燃烧。

第一，可燃物浓度要达到特定水平。假若空气中可燃物含量占比也就是浓度很低，就不会引起燃烧。譬如，常温条件下火柴就不能点燃煤油，但是可以点燃汽油。原因就是常温环境中，煤气蒸发量较少，空气中煤气的浓度低，所以即使同时存在着火源和空气，也不会燃烧。

第二，助燃物的含量要达到特定水平。普通可燃物的燃烧必须满足氧含量超过16％这一条件，否则也不会燃烧。

第三，着火源的温度和热量要达到特定水平，如火星飞溅到刨花或者油棉丝上时，就会燃烧，可是如果飞溅在大木块上，则很快就会熄灭不会起火。主因就是着火源的温度虽然达到木材着火的基本温度要求，可是热量不足以使大木块燃烧。

第四，燃烧发生的三个基本要素必须要发生作用才能够引起燃烧。譬如，在住宅中，就同时存在可燃物（如书本、木质桌椅以及沙发等）、空气、厨房还有火源，但是却十分安全，原因就是三者没有相互作用不会燃烧。

因此综上可知，燃烧发生的充分条件是可燃物的浓度、数量、助燃物的数量以及着火源的温度、热量都达到特定水平，且三者互相作用。

（三）燃烧的形式

燃烧主要有下述形式。

1. 扩散燃烧

可燃气体如果进入空气中，逐步扩散并与空气分子混合到一定程度之后，如果超出爆炸范围，同时遭遇火源就会立刻燃烧。

2. 蒸发燃烧

可燃的酒精、汽油等液体蒸发之后形成蒸汽，遭遇火源后会着火，燃烧释放的热量将使得液体继续蒸发，持续燃烧。硫黄和萘在常温环境中呈固态，不过一旦受热就会立刻升华形成蒸汽，遇到火源之后的燃烧也属于这一类。

3. 分解燃烧

分解燃烧也就是燃烧时，可燃物先受热分解，所得产物和氧发生反应之后引起燃烧反应，煤、木材以及纸张的燃烧都属于这一类。

4. 表面燃烧

也就是在固体基础空气的表面部位发生的燃烧。譬如，木材燃烧过程中就会产生固体炭，而在空气接触固体炭表面部分发生的燃烧会使得表面红热，但是没有火焰。

5. 混合燃烧

当可燃、助燃两种气体在某个空间或者某一容器中进行扩散之后充分混合，但是浓度还不足以引起爆炸时，如果此时遇见火源就会立刻燃烧，由于此燃烧在空气扩散弥漫的某个特定空间内迅速完成，因此被称作混合燃烧。

6. 阴燃

部分固态可燃物处在不通风通气、温度低环境下或者含水量较高时发生的只有烟没有火焰的燃烧现象。

（四）燃烧过程

1. 不同状态物质的燃烧过程

自然界中的所有物质，在特定压力和温度条件下，必有某种状态存在。一般来讲，物质有固、液、气三态。存在状态不同物质的燃烧过程也有很大差异。固、液两态物质的燃烧过程中先会经历分解、蒸发、产生气体三个过程，气体成分和氧化剂混合燃烧。气态物质无须蒸发即可燃烧。

2. 完全、不完全燃烧

物质燃烧有完全、不完全燃烧两种。所有燃烧结束后产物不是可燃物的就是完全燃烧；燃烧结束后所得产物仍然是可燃物的燃烧即为不完全燃烧。物质在燃烧过程中，假若空气等氧化剂数量足够多，通常会发生完全燃烧；否则就会发生不完全燃烧。物质燃烧之后所得新物质也就是燃烧产物。散布在空气里可以从直接观察到的如同云雾一般的产物即为烟雾。物质如果进行完全燃烧，所得产物被称为完全燃烧产物，否则即为不完全燃烧产物。

（五）燃烧分类

根据形成条件不同以及发生瞬间特点不同，可将燃烧划分成闪燃、着火、自燃以及爆炸四大类。每一种燃烧都具有各自的特征。了解各种燃烧的特点，对于火灾危害性的评价以及防火、灭火措施的采取来说十分重要。

1. 闪燃

所谓闪燃也就是物质与火相遇之后出现的一闪即灭的一种燃烧。当可燃物、空气和火源相互接触且温度达到特定水平时，就会出现火焰，同时如果移去火源燃烧还可能仍然继续。这一燃烧主要发生在灼热物或明火与可燃蒸汽接近的瞬间。蒸汽闪燃过程中释放的热量无法使得可燃物进一步分解或蒸发，因此没有可燃物能够维持燃烧，所以燃烧过程很快就会停止。闪燃出现的最低温度就是闪火点。闪火的突出特征有：闪火过程中，燃烧的是可燃蒸汽并非液体本身。闪燃也就是可燃物起火的先兆，闪点越低，火灾危害性越大。

2. 着火

火源或者炽热物与可燃物接触，致使可燃物气体或蒸汽燃烧之后，气体、蒸汽或持续稳定燃烧的过程就是着火过程。燃烧过程将释放大量热能，直到所有可燃物都被烧完这一过程才会结束，炽热物或外部火源与可燃物接近将其点着、燃烧时需要达到的最低温度条件就是着火点或者火温度。不同的可燃物使其燃点不同，物质的燃点越低，就越容易燃烧，其火灾的危害性就越大。通常状况下，固体物燃烧会先从某个局部开始，随后逐渐蔓延覆盖全部固体物质。不过可燃气体、蒸汽、混合气体一旦燃烧，一瞬间就会点着全部气体。

3. 自燃

自燃也就是可燃物在没有接触外部火焰、火花时，由于自身受热或内部发热没有发散出去汇聚提高到某个程度后出现的燃烧，如沾有油的纸张、麻布、毛纤维等如果长时间堆积在不通风的室内，由于缓慢氧化散热逐步积累，致使室内温度逐渐升高，加速物质氧化变化，最终当温度达到自燃点之后就会引起燃烧反应。

有可能发生自燃的物质有油脂和植物类商品、硫化铁、煤等各类化学物。因为上述物质自燃点一般较低，接触氧气或空气后很容易发热并有发酵热或者聚合热出现，即便在常温或低温条件下也可能会自燃，所以，此类物质与其他可燃物相比引起火灾的可能性更大，更加危险。

4. 爆炸

爆炸是因为物质急速发生氧化或者出现分解之后，压力、温度骤增的现象。爆炸有化学爆炸、物理爆炸以及核爆炸三种。其中第一种化学爆炸的引发主因是物质自身发生化学反应形成大量气体同时温度急速提高引发的爆炸，如炸药爆炸，可燃气体（包括蒸汽）、粉尘爆炸等就属于这一种。此类爆炸也是消防中爆炸预防的重点。其中第二种物理爆炸引发的主因是液体被蒸发形成蒸汽或气体在短时间内快速膨胀，导致压力急剧增大，远超容器承压能力出现的爆炸，常见的有液化气钢瓶或蒸汽锅炉爆炸。核爆炸是核武器或核装置在几微秒的瞬间释放大量能量的过程。

第二节 校园火灾的常见原因

在大多数高校中都存在着人群密度大、电子设备种类多、教学设备集中的情况，一些规模较大的高校甚至存在着非常密集的建筑楼群，一旦在这种环境下发生校园火灾，那么因此产生的后果将是十分严重的。通过调查相关资料可知，与遭受盗窃相比，大学校园中一旦发生火灾，其造成的损失明显更加严重。尽管各高校对防火工作都十分重视，加大了整治火灾隐患的经费投入，采取了很多预防火灾的措施，纵使如此，火灾同样是某些高校中的多发状况，而且其中一部分的火灾原因是由学生自身直接造成的。在这些火灾发生之后，一些学校因此而失去了珍藏多年的珍贵文献资料或研究成果，造成了难以弥补的损失；甚至在一些火灾中，学生自身也受到了非常严重的人身伤害和财产伤害，使其学习与生活都受到了一定的影响。对于一些学校而言，火灾的发生不仅影响到学校的正常教学与研究秩序，同时也会危害人身安全。

一、校园火灾

就发生原因来看，校园火灾的出现大致可以归为以下几种。

（一）因生活原因引起的火灾

生活火灾比较多发，在人们的日常生活中随时有可能因为饮食、照明、取暖以及燃放烟花爆竹等原因引发火灾，此类因生活原因引发的火灾可以统称为生活火灾。学生在校园生活中因为此类原因引发的火灾数量较多，火灾原因比较复杂，如学生在宿舍中使用违禁电器和明火，火源位置与易燃物较近，胡乱拉接电线等都有可能引起火灾。同时，在宿舍或者室内燃放烟花、所用电器功率过大等各种原因也都是导致火灾的多发因素。

（二）因电器使用不当引起的火灾

在当今社会，大学生能够拥有的电气设备种类十分繁多，电脑、电视机、加湿器、电磁炉、电热毯等层出不穷，在这其中有很多物品都是大学校园中的违禁物品。因为大学宿舍内的插座有限，一些学生不顾学校的规章制度私自乱拉电线，由于操作方式有误，因此导致的短路、电阻过大等情况层出不穷，严重时则非常容易引起火灾。一些大学生如果在购买电气设备的过程中没有注意检查而误买了不合格的伪劣产品，这也是导致火灾的主要原因之一。不过可以确定的是，因为电器使用不当而造成的火灾所产生的后果和损失是最为严重的，同时也具有极高的危险性。

（三）自然灾害引发的火灾

因为自然灾害所引发的火灾虽然时而发生，但是并不常见，此类火灾通常是由雷电或物质自燃而造成的。在雷电自燃的过程中，大气层的运动会产生几万伏的电压，能够释放大量的能量。在与地球表面发生接触之时，自然也会造成非常大的破坏。因此而产生的电弧就有可能直接引起火灾，损害电气设备或直接摧毁建筑物。若要避免这种灾害，首先应该更加合理地安排避雷设施，使一些含有磷粉、铝粉的物质远离容易燃烧的自然环境，把燃点低的物质与雷电高发处隔离开来，减少物质自燃的现象。

（四）人为纵火

人为纵火通常带有着一定的目的性，且案件高发于深夜，留给消防机关的反应时间较短，危害性极大。一些犯罪分子出于毁灭证据、逃避责任或蓄意破坏等目的故意纵火，此类纵火行为具有极强的犯罪性和损害性，属于国家严厉打击的犯罪范畴。

在社会经济不断发展的进程中，公民所拥有的财富也与日俱增，而且目前用于建筑中的新材料与设备十分丰富，电器、火源的运用日益增加。如此一来，火灾的隐患也会随之增大，人们面临的火灾灾害逐渐成了一种急需注意的隐患，其主要危害包括：危及人的生命、造成财产损失、影响正常秩序三个方面。

图 6-2　高校火灾现场

二、火灾事故的原因

高校之所以会成为火灾频发区，其主要原因就是建筑密度大，学生数量多，日常的教学和实验内容存在着一定的火灾隐患。而且一些校园中的建筑不具有十分合格的耐火等级，线路老化的问题十分严重。还有一部分原因则是一些师生自身并不具有很强的火灾防范意识，存在肆意改动学校电气设施或违反学校基本安全常识的行为。通过研究学校中的火灾事故案例可知，造成校园火灾的绝大部分都是人为所致，以下几点为其主要表现。

(一)消防安全意识淡薄

一些大学生认为自己的生活中根本不可能出现火灾之类的情况，对于消防知识一直不以为然或心存侥幸。在学校提供消防知识培训后并不会认真学习，认为这是没有必要的学习。而在看到因火灾造成的严重后果后，只是在视觉上受到了一定的冲击，并没有因此而对其高度重视，整体态度十分淡漠。一些学生甚至认为在大学中只需要学习好专业课程，火灾防范之类的常识并不属于学习范围，甚至有些学生认为火灾防范是消防部门和学校的任务，不在自己的考虑范围内。

(二)违反学校管理规定

1. 滥用大功率电器

为了谋求自身的生活利益，学生们有时会选择使用热得快、暖手宝等通电产品，此类产品的功率通常较大，很有可能引发火灾。

有案可稽

2014年1月2日13时10分许，哈尔滨市的北方南勋陶瓷市场的仓库中发生了一场火灾。该市场位于一个总高11层的商住两用建筑下，南北走向，1至3层为商铺和仓库，再往上是民房。建筑西侧的仓库一角最先起火，营业人员与保安立即进行处置，但因火势较大，未能扑灭初起火灾。十分钟后，消防队赶到现场，但起火地点街道狭窄、货物占用街边道路、且没有消防通道，近十来米宽的道路两侧停满了汽车。消防队员一面先行下车进入大楼疏散人员，一面驾驶消防车边喷水边靠近起火建筑。然而当地气温太低，消防用水结冻，时断时续，而能够喷出的水迅速在楼外结冰，无法起到灭火作用。消防员于是陆续进入建筑内部灭火，寻找未撤离的人员，并成功解救遗留在火场的两名大人和一名儿童。当晚21时37分，由于仓库内可燃物较多，大火燃烧了八个多小时尚未被扑灭，且建筑内外温差较大，建筑物3层毫无征兆(在未出现过火变形、缝隙或爆裂声音的情况下)出现垮塌，因此造成的结构塌陷带落了大量建筑零件，也因此影响了其他建筑的结构，当时正在2楼灭火救援的18名消防战士及1名保安，被全部掩埋在废墟中。随后消防队及现场医生对被压队员展开救援，在救援过程中，楼体又发生两次垮塌。最终，5名消防队员壮烈殉职，13名队员及1名保安受伤。火情持续了30多个小时尚未完全熄灭，过火面积超过1.1万平方米。火灾原因为一名仓库租户违规使用电热暖气引发短路引燃周边可燃物而致，而建筑物内部多被非法改造，使得建筑物耐热性及稳定性降低，也导致了罕见垮塌的发生。

2. 私自乱接电源

在大学生生活水平逐渐提升的今天，一些商家们将盈利目光对准了大学生群体，学生宿舍专用的电视机、电热炉等各类电器用品出现在了市场上。但是此类电器通常功率较大，学校所提供的电路不能满足其运行需要。一些大学生为了能够使用这些商品为自己带来便利，就会选择乱接电线，因此，在增加电路负荷的同时也会导致电线老化，从而引发火灾。

📝 有案可稽

2008 年 5 月的一天，北京一综合大学发生火灾，一栋女生寝室楼的六楼寝室在失火后浓烟滚滚，楼道中能见度极低。而且在产生火灾之时几乎大多数学生都在宿舍楼中，这给疏散带来了非常大的困难，幸运的是消防队员到达较为及时，几千名学生得到了及时疏散，并没有产生人员伤亡情况。

经过灾后调查校方发现，在火灾发生时，该宿舍的一个接线板连接着两台台灯，由此而引出了另一个连接不规范的插电板，而且在台灯长时间充电的过程中，电路已经老化并且发生了短路，因为火花的迸溅，在接线板附近的布料等非常容易被引燃，由此蔓延成了巨大的火灾。在灾情稳定后，校方对此宿舍楼展开了大范围的检查，经此查出的违规电器竟多达 1300 件，其中有很大一部分是容易引发火灾的大功率电器。因此，学生必须遵守消防安全管理规定，绝不能私拉乱接电源电线，不要违章使用电器，图了一时之快，危害了生命财产安全。

3. 乱丢烟头

烟头自身的温度已经大大超过了各类织物、家具以及纸张等物的燃点，一旦长时间接触则非常有可能造成火灾。但是许多学生认为烟头体积较小，不可能造成非常严重的后果，并不能够充分意识到乱扔烟头可能造成的严重后果。在这样的姑息情绪下就很有可能因为一些学生在校园中乱扔烟头而造成非常严重的火灾。

4. 以明火燃烧物品

明火是一目了然的火灾源头，且难以控制，如果不加限制地使用明火，那么火灾产生的可能性就会骤然加大。虽然道理浅显，但是许多学生并没有对此采取严肃对待的态度，依旧随意地在宿舍楼中燃烧物品，一旦引发火灾，不仅伤及自身，还损害了他人利益。

5. 滥用违规炉具

高校宿舍可以为学生们提供休息与学习之所，但是一些学生为了省时省力，通常会在宿舍中违规烹煮食物或加热液体。这种行为存在着十分严重的安全隐患，不仅有可能对使用者自身造成损害，也可能会影响到他人的人身安全。

6. 蚊香使用错误

蚊香也是造成火灾的隐性因素，虽然在点燃后并不会有明火产生，但是它的燃烧时间很长，中心温度甚至超过了 700 摄氏度。如果与可燃物接触时间过长就很有可能产生火灾隐患。

7. 随意使用蜡烛

蜡烛不仅可以产生明火，而且属于一种移动性较强的火源，一旦在使用过程中出现了疏忽就可能会使其跌落、融化或四处流淌，当接触到可燃物时可能会瞬间燃烧。正是因为其极高的危险性，许多高校都明令禁止学生使用此类物品。但是一些学生却不以为然依旧使用，最终造成无法弥补的严重后果。

8. 违规进行实验操作

在一些高校中不可避免地要适用到化学物品以支持实验，所以一般来说实验室中通常存在着可燃性较大的化学危险物品，此类场所的火灾危险性自然也就最大。在实验过程中所要进行的蒸馏、萃取、结晶等方式都可能会引发火灾，如果实验者经验不足或准备不佳，则很有可能会因此造成违规操作，爆炸、火灾等各类事故在所难免。

有案可稽

2014年3月，北京市某高校化学学院的博士生李某正在实验室做实验，由于实验中用到了金属钠，因此需用到无水乙醇对残余的钠进行液封。这原本是一个简单而常见的步骤，但李某却在钠尚未反应完全的时候就将参与液体倒进储有废水的垃圾箱，并导致垃圾箱爆炸起火，同时使实验室内的三名学生受到不同程度的炸伤或烧伤。幸亏该校保卫处及市消防局及时到位灭火，否则后果难以想象。而在事后进一步的调查中还发现，该生在对钠进行无水乙醇液封时没有按规定进行通氮保护，也没有在实验室预备沙土等灭火物质，而这一情况居然一直作为潜规则延续。可以说，与其说这次火灾是一场偶然事故，不如说其发生具有相当的必然性。正是由于学生在进行实验时没有按照规定进行操作，才使得自己及他人受到伤害。

(三)消防基本知识贫乏

1. 不了解电气基本知识

一些大学生并不十分了解电气基础知识，也正是因为如此才使高校成了火灾频发地区，如充电时间过长、明火距离可燃物过近等情况都可能造成火灾。

有案可稽

2006年7月的一天早晨，北京某传媒大学的大学生公寓内一女生宿舍突然起火。起火时宿舍内有一名女生被困屋内，学校保卫人员接到火情报警后立即赶到现场救人灭火，虽说火灾造成的损失不大，但是火灾给这名女生的心理留下了可怕的阴影。火灾的原因可能是床铺上的一个充电器过热引起周围可燃物起火，据学生说该充电器已在插座上插了3天。因此，在同学们给手机、笔记本电脑充电时要远离可燃物，工作时间不要太长，更不能在无人看管下通电开机，同时切记不要购买劣质产品。

2. 不懂得火情处置基本常识

上文对火灾中的三个重要阶段进行了介绍，由此可知在火灾初期的扑救是最为有效的，但是一些学生因为在日常生活中没有主动接触消防知识，纵使出现了火灾也不知道如何应对，因而失去了许多极佳的灭火机会，使火灾迅速蔓延。

✎ 有案可稽

　　2008 年 11 月，上海某学院女寝宿舍楼六楼发生火灾，因为房间面积较小，火势较大，宿舍内的四名女生均从阳台跳下并当场死亡。这一寝室失火未殃及周边的寝室，消防人员 10 分钟内赶到现场，将大火及时扑灭。火灾之所以会产生，是因为该寝室中的一名学生在火灾前一晚违规使用了"热得快"，而且使用完毕后也并没有拔下插头。在第二天早上来电后，"热的快"自行通电，周围可燃物也因此被"热的快"波及，最终全部引燃。在一名学生发现宿舍出现明火后，未能及时唤醒熟睡中的舍友，反而开门准备到盥洗室打水灭火。大量空气进入宿舍后助长了火势，当最初发现明火的学生回到宿舍时，凶猛的大火已经难以扑灭。这起火灾的教训是绝不能在宿舍使用"热得快"烧水，"热得快"造成学生宿舍火灾的事例太多了；遇到初期火灾应当第一时间疏散人员并隔绝火情；当高层楼房宿舍失火后，无法从门里向外逃生时，切不可惊慌失措，更不能盲目跳楼、跳窗。应采取防火措施躲避，等待救援。从当时的火情看，四名同学如果躲到阳台外角，不致全部丧生。

　　从上面典型的校园火灾案例中可以看出，有些学校管理部门常以经费少为由，不重视改造年久失修的电源线路，轻视校园防火安全问题；还有少数人及个别大学生法律意识淡薄，忽视学校的防火安全制度，只顾自己生活方便，不注意个人行为小节，缺乏消防安全意识和基本常识；不懂实验仪器、操作机理，不会扑救初起火灾技能和火场逃生要领，致使火灾事故不断发生，危害校园公共安全，甚至面对火灾时束手无策，酿成了一幕幕悲剧。因此，要减少火灾、远离火灾，就必须从我做起，从现在做起，树立牢固的消防安全意识，掌握火灾防范规律，使校园环境始终处于安全稳定和谐之中。

第三节　火患的检查与火灾的预防

　　我国一直以灾前预防为主要消防方针，无论何种阶层或群体中的中国公民都应该主动学习消防相关知识，积极保护自身、他人以及公私财物的安全。

　　火灾是残酷的，但也是可以预防的，虽然它具有不可预见性和突发性。但是，我们只要在思想上高度重视，在行动上落到实处，认真贯彻执行国家消防法规，自觉遵守学校消防安全管理规定，加强对扑救知识的学习，注重日常实验及生活中的安全细节，从根源上避免火灾发生的可能性。因此，做好火灾预防是防止火灾发生的关键，也是校园消防安全工作的重中之重。

▶ 延伸阅读

　　公安部、教育部、民政部等国家 9 部门于 2009 年 6 月 1 日颁布实施《社会消防安全教育培训规定》，对进一步加强和规范社会消防安全教育力度，从总体上提升我国国民的消防安全意识，更加有效地预防和杜绝火灾发挥了积极作用。其中第十七条规定："高等学校应当每学年至少举办一次消防安全专题讲座，在校园网络、广播、校内报刊等开设消防安全教育栏目，对学生进行消防法律法规、防火灭火知识、火灾自救他救知识和火灾案例教育。"而法规第十八条规定："国家支持和鼓励有条件的普通高等学校和中等职业学校根据经济社会发展需要，设置消防类专业或者开设消防类课程，培养消防专业人才，并依法面向社会开展消防安全培训。……师范院校应当将消防安全知识列入学生必修内容。"

一、预防火灾的基本措施

若要有效地预防火灾，首先就要控制产生燃烧的条件，彻底消除可能引发燃烧状态的隐患，并在一定程度上削弱燃烧条件，防止起火。例如，可以用不可燃物替代可燃物，同时也要隔绝助燃物，即便产生了明火或接触到了火源也会因为助燃物的缺少而无法燃烧。不过最重要的一个步骤就是要从根本上控制明火、摩擦或静电起火的可能。

(一)控制可燃物

要控制可燃物，首先就需要对燃烧基础和范围进行限制。可用方式有以下几种。

第一，以无法燃烧的材料代替可燃物，如在建筑过程中使用不可燃建材等。

第二，增强通风力度，及时疏散可燃气体，在储存易燃气体的过程中做好隔离，若有条件应分开存放。

第三，若材料具有可燃性，则可以在储存状态中为其覆盖防火材料或涂料，从表面上转变其性能。

第四，如果不同的物品可能因相互作用而产生可燃物质或直接燃烧，则应对其分开存放，进行彻底隔离。

(二)控制助燃物

要对助燃物进行控制，其基本原理就是要限制其助燃条件，主要方式如下。

第一，为装有易燃易爆物质的房间装置密闭措施，而其生产活动也应该更加仔细地在密闭的管道或空间中运行。

第二，若某种物质的生产活动十分危险，则可以以惰性气体(如氮气)充装来提供保护。

第三，对于类似于钠、二硫化碳等易燃物体，则需要采取隔绝空气的储存方式。

(三)去除着火源

在对着火源的控制过程中，可以参考以下方式。

第一，在可燃物较多的场所禁止吸烟或使用明火。

第二，装置防燃防爆电气设备，若有条件可装置接地线或者避雷针。

第三，在进行热处理、烘烤等工作时对温度升降进行严格控制，若超过可燃物燃点需及时处理。

第四，注意经常以润滑油保养机器，避免因摩擦而造成温度过高的情况。

第五，在使用电气热设备的过程中应该同时装备保险器以防电线短路。

第六，在存储可燃性较高的化学物品时应该慎重为仓库选址，避免阳光照射。

第七，在对易燃物品的装卸过程中，如果需要使用铁质的装卸工具则需要在其外部装配可燃性较低的材料以隔离。

(四)阻止火势蔓延

若要阻止火势蔓延并非没有理论支持，其中最重要的原理就是阻止其形成新的燃烧条件，以此来避免火势进一步扩大，主要方式如下。

第一，防火间距距离需要达标，在建筑物、储存区之间预留出防火墙等分区。

第二，若需要安装可燃气体管道，首先需要保证水封及阻火器已经提前安装。

第三，若厂房自身可能形成爆炸介质，则需要在其架构中加入泄压门窗、轻质墙体或屋盖等。

第四，为压力容器安装安全阀及防爆膜。

(五)增强消防安全意识

火灾隐患有可能存在于人们生活中的各个细节，要将此类隐患降到最低，首先就要为自身树立一定的防火意识，对身边的火源形成控制，以极高的警惕来接受和消化消防知识，从源头上杜绝火灾事故。

(六)遵守学校防火制度

为了给学生们提供更加安全和舒适的学习与生活环境，学校明确规定了有关消防安全的细节，如禁止私接电线、使用大功率电器、私烧废纸，禁止在公共场所吸烟以及使用明火等。大部分学生都能够认真领会并遵守规定，但是也有一些学生不以为然，明知故犯，为学校增加了许多火灾隐患。

(七)加强消防法规学习

火灾防范知识的获取需要立足于相关法律法规之上，因为火灾所造成的后果较为严重，所以国家法规也针对此类情况制定了相应的法律。为了加强控制力度，我国也在此类法规的内容中增加了一定的强制性。例如，在《中华人民共和国消防法》中就规定，无论是单位或个人，只要身处中国境内就有责任维护与保护消防安全和相关措施，预防火灾，提前报告。而且我国刑法中也规定了因过失引起火灾后需要承担的法律责任，而对于故意纵火的刑罚十分严格，情节严重者可被判处死刑。

二、学生宿舍火灾的预防

学生公寓是学生在学校中的主要生活场所，在结束了学习、外出等活动后，学生会在宿舍中度过很长的一段时间。如果在此类场所中发生了火灾，特别是在夜间，则极易给学生的人身以及财产安全带来一定的影响和威胁。所以学校各部门领导应该重视起这个问题，主动为学生提供火灾防范培训机会，加大防火设施投入，强化学生的消防知识储备。而对于学生自身而言，其也应自觉而主动地承担起一定的责任，同时也应该注意观察，牢记安全通道的位置以及路线，在使用充电设备时应该主动远离可燃物。而且在宿舍活动过程中应该杜绝使用明火、易燃易爆等相关物品，以防造成火灾。

学生宿舍防火安全规范如下。

第一，禁止乱接电线。

第二，禁止在床铺、密闭空间吸烟并乱丢烟蒂。

第三，禁止因个人原因占用逃生通道。

第四，禁止在宿舍楼内使用明火焚烧物品。

第五，禁止在宿舍内使用或携带易燃易爆物。

第六，禁止使用违禁电器。

第七，禁止使用明火加热器具。

第八，禁止私自改动电气设备。

第九，离开宿舍时主动切断电源。

第十，禁止蓄意损坏消防器具。

三、教室火灾的预防

在教室中应注意使所有房门保持在能够使用及通行的状态，一旦发生火情可使全体人员及时疏散。禁止携带功率较大的电器与易燃物接触，亦不可无视正式操作流程滥用教具。应定期核查电源线路以及插座使用情况，如果出现线路老化情况则需要及时修理或更换。在教学中若易燃物使用完毕，需对其进行及时的清理或销毁。禁止在教室内吸烟或乱丢烟蒂。

四、图书馆火灾的预防

图书馆中纸质书品较多，而且在高校中图书馆亦是学生们活动较多的场所，所以人口密度很大。对于学校而言，图书馆通常都是其消防重点，校方应定期定时地检查图书馆电源线路、电气设备等各种可能产生火灾隐患的部分，如果出现了危险情况则需要尽早整改。图书馆内的装饰物品应该采用阻燃物进行装饰，进入图书馆后不可使用明火，也不可以在无电量供应时使用蜡烛、打火机等物品查找图书。除书籍之外，不可在图书馆中堆放可燃物，同时也要注意使疏散通道保持在畅通状态。

五、大礼堂、报告厅火灾的预防

大礼堂、报告厅等地在日常学习与生活中使用频率并不大，但是一旦使用将聚集大量人口。特别是近年来因为追求装修面积与效果，施工方通常会采用一些可燃材料来装修礼堂，如木质桌椅、幕布等，这些都具有一定的可燃性，火灾隐患极大。这样一来，此处的消防防控任务就变得十分严峻，在选择装修材料时就应该提前谨慎选择，避免选用可燃性较大的材料，同时保证其耐火等级已经达到安全要求。

在装修过程中，也应该采用难以燃烧或没有可燃性的材料，如果在必要的情况下需要采用可燃材料，那么也应该对此类材料进行防火处理。施工方和校方应该定期检查电器和线路，不能私接电线或者超负荷用电，也不能够使明火靠近可燃物。进入礼堂后不可随意丢弃烟蒂或吸烟，应保持所有的安全通道都在敞开状态。疏散门也应该保持在开启状态，而不应该使用卷帘门、密码门等各种难以瞬间开启的物品遮挡安全通道。学校也应该在装修过程中设置好疏散标志和消防器材，为礼堂内设定人员限额，严格控制超员情况，在参与者进入礼堂时严格检查，不允许其携带易燃易爆物品进入礼堂。

六、实验室火灾的预防

实验室是现代大学的关键单位，它不同于一般场所，是科学技术研究创新的平台和基地，实验教学是培养学生独立解决问题必不可少的教学方法。据近年高校实验室事故统计表明，因火灾、爆炸和灼伤等造成的伤害在学生伤害事故中占 44.7%，所以同学们进入实验室后要掌握好防火安全与人身保护注意事项，避免发生意外事故。同学们要牢记在任何一个实验室工作，一定要清楚电源总开关、燃气总开关和水源总开关的位置，一旦发现异常情况，要能够及时关闭总开关，消除隐患。同时，还要了解消防喷淋设施、急救箱和紧急疏散出口的位置，以便于在特别情况下能做好自我救护。

(一)实验教学中的防火安全注意事项

实验室有各种各样的教学仪器，尤其是电子控温控制设备仪器比较多，大多数实验需要同学们亲自动手操作仪器，如果不重视实验室防火安全工作，不懂实验仪器的机理、性能和特点，则很容易出现灾害性事故。

1. 实验室管理安全注意事项

实验室应有专人负责安全管理，应建立健全安全管理制度，而且要对进入实验室的学生进行安全基本知识教育。实验室内不宜过多存放各种易燃、易爆、剧毒和腐蚀性的试剂，对有毒、易燃、易爆药品不得随意放置，确需使用危险化学品时，要严格按手续领取、登记造册、分类存放、防止丢失。定期检查各种实验设备与仪器，若出现问题则应及时调试，谨防因仪器损坏或失灵而产生相关事故。所有的电器都应该按照操作规范使用，且在结束实验之后也应该做好善后工作，及时清理或销毁易燃易爆的实验材料，防止出现实验残留，因此造成严重后果。在做好清理工作后则需要关闭所有电源以及燃气管道，锁好门窗。

2. 实验教学仪器的防火注意事项

一般实验教学电子仪器都有保险丝保护设备，如果保险丝失灵，或者更换保险丝时用一个大于规定值的保险丝，或用铜丝铝线代替，结果仪器失控元件失灵，而电热设备继续加热，当达到周围物品的燃点时就会失火。还有操作人员的疏忽，用熔点仪做完实验后，没有将仪器关闭就离开实验室，仪器长时间通电过热造成实验室内的所有物品全部烧毁。有些热光源仪器、电加热仪器使用完后需要通风晾置一会，不能直接用罩布盖上，否则会引起火灾。有些同学在使用电吹风吹干滤纸时，打到热风挡，用完不关闭，而是把其放在实验台上，这时电吹风里的电阻丝在加热，就容易将实验台烤煳、烤焦，因此电吹风用后要立即关闭。有的同学用烘箱烘烤玻璃仪器时，将木质试管架、塑料盆放入烘烤箱中，还在烘烤箱里隔板铺上纸，不清楚烘箱的底部都是电阻丝在加热，因此易燃物绝不能放入烘箱中。在使用电烙铁、电热器时要格外小心，不能在通电的情况下随意乱放，防止引燃周围的可燃物品。所有电烘箱类设备、电器都必须安放在设计有防火隔热层的区域，绝不能用可燃物垫在下面。在使用教学仪器时不能把火柴、打火机、酒精灯和喷灯放在附近，严禁在实验室里吸烟。

3. 易燃易爆物品的防火注意事项

有些教学实验离不开燃气、酒精、汽油和燃料等易燃易爆物品。所以，开展实验前一定要详细了解所使用易燃易爆物品的性能、特点，并根据其特性妥善安置，正确使用。在实验室进行有危险性的实验操作时，应根据化学药品特性、剂量使用，且要在专职教师的指导下进行试验，以防事故发生。特别强调的是如果个人疏忽大意，就极有可能导致不能挽回的结果。譬如，当燃气烧水时，如果其没有被及时关闭，水烧干后就很有可能导致电源短路引起火灾，或沸水溢出将火扑灭但是燃气继续涌出也有可能引发爆炸。不能够用普通冰箱来存放易挥发物品，如乙醚等物就不能够存放于此类冰箱中，因为此种物品容易挥发，而且非常容易在开启冰箱电源时产生电火花并造成火灾。如果把剩余乙醚随手倒进了原本装有乙醇的实验瓶内，随后又错误地将乙醚视作乙醇倒进酒精灯，一旦引火就会发生剧烈爆炸。使用易燃试剂进行蒸发、蒸馏实验时，不可明火加热，应该在通风橱内采用水浴法。对易燃、易爆物进行处理后，不可将其随意废弃导入水槽，以免导致下水道爆炸，而应该装进金属罐，同时注意密封；不可将发光或尚未完全熄灭的火柴扔进装有易燃性气体、废料的容器内。完成实验之后，应该将在装有易燃气体或者废料的容器中注满水或惰性气体，将危险化学物完全清理掉。物体如果浸泡了易燃液体，不可将其随意丢弃，应该在露天环境中烧毁。储藏易燃、易爆品的仓库内要安装自动灭火装置。

4.试验用高压气瓶的安全注意事项

实验室经常使用的气体有数十种，这些气体的性质各不相同，有的容易燃烧，如氢气、乙炔气；有的自己不会燃烧，但能助燃，如氧气；有的有毒，如氯气（光气）；有的较安全，既不会燃烧也不会助燃，也无毒性，如氮气。化学气体不可混装，否则极易相互产生作用并发生事故。而一些气体虽然具有惰性，如氮气，可是如果与其他气体混合，也非常有可能产生危险的后果。虽然液化甲烷的沸点很低，但是它也不能够与液化丁烷相容，因为二者沸点相差过大的关系，如果强行相容则很有可能产生爆沸，对容器产生极大的冲击。对高压气体钢瓶应专瓶专用，分类保管，直立固定，严禁将氯与氨、氢和氧，乙炔和氧混放在一个房间里，氧气钢瓶与明火距离在 10 米以外。另外，购买回气瓶，需要首先检查气瓶质量，如果气体颜色、标识与其内容物并不相符，或者出现漏气现象，则不应接收。气瓶漆色后不得任意涂改。除可加写气瓶所属单位的名称外，不得增添其他图案和标志，以此来防止气体混淆，通常来说应该为其留存 0.05 兆帕的余压。也就是说，如果瓶内气体已经达到此压力值，就应该保持余气，立即将阀门关闭并停止使用。

图 6-3　火灾后的实验室

(二)实验教学中的人身保护

在实验教学中,因为我们身边有各类电子仪器、机床设备、玻璃器皿、病原微生物和化学危险品等。所以,做好人身保护是关键,不能有丝毫疏忽大意,具体应做到以下几点。

1. 防中毒

有毒物质可以通过三种路径进入人体——消化道、呼吸道以及皮肤。在实验过程中,应该以如下几种做法来防止气体中毒。

第一,不使用口鼻直接鉴定内容物。

第二,辨别气体时以手煽动而不是用鼻部直接嗅闻。

第三,如果某类工作有可能产生有毒蒸汽,则实验的全部过程都需要在排风设备的辅助下于通风橱内进行。

第四,在进行有毒工作的过程中需要佩戴防护面罩并穿好工作服,做完全身清理工作后才能离开实验室。

第五,进入房间内如果闻到煤气味,要立刻将门窗打开通风,不可拉开开关、电源,或者拨打电话,避免出现电火花引发爆炸。

第六,在进行微生物实验的过程中要尤其关注病菌感染和细菌传播。同学们在做微生物实验的过程中一定要有明确辨析"有菌"及"无菌"的操作概念,应以无菌操作的基本手法完成实验。这种做法不仅可以增强自我保护力度,同时也可以避免感染情况出现。如果在实验过程中出现了类似于打翻实验体容器的情况,则需要第一时间使用消毒剂清洁实验器材及自身,控制污染面勿使其扩大,每一次结束实验之后都应该仔细清理桌面并且对手部进行消毒。微生物实验过程中,盛有有害病菌或细菌器皿、污染物,废弃的菌种等必须经过高压灭菌或者其他消毒措施处理才能够丢弃,重复利用器皿之前必须保证器皿已经清洗干净且不会造成污染或传播。

第七,在进行分子生物学实验的过程中可能接触到溴化乙啶,而在遗传学实验的过程中可能接触到秋水仙素,这两种物质都会致癌,因此实验过程中要做好皮肤保护,保证药品不与皮肤接触。电泳实验过程中,如果皮肤不小心接触到双丙烯酰胺或者单体丙烯酰胺,可能导致神经性毒物,一旦接触应该立刻用流水迅速大水冲洗至少5分钟。

第八,在进行高压、剧毒实验的过程中如果发现有人中毒,应该即刻终止实验,并将其送去医院接受急救。

第九,如果实验时发现有中毒现象,则需要立刻中止实验并采取医疗措施急救。

2. 防触电

第一,在第一次启用电学仪器前需要详细阅读说明书,按照正确的操作流程使用。

第二,若电器长期搁置,则需要在使用前事先检查,如果发现存在质量问题应及时修整。

第三,不可在手部潮湿时接触电气设备,也不能将电器放置于潮湿处。

第四,应该立足于安全用量要求使用电学仪器,并根据要求正确选用开关、保险丝等,如电泳仪保险丝是1安的,不能用大于1安的保险丝。

第五,电气装置不可裸露,如果出现漏电应该在专业人员修理后再投入使用。

第六,各种电器应绝缘良好,并接地线才能使用。

第七,电气设备使用完毕后应该切断电源。

第八，电器材料应该在规定安全范围内使用，若有火灾发生，要第一时间，切断电源，再灭火。

3. 避免溅伤、烧伤

第一，在实验中若要稀释浓硫酸，不能够直接将水倒入硫酸中，而是应该稳定而缓慢地向水中倒入浓硫酸并且不断搅拌。否则，会出现急剧放热反应，烧伤人体。

第二，在加热液体的过程中不能够将试管口对向人或活体，以免液体溅出导致烫伤。

第三，如果实验者身上滴落浓硫酸，应该立刻在流水下清洗，亦可用弱碱性液体洗涤。

第四，如果皮肤接触到碱液也需要以清水冲洗，亦可用比例适当的醋酸（4.5%）或者盐酸（1.5%）来中和。

第五，在进行化学实验的过程中应该避免佩戴隐形眼镜，一旦眼中被滴溅药品，则需要立刻以清水冲洗。

第六，橡皮或塑料手套应经常检查有无破损，特别是接触酸时要保证完好。

第七，接装玻璃管时，注意不要割伤手或皮肤，一般要戴线手套，或用毛巾垫着操作。

第八，做金相加工实验时要注意防护，避免切割下的碎片飞溅伤人。

4. 防溢水

溢水不仅对实验室有危害，也对我们做实验的人员有损害。实验室有供水系统，水龙头用完之后应该立刻关闭。停水时将水龙头打开后，可能忘记关闭，夜间来水之后，水可能自动溢出，滴落在电学仪器上将损坏仪器，或者浸湿天花板、底板等，造成难看的黄斑。不能将纸片、胶布等实验器材丢入下水道。一些无法分解的杂物或动植物残体应该丢入垃圾桶，如果下水道堵塞，先用水抽子抽，自己解决不了，找水暖工维修。

七、其他校园常见火灾的预防

(一)吸烟过程中的防火须知

第一，勿在躺卧于可燃物时吸烟。

第二，若在吸烟过程中因事打断，则需要熄灭烟头后再离开。

第三，在使用过火柴、烟头后必须熄灭。若有未熄灭的火柴头或烟蒂等则需将其放入烟灰缸等容器内，不能够使用可燃物做烟灰缸，也不能够把此类物品丢入纸篓中或其他公共场所。

第四，不可在汽车维修地或加油站等地吸烟，吸烟前后都应该远离油品所在地，在吸烟后也应该熄灭烟头再行离开。

(二)燃放烟花爆竹过程中的防火须知

在燃放烟花爆竹的过程中极易产生火灾隐患，但可以从以下几方面防患于未然。

第一，避免燃放可能引起火灾的烟花爆竹，如二踢脚、摔炮、窜天猴等，应该在购买过程中看好生产厂家和燃放说明，不购买私人厂家生产的劣质烟花。

第二，不在室内区域燃放烟花，且应按照正确的操作规范燃放烟花爆竹，燃放后应立即避开烟花轨道。

第三，若烟花爆竹在燃放后可能升高，则需要注意不要使其接触可燃物，如果留有余火则应立即熄灭或者移走残片。

第四，禁止携带烟花爆竹等可燃物乘坐公共交通工具。

第五，此类产品的储存应该远离明火或潮湿，以防出现质量问题或自燃。

第六，进入林区后应该严格遵守林区防火要求，不在林区内使用明火、吸烟、乱丢烟蒂或烧烤食物等，总之应避免一切使用可燃物的可能。

有案可稽

2009年2月9日晚在建的央视新址北配楼发生特大火灾。市消防中心紧急调动了16队人马，出动54辆消防车，直到翌日凌晨才将其扑灭。一名士兵在救火过程中牺牲，另有多人受伤。本次事故直接导致了1.6亿元人民币的损失。火灾发生的当天正值正月十五日元宵节，是春节期间允许燃放烟花爆竹的最后一天。此前北京已连续106天没有降水，空气干燥，客观上为火灾发生埋下隐患。央视新址办主任徐某无视央视新址周围禁放烟花的规定，未经市政府批准，无视警察劝阻，擅自决定在元宵节组织部门同事燃放大型烟花，在燃放过程中引发特大火灾，给国家财产造成了严重损失。最终，徐某等火灾相关责任人受到了法律的严惩。

第四节　初起火灾的扑救

火灾的发展，一般都要经过一个火势由小到大、由弱到强逐步发展的过程。在火灾初期的发展过程中，火场通常覆盖面积不大、火势比较弱、温度也相对较低，此时进行扑救效果最好。如果此时发现火灾，且能够把握好时机，就能够只用较少的灭火器材和人力，有时只要一支灭火器，一桶水，就能够将火灾扑灭，就能够很快将火灾损失降到最小。据统计，以往发生的火灾有70%是由在场群众扑灭的。因此，发生火灾要靠在场群众开展自救，力争将火灾扑灭在初起阶段。

一、灭火的基本原理

人类经过长期的灭火实践发现了火的奥秘，物质燃烧必须同时具备下述三个必要条件，火才能燃起来，即可燃物，也就是可以燃烧的物质，如纸张、木材等；氧化剂，也就是可以帮助燃烧的物质，如空气等；引火源，也就是能够着火的温度。如果将上述条件去掉任一个就会将火熄灭。所以，基于上述三个条件，所有灭火都是对现有燃烧条件进行破坏，或致使燃烧中断的连锁反应而使火熄灭以及把火势控制在一定范围内的措施，目的是最大限度地减少火灾损失。这就是灭火的基本原理。

二、灭火的方法

(一)火灾扑救的主要方法

1. 窒息灭火法

将燃烧物和空气隔绝，燃烧会因为缺少氧气而不再继续。譬如，将蜡烛点燃书本和纸张时，不可拍打挥舞只需用润湿的毛巾将其覆盖即可灭火；食堂师傅在炒菜过程中如果油锅起火只需要将锅盖盖上也能够快速灭火；煤气或者电器着火时，只需用棉被、毛毯等将其覆盖即可灭火。二氧化碳灭火器也同样采用了这一原理。因为二氧化碳重于空气，而且不会燃烧并且不支持燃烧，因此使用二氧化碳可以很快覆盖燃物，并将其与空气隔离，因此能够快速灭火。如果硫黄、赤磷、镁粉或电石等化学物质引起火灾，则可以使用干沙、干粉或者干土灭火。

2. 降温冷却灭火法

在燃烧物上直接喷洒干冰或水，因为干冰和水将发生汽化大量吸收热量，使得燃烧物表面温度下降，同时产生二氧化碳和水汽，因此能够将燃烧物和空气隔绝，通常来讲，水就是一种最佳灭火剂，不过相对于那些不适于用水扑救的火灾，如钠、碳化钙、钾、钙引起的火灾，如果使用水灭火，水与上述金属将发生化学反应，形成大量易燃的氢气和极高的热量，不仅不能灭火还会引起剧烈燃烧甚至爆炸。如果是油燃烧引起的火灾，用水扑救将致使油顺着水四处扩散，反而会加大火灾燃烧面积。此外，如果火场中有没有切断的高压电气设备，可能导致大面积触电。高温生产装置或者精密仪器失火后，都最好不要用水灭火。

3. 隔离可燃物灭火法

将火源和可燃物隔离也能够起到灭火的目的。譬如，当发生森林火灾时，就可以开辟隔离带将火势控制在隔离带之内，阻止其蔓延；将失火点周边液化气罐以及其余可燃物快速移动到安全位置；将体积小重量轻的着火物快速移动到空旷的安全位置，也有助于灭火。

4. 抑制法

这种方法是用含氟、溴的化学灭火剂喷向火焰，让灭火剂参与到燃烧反应中去以达到灭火的目的。

大学生如果遭遇校园火灾，可以根据现实状况，灵活运用前述基本方法，对多种初起火灾使用针对性灭火器灭火。假若火势太大，就要离开火场保证自身安全，同时报警。

(二)扑灭初起火灾的基本方法

火灾发展过程大体包括初起阶段、发展阶段、猛烈阶段、温度下降阶段、熄灭阶段。在第一阶段中，可燃物通常缓慢燃烧，火焰低，火势不大，燃烧面积也比较小，烟雾不多，热量较低，容易熄灭。在此阶段中灭火的主要原则是：先救人，着重于控制后再将其消灭，先消灭重点着火点再消除次要着火点。

校园如果初发火灾，应该做到以下几点。

第一，积极灭火。扑救初期火灾是每一个公民的责任和义务。初起火灾比较容易被扑灭，如果扑救及时，火势不会扩大；如果火灾初起，现场只有少数几个人时，应该立刻报告给保卫部，随后利用可用工具或灭火器积极扑救。

第二，应该立即将所有电源切断，将燃气以及各类可能释放助燃和可燃气体的阀门都完全关闭，避免火势蔓延。

第三，应该根据燃烧物质选择不同器材灭火。假若火场内有高压容器，应该一边救火一边用水尽量将容器冷却，以防爆炸。

第四，如果短时间内没有把火苗扑灭，火势仍在增大，要在继续采取措施控制火势的同时通知火警。

第五，只要有可能应该将火场以及周边的易燃易爆物、高压容器、贵重资料物品转移到安全位置。

第六，如果没有出现太大烟雾，条件许可时，救火人员可以使用消防水龙带喷水降温、灭火。

第七，救火人员自身要防止烧伤，吸入毒气，保护好自身安全。

第八，如果火场内有人，首要责任是抢救被困人员。

第九，做好现场警戒，限制无关人员进入火场。

第十，保护好现场，协助相关人员处理火灾事故。

三、参加救火注意事项

任何人一旦发现初起火灾都有责任和义务参与扑救，救火时要注意下述几点。

第一，听从指挥行事，不可擅入火场。

第二，注意自身安全以及其他在场人员安全，冷静沉着避免无谓伤亡。

第三，警惕火灾现场的盗窃案件发生。

第四，保护好火灾现场，便于灭火和后期处理事故和原因调查。

四、灭火器

灭火器是人力能够自由移动的一种灭火工具，主要包括筒体、喷嘴两个结构，通过内部压力将内部填充的灭火剂快速喷出将火扑灭。灭火器具有结构简单、轻便灵活、操作方便、适用面广的特点，是扑灭初起火灾的一个有效工具。灭火器有很多不同类型，各类灭火器适用于不同类型的火情，选择正确灭火器类型，是有效扑救的关键。

通常来讲，火灾引发的主因不同，要有区别地使用不用类型的消防器材。固体燃烧引起的火灾扑救适合泡沫、水型、卤代烷和磷酸铵盐干粉型灭火器。液体燃烧引起的火灾或者可溶固体引起的火灾适用泡沫、干粉、二氧化碳以及卤代烷四类灭火器。气体燃烧引起的火灾适合泡沫、干粉、二氧化碳以及卤代烷四类灭火器。如果火场内带电，则适用二氧化碳、卤代烷以及干粉型三类灭火器。

我国现行的国家标准将灭火器分为手提式灭火器和车推式灭火器。在高校常见的是手提式灭火器，使用较多的有3种：干粉、二氧化碳以及卤代烷型三类手提式灭火器，其中最后一种有损环境，目前已经逐步退出市场。国内公共场常用的灭火器是磷酸铵盐干粉型也就是"ABC干粉灭火器"以及二氧化碳灭火器，加油、加气站常用碳酸氢钠干粉灭火器也就是"BC干粉灭火器"以及二氧化碳灭火器。下面概括介绍常见灭火器的适用范围、使用方法和注意事项。

(一)常见灭火器适用范围、使用方法和注意事项

1. 干粉灭火器

干粉灭火器的适用范围广泛且经济实用，主要适合易燃、可燃气体、液体和带电设备引起且处于初期阶段的火灾，或者5000伏以内带电物体、固体物质着火初期的灭救，不适用金属燃烧引起的火灾。

使用方法如下：肩扛或者手提灭火器迅速赶往火场，在与燃烧点距离约5米的位置，将灭火器放下后在上风位置向着火点喷射（室外）。喷射前，需要先把保险销拔除，随后手

握喷嘴部，另一只手压下开启压把就能够将灭火器打开喷射灭火。如果灭火器有喷射软管或者选用的是储压式灭火器，需要保证压把持续下压，以免喷射中断。

干粉灭火器主要适用于易爆、可燃液体引发的火灾，灭火时要着重扫射火焰根部，假若液体还在流淌燃烧，要锁定火焰根部从近至远，左右移动扫射，直到完全扑灭火焰为止。假若容器内有液体燃烧，要用灭火器锁定火焰根部横向扫射，保证干粉流能够完全覆盖容器开口；如果火焰已经被赶出容器，还要继续喷射到完全灭除火焰为止。如果容器内仍有可燃液体燃烧时，不得直接用喷嘴喷射液面，以免喷流致使燃液体飞溅到容器之外使得火势进一步扩大。

ABC 干粉灭火器主要适用于固体可燃物引发的火灾，灭火时，要锁定猛烈燃烧点直接喷射和扫射。在有条件的情况下，还可以手提灭火器围绕燃烧物喷射，将干粉均匀喷洒于燃烧物外表直到完全扑灭所有火焰为止。

2. 手提式二氧化碳灭火器

二氧化碳灭火器适于扑救固体、液体、气体引起的火灾等普通火灾，涉及精密或电气设备仪器的火灾，不过不可用于钾、镁、纳、铝等金属或相应氰化物等性质活泼，可能和二氧化碳反应加剧燃烧的物质引起的火灾。

此类灭火器的开关设计有两种：手动开启式和螺旋开启式。前一种在运用过程中，要先将消防销拔除，随后一只手控制把手，另一只手将压把压紧，就能够喷出二氧化碳，松开压把就可以将灭火器关闭。后一种在运用过程中要应先去除铅封，在将喷筒翘起之后一只手提把另一只手将手顺时针转动旋轮，像打开水龙头那样就可以开启喷出高压气体。在使用过程中，要避免手抓金属连线管或者喇叭筒外壁，否则可能将手冻伤。假若容器内有可燃液体燃烧，需要提起喇叭筒，从容器一侧上部向容器内部喷射，不可用二氧化碳直接冲击液面，以免液体被冲出容器导致火势增大。

室外运用此类灭火器时，使用人要立于上风位置喷射，如果在室内或小空间内用此类灭火器，操作者应该快速离开，否则可能会发生窒息。

3. 卤代烷型(1211)手提式灭火器

1211 型灭火器主要适于普通气体、液体、精密设备、机房、电气设备、珍贵文物、贵重物仓库火灾等一切金属物质火灾之外的火灾。1211 灭火器能够充分绝缘，不会腐蚀金属，保存时间长且不容易变质，并且灭火之后不会留下任何痕迹。

使用此灭火器时，需在燃烧点距离约 5 米处使用。第一步要将保险销拔出，第二步紧握开启把，同时握住喷嘴位置。假若灭火器没有设计喷射软管，则可手握开启压把同时扶住底部底圈，将喷嘴锁定燃烧点，握紧打开压把，向着火点喷射。假若容器内有可燃液体燃烧，需要锁定火焰水平晃动对着火点进行扫射，如果火焰已经被赶出容器，则需要跟随火焰继续用喷流扫射，直到完全扑灭火焰为止。假若需要扑救的是可燃性固体引起初起火灾，则需要用喷射流锁定最猛烈燃烧的点位，如果已经将火焰完全扑灭还要采取有效杜绝其复燃的措施。使用 1211 灭火器时切忌颠倒或横卧，不然灭火剂将无法喷出。另外，由于此类灭火器的灭火物质有一定毒性，所以室外用此灭火器时，要站在上风位置喷射；如果在较小室内环境中灭火，操作后应快速撤离。

4. 泡沫灭火器

泡沫灭火器主要适于普通 B 类火灾，也就是油脂、油制品、地面、管线火灾，也可用此灭火器扑灭 A 类火灾，但不适用于电气设备和紧密金属制品的火灾。

泡沫灭火器中起到灭火作用的物质主要是碳酸氢钠、硫酸铝以及甘草精。在灭火过程中，倒置灭火器就有泡沫喷出用于灭火。

5. 四氯化碳灭火器

四氯化碳灭火器适用于电气设备和贵重仪器设备的火灾。

四氯化碳灭火器化之后会产生不导电且密度大于空气的透明、无色气体。灭火时，将机身倒置，喷嘴朝下，旋开手阀，即可喷向火焰使其熄灭。四氯化碳毒性大，使用者要站在上风口。在室内，灭火后要及时通风。

6. 消火栓和水龙带

高校校园的建筑物内一般均配备消火栓和水龙带以及各种手提式灭火器（如干粉灭火器、二氧化碳灭火器等）。

消火栓是灭火时常用的水源，主要有室外和室内两类。其中前者通常设置于楼层内或房间内，通常外部设置有玻璃门，内有水枪、水龙带。将各部分与消火栓连接，打开水阀就可用水灭火，在使用过程中需要注意下述问题。

第一，不可折弯水龙带或扭转水龙带。

第二，如果火场内有电力未切断，必须保证电力被切断才可以使用。

第三，尽量减少对精密仪器、珍贵书籍的侵害，部分金属类火灾不适用此方法。

延伸阅读

扑灭火灾的注意事项：

第一，报警、接应工作应该同时开展。

第二，冷静听指挥，积极配合，守秩序。

第三，救人第一，火势控制第二，灭火第三。

第四，邻居室锁闭门，才能够隔绝烈火浓烟。

第五，匍匐在地，慢浅呼吸，慢速撤离。

第六，屏住呼吸，最好不上楼。

第七，用湿毛巾掩住口鼻行。

第八，紧密房门，探头呼救，冷静等待救援。

（二）灭火器的维护

维护灭火器的基本原则有三点：第一，应该将灭火器放在干燥、通风，便于取用的位置，环境温度最好控制在 -5 摄氏度～45 摄氏度；第二，不可将灭火器放在潮湿、高温，或者腐蚀严重的位置，以免灭火器的内干粉分解或结块；第三，对干粉进行检查，确认其未结块，二氧化碳未漏泄。对储气瓶进行检查时，需要拆除储气瓶称重，保证重量与钢印标记数值接近，如果差额大于 7 克必须将其送去修理。检查灭火器上的压力表，如果指针处在红色区域，证明钢瓶内压力泄露不能使用，必须尽快送修。

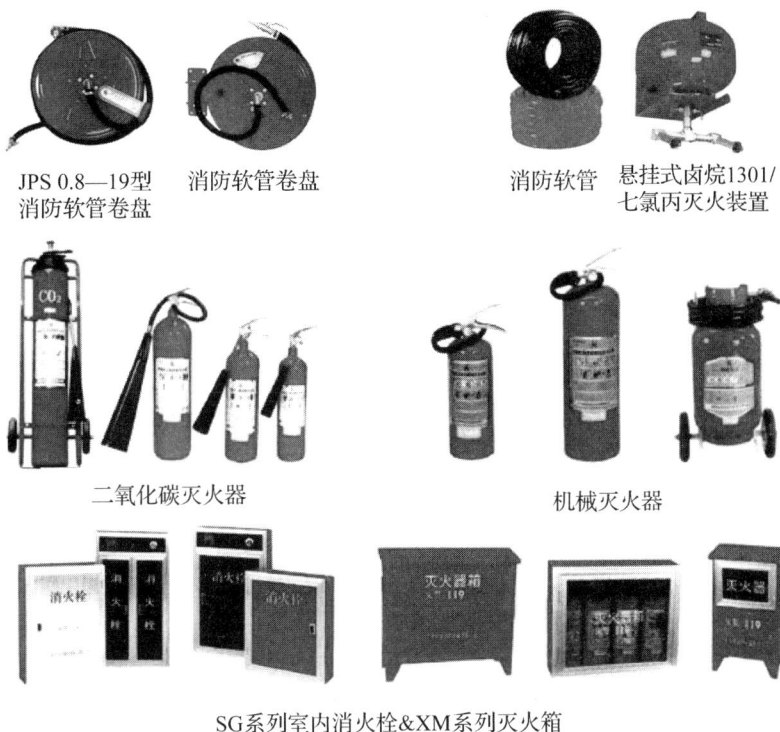

JPS 0.8—19型　消防软管卷盘　　　　　　消防软管　悬挂式卤烷1301/
消防软管卷盘　　　　　　　　　　　　　　　　　　　　七氯丙灭火装置

二氧化碳灭火器　　　　　　　　　　机械灭火器

SG系列室内消火栓&XM系列灭火箱

图 6-4　常见的各种灭火设备

第五节　火场的逃生与自救

火灾一旦发生，虽然非常可怕，但是如果采取了有效措施，便可以避免伤亡。虽然火场变化很快，但是只要冷静沉着，采取正确的自救手段也能逃出火场。所以大学生需要掌握关于火灾疏散、逃生的基础知识。

一、火灾中人的异常心理及表现

(一)恐惧心理

恐惧心理也就是无法快速适应环境变化导致的"害怕"反应，外在行为表现有：害怕、心慌、判断力下降、言行错乱甚至丧失意志力等；当火灾发生时，往往束手无策，不知所措，慌作一团。

(二)从众心理

从众心理的外在行为表现有：没有自己的主见和判断力，在火灾中跟着别人跑。

有案可稽

辽宁阜新"11·27"艺苑歌舞厅发生火灾，导致 233 人死亡，而在出口（宽 8 米）竟然有 158 具尸体堆叠。从火灾现场看，明明门口被人流堵塞，从此逃出已无希望，应另寻途径，但很多逃难者看见别人冲向门口，自己也跟着跑向门口，结果都倒在了门口旁。这是从众心理典型的表现行为。

(三)逆反心理

逆反心理是指在一定条件下，产生与客观事物发展背道而驰的心理现象，其表现行为有：做了不该做的行动。当发生火灾时，本来不应该打开门窗，结果将门窗打开后空气进入导致火势更快蔓延；或导入了烈火浓烟，内部高温烟气剧增，使人窒息。

(四)绝望心理

绝望心理也就是当主观愿望和现实有太大差距，目标无法实现时的心理。外部行为表现有"破罐子破摔""听天由命"等。火灾发生时，表现为跳楼、躲在床下等死等。

图 6-5　遇到火灾，不要跳楼

二、逃生自救的原则和主要方法

(一)逃生与自救的原则

消防专家对火灾伤亡进行分析发现，毒气和浓烟是火场中人员致死的主因。国内外有大量案例和资料证实了这一点。死于火灾事故的人员中，至少有八成死于烟气，部分人员先被烟气熏倒然后才被烧死。也有实验证明，如果身处浓烟环境中，人最多能够坚持 3 分钟，如果有毒气，甚至只能坚持 2 分钟。所以，当火灾已经进入猛烈燃烧阶段时，尤其有浓烟、毒气出现时，火场中的人员一定要相互帮助，尽快逃离。

1. 加强个人防护，减少烟气侵害

在保证安全的前提下快速撤离。人员如果被火团团围住，最先要考虑的是保护好自己。因此，被围困者需要抓住时机，采取措施做好个人防护，利用能够得到的所有物品、工具，将手帕、毛巾、沙发、餐巾、衣物、床单等打湿（如果没有水，紧急时可以用小便），将口鼻扎住，以免将高温烟气吸入体内。同时还可以将毛毯、棉被、地毯等打湿将身体裹住之后，在地面上打滚，离开火焰区。其次，应该沿墙伏地爬向出口，千万不要站立行走。假若逃生通道已经封死，同时又没有其他安全保障措施时，不可采用过激行动。要注意保护自己，等待救援人员开辟通道，逃离火灾危险区。

2. 正确选择逃生途径，减少被烟火围困的时间

当发生大火时，人们很容易在他人的簇拥推搡下而前往常用楼梯方向，即使出口已经挤成一团，堵塞了出口，还争相夺路不肯离去。因此，选择逃生路线至关重要。

第一，选择直通室外的出口、通道或者消防电梯。

第二，尽量避开对面或交叉人流。

第三，选择仍有新鲜空气的出口、走道、通道或者消防电梯。

第四，选择通往疏散楼梯间的出口或过道。

第五，如果处在着火层的，应尽量去更低楼层。

第六，如果处在火层上层，应该去楼顶或者阳台。

第七，不能乘坐电梯。电梯口直接通往各层，热、烟和火都极易进入。受热后，电梯可能变形或失控；毒烟、火烤都会给人致命打击，因此一旦出现火灾绝不能乘坐电梯。美国就有消防员在乘坐电梯赶往火场的途中，由于电梯失控导致所有电梯内消防员全部丧生的事故发生。

(二)逃生与自救的主要方法

1. 熟悉环境法

熟悉环境法也就是应该熟悉掌握所在建筑物的消防环境。日常人们居住或工作的建筑物应该有详细的逃生计划路线，同时还要经常开展逃生演练和训练，以便保证所有人员都十分熟悉逃生路线、出口位置和逃生方法，如有必要还需将逃生路线、出口位置都绘制成清晰的路线和指示图，在明显位置张贴便于大家熟悉。如此一来，如果有火灾发生，人们就可以根据逃生计划快速逃离火场；人们在商场、酒楼、宾馆以及KTV等场所购物、娱乐时，需要留心安全出口、太平门和灭火器，一旦发生火灾，可以凭记忆快速找到出口，参与灭火。唯有警钟长鸣，长期形成安全意识、行为习惯，面临危情时才能保持镇定冷静，保全生命。譬如，哈尔滨市白天鹅宾馆某天深夜就发生了一场特大火灾，火势发生的楼层内有一名客人，刚入住时就先熟悉了周围环境和疏散出口位置，并且有意识地从房间沿疏散通道走到楼下，熟悉楼梯台阶数量和通行时间。当他夜里发现失火之后，立刻口捂湿毛巾，快速穿过走廊进入疏散通道，得以逃生。

2. 迅速撤离法

逃生行动必须当机立断，保持冷静的同时，迅速行动，当听到警报或者意识到自己被包围后，应该立刻离开房间想办法脱险，不可耽误以免丧失良机。在吉林东辽县的一场火灾中，就有一名青年，本来已经离开险境，因为返回火场抢取财物穿衣服，结果丧命。通常来讲，火灾发生初期，烟、火都不大，只要采取正确的方法就能够快速撤离逃生。

3. 通道疏散法

如果楼房内发生火灾,要根据火势,选择便捷安全的疏散设施和通道逃生,优选通道有疏散楼梯、室外疏散楼梯以及消防电梯等。如果建筑物通道内已经有很多浓烟,需要先往身上、头上浇些凉水,随后使用打湿的床单、衣物或毛毯等裹好身体,降低身体匍匐爬行谨慎快速穿过险区。如果没有其他可用的救生器材,也可以选择窗户、屋顶、阳台、落水管以及避雷线等脱险。

有案可稽

唐山市位于林西南路的一栋百货大楼曾经发生特大火灾,本次事故导致 80 人死亡,53 人受伤。但是有一名刘女士却成功逃生,原来着火时她在三楼,发生火灾后,她趴在地板上进入楼梯攀爬下降到二楼之后跳窗才得以逃生。

4. 借助器材法

遭遇火灾者深处危境,谁都不要随便放弃,必须竭尽全力逃生。救人、逃生设备器材有很多种,常用的有救生袋、缓降器、救生气垫、救生网、救生软梯、救生滑台、救生滑竿、救生舷梯以及导向绳,假若可以有效运用上述设施器材,也能够火"口"脱险。

5. 暂时避难法

无路可逃时,应该积极寻找避难所,暂时保全自我再寻找逃生机会。假若身处多功能综合性大型建筑内,可以考虑使用走廊末端、电梯和卫生间旁边设计的避难间避开烟火。如果建筑中没有设计避难间,被困者要设法创造避难所求生。首先,应该将所在房间中迎着烟火方向的门窗紧闭,同时注意切忌将玻璃打碎,如果有烟从窗外飘入,要尽快关闭窗户。同时用床单、毛巾等将缝隙堵住,或者在缝隙处挂上打湿的毛毯、棉被、床单等不好燃烧的物品,同时向朝着烟火方向的遮挡物和门窗洒水,将屋内所有可燃物浸湿,直到火焰被控制或熄灭为止。此外,被困过程中要设法和外部人员联系争取尽快获救。假如房内安装有电话,或者能够获取到手机、对讲机时,应该及时报警。假若手头没有可用的通信设备,在白天可以用颜色鲜明的衣物或布料等往外部晃动,将物品投掷到外部,在晚上则可以晃动打火机、开关电灯或者用手电晃动求援,到消防队前来得到救助或者可以疏散时,再逃生。逃生时,如有可能要将防火门(包括卷帘门)等分隔物关闭,开启排烟、通风系统,为逃生争取时机。

6. 标志引导法

公共场所的屋顶、墙面、拐弯、顶棚位置都会设置"紧急出口""安全门""安全通道"、逃生方向示意箭头、照明灯等和"火警电话"等消防、事故标志和照明设施。被困人员在逃生时要关注寻找标志,快速找到正确的逃生路线,根据指示方向有序逃生。

7. 利人利己法

如果着火的建筑内人数众多,大家在逃生时,很可能聚集在出口处,紧急时还可能出现践踏倾轧现象,堵住通道甚至导致更多伤亡。因此在逃生过程中要遵守秩序,保持镇静,避免踩踏和倾轧。

延伸阅读

火灾逃生"八不要"

第一，不要忘报火警。

一旦面临火灾，不可过度惊慌甚至忘报火警。进入高楼后应该首先关注灭火和报警设备、消防通道的位置，如果有火灾发生应该即刻报警。

第二，不要过度紧张。

一旦发生火灾应该保持镇定，针对现场情况，因地制宜逃生、救火，切忌过度惊慌紧张、乱作一团。

第三，不要贪恋财物。

一旦出现火灾，第一要务是保命，不能贪恋财物，导致丧失逃生时机，更不能为寻找寻财物重返火海。

第四，不要乱开门窗。

进入室内躲避之后，如果乱开门窗将引来大量高温浓烟，失去躲避场所。

第五，不要乘坐电梯。

高层火灾一旦发生，电梯极有可能断电，被困电梯将无法逃生。

第六，不要带火奔跑。

身上一旦着火不可奔跑应该就地打滚或灭火。

第七，不要跑向错误方向。

火势向上燃烧，火焰将从低楼层蔓延到高楼层，所以只要有机会应该尽量往着火点下方楼层跑，实在遇到困难时，应该最好跑上楼顶并站在上风方向，往楼下呼救等待救援。

第八，不要轻易跳楼。

火焰进入避难地点时，不能轻易跳楼（尤其身处楼层高于3楼时），可以扒住窗台或阳台翻到窗外躲避求生。

三、如何拨打"119"

第一，拨叫火警电话"119"，详细说明所在地区、道路名称、单位名称、门牌号、燃烧物、火势、报警人姓名和联系电话等信息。

第二，报警时要冷静，用普通话清晰传递消息。

第三，报警之后，应该派专人在路口等候消防人员为其引路到正确地点。

延伸阅读

我国公安部于1992年下发通知，将11月9日设定为"119消防宣传日"。因为从11月9日开始，国内多数区域都已经进入火灾高发的冬季，从这一天开始，要加强冬季防火工作。之所以将11月9日设定为"消防日"，主要还是因为我国统一的火灾报警电话号码是119。11月9日可以简写为"11.9"恰好是"119"也就是统一的火灾报警电话号码。并且，过去国家统一火警号码就是"09"。而在 1970 年之前，我国特别通信服务编号为"0"，之后改为"11"。1982 年时，我国实施标准化管理体系，选择了汉语谐音"要要救"也就是"119"作为全国统一的火灾报警电话。

"119"统一火灾报警平台，并非简单的电话号码或一部独立电话，而是先进科学的通信系统。这一系统能够与国内任一地区互通火灾情报，还能够调用卫星安排调动救援力量。用这个系统能够随时向高级消防指挥部汇报火灾信息，事实上"119"是一个专门针对火灾的先进防控指挥中心。

119 报警平台可以说是一个以电子计算机为核心的数据情报和控制中心。运用这个平台，我国各地消防部门的重要信息能够汇集并储存起来，一旦发生火灾，计算机就会发出报警铃声，消防警员可通过计算机了解这个部门的详情，在警员行动时，平台会给他发送最佳行动路线和灭火方案。消防车内配备的电视屏幕、无线电话可以被消防人员用于和119 报警台取得联系并随时获得最新指导和信息。

四、学生宿舍火场的逃生

首先，爬到宿舍的门边，用指背试一试门是否发热。门如果很热，一旦打开，火焰和烟气将快速扑进，逃生者将快速丧命！这时，应退到火势还未到达的房间，然后把门关好，做好逃生准备。关着的门能起到暂时的保护作用，标准木门能够给逃生者提供至少 15 分钟的时间，足够逃生者顺着第二逃生路线顺利逃生。如果门比较凉，说明火势还未蔓延到这里。可以沿平时的出口逃生，但要随时关门，这样可以控制火势的发展。

其次，穿过浓烟逃生时，要尽量使身体贴近地面，并用湿毛巾捂住口鼻。因为烟气、热气都是向上运动的，靠近地面的空气比较纯净、温度较低。毛巾可以除烟。用毛巾、湿布块捂住口鼻，可防止高温烟气侵袭。否则，高温烟气会使人员中毒、窒息而亡。

再次，巧妙地运用阳台。当听到火警时，正准备向外疏散，但是这时房间的门或通道出口的走廊、楼梯已被火和烟封住了，利用这两条路线向外跑已不可能，那该怎么办呢？许多人在恐慌中从窗口跳下，结果非死即伤，若是从高层跳下，十有八九要被摔死。有一条路线可供疏散，方法是利用阳台转移到相邻房间或楼层，从而逃离起火层。

复次，选择疏散楼梯。在学校的高层建筑中，发生火警后，走廊里都有会亮起指示疏散的装置。要镇静下来仔细观察，选择正确的疏散出口。建筑物中楼梯可以根据防火安全性，将其划分成敞开式、封闭式以及防烟式楼梯三类。有的建筑物为了保证人员的疏散还设置了室外疏散楼梯。利用楼梯进行疏散时要注意：下楼梯时要抓住扶手，否则人们奔跑起来会将你撞倒、利用室外疏散楼梯，更应该注意安全。

最后，非跳楼不可时应注意的事项，统计证明，如果从超过三层的高楼上往下跳死亡概率很高，因此除非万不得已，不要选择跳楼。不过如果火势实在逼得走投无路，只有一跳，不过仍然要想办法减少伤亡，可以采取下述几个措施。

第一，抱住沙发垫、棉被等松软物品，为下降落地减轻冲击力。

第二，往下方有石棉瓦、草地、花圃、河滨、水池或有茂盛枝叶大树位置跳落也能够减轻受伤程度。

第三，如果徒手下跳要将身体弯曲尽量卷成一团，以便减少头部直接触底的可能性。

总之，跳楼的危险性很高，因此一旦遭遇火灾要务必保持镇静，尽量走常规疏散求生路线，不到万不得已，千万别跳楼。

五、火场人员的疏散

遭遇火灾被围困时，通常都会心生恐慌，于是互相拥挤、拼命争逃的现象就会发生，结果造成大量人员不必要的伤亡，因此，需要及时组织火场人员有序疏散。我们说火灾降临，为什么有些人不幸丧生；有些人跳楼结果落下残疾，还有些人却能够化险为夷从火场逃生呢。当然，这与火灾发生的地点、时间、火势、消防设施情况都有关系，可是被困人员是否有火场自救逃生的本领也常常有决定性作用。所以，大学生必须掌握好火场自救与逃生技能。

(一)消防疏散通道的要求

必须保证疏散通道和安全出口的畅通，必须根据规定设置疏散指示标志和应急照明设备，确保所有消防设施、标志、设备、系统、广播均可正常使用；不得占用消防通道，也不能在疏散通道上或安全出口安装栅栏或放置障碍物，不得在教科活动期间关闭安全出口，不得遮挡消防安全疏散指示标志。

(二)火场人员的疏散

在学校人员比较集中的场所，一定要考虑火灾发生后的疏散问题。关键是在火灾发生初期，采取有效措施组织疏散被困人员、实行自防自救、安全撤离，具体要做好以下几点。

1. 制定疏散预案

如果发生火灾的地点是人员汇集的公共场所，要帮助直接遭受火情威胁的人员快速有序离开危险区，组织有序疏散，相关单位人员平时要和消防主管责任部门分析研究，制定疏散和抢救方案，制定发生火情时，帮助受困人员冷静情绪有序疏散的措施。在具体方案设计中，各区域都应该有相应人员承担明确的任务，保证相关人员能够履行责任安排人员从设定的疏散路线和出口疏散。为了做到这一点，相关管理人员应该绘制示意图，并安排工作人员根据示意图多次演练熟悉疏散方案。这样一来，当火灾发生时，相关人员就能够根据方案快速就位执行疏散任务。当既定预案中安排的工作人员并未在火灾现场时，火场内其他人员应该服从相关人员管理指挥和组织，同时到相应位置参与支持人员疏散和救援。

2. 酌情通报火灾情况

火灾发生在人员集中的公共场所时，通常在初期阶段很多人对火灾并不知情，如果被困人员很多，同时没有较好的疏散条件，且火势发展速度较慢时，管理人员应该首先将消息传达给离出口最近以及疏散条件最差区域的工作人员和人群，安排他们优先疏散，随后再将火情公开通报给其他人群。如果火势猛烈，建筑内有较好的疏散条件时，可以直接公开通报火情，安排全员快速疏散。

3. 分组实施引导

起火之后，人们必然都急于逃离，所以可能拥堵通道口，还可能引起踩踏挤压伤亡事故。管理人员在此时要设法疏散引导。同时，设立火场警戒区，把疏散出来的人员带到安全区域，不允许无关人员进入危险地带。

1.火灾袭来时要迅速逃生，不要贪恋财物。

2.家庭成员平时就要了解掌握火灾逃生的基本方法，熟悉几条逃生路线。

3.受到火势威胁时，要当机立断披上浸湿的衣物、被褥等向安全出口冲出去。

4.穿过浓烟逃生时，要尽量使身体贴近地面，并用湿毛巾捂住口鼻。

5.身上着火，千万不要奔跑，可就地打滚或用厚重的衣物压灭火苗。

6.遇火灾不可乘坐电梯，要向安全出口方向逃生。

7.室外着火，门已发烫时，千万不要开门，以防大火蹿入室内。要用浸湿的被褥、衣物等堵塞窗缝，并泼水降温。

8.若所有逃生线路都被大火封锁，要立即退回室内，用打手电筒、挥舞衣物、呼叫等方式向窗外发送求救信号，等待救援。

9.千万不要盲目跳楼，可利用疏散楼梯、阳台、落水管等逃生自救。也可用绳子或把床单、被套撕成条状连成绳索，紧拴在窗框、暖气管、铁栏杆等固定物上，用毛巾、布条等保护手心，顺绳滑下或下到未着火的楼层脱离险境。

图6-6　火场逃生要诀

第六节　消防安全标识的制作与使用

一、消防安全标识的制作

在日常的生活学习中，在紧急情况下，需要按照规定设置消防安全标志牌，制作要求如下。

首先，消防安全标志牌都有自带衬底色。用其边框颜色的对比色将边框周围勾一窄边即为标志的衬底色。没有边框的标志，则用边缘颜色的对比色。除警告标志用黄色勾边外，其他标识用白色。衬底色最少宽 2 毫米最多宽 10 毫米。

其次，消防安全标志牌的制作材料要选择耐用、坚固的材料，常用材料有塑料、金属和木材等。用于室内的消防安全标志牌可以用粘贴力强的不干胶材料制作。对于照明条件差的场合，标志牌可以用荧光材料制作，还可以加上适当的照明。

再次，消防安全标志牌应无毛刺和孔洞，有触电危险场所的标志牌应当使用绝缘材料制作。

最后，消防安全标志牌必须由被授权的国家固定灭火系统和耐火构件质量监督检测中心检验合格后方可生产和销售。

二、消防安全标志的位置设置

消防安全标志的位置不能随意设置，设置标准要求具体如下。

第一，应该设立在醒目且和消防安全设施相关的位置，以保证人们能够予以关注并理解其含义。

第二，不应设置在可能被遮盖的位置或移动物体后面。

第三，如果无法确定设置位置，可以向地方消防监督机构咨询征求专业意见。

图 6-7 校园内的各种消防安全标志

思考回顾

1. 火灾可以分为哪几类？
2. 燃烧需要哪些条件？

3. 校园发生火灾的主要原因有哪些？

4. 你认为预防火灾发生的关键是什么？

5. 请阐述扑灭火灾的基本原理和方法。

6. 灭火器有哪些类型？分别适用于何种火灾？如何使用？

7. 简单介绍几种火场逃生的方法与注意事项。

8. 学习认识常用的消防安全标志。

第七章 大学生的心理安全

　　大学阶段是人生的一个重要转折期，也是大学时期各类心理问题的高发期，由于生理、心理的发育与成长，所处环境改变，大学生同时承担着学习、社交、生活以及环境的多重压力，因此必然会出现许多心理问题。当心理问题未能得到调适时，可能会出现自虐、自杀等行为，且对自身和他人造成极大伤害，对学生的家庭造成巨大的伤害，影响了大学生自身的发展，也极大地影响了校园的安全与稳定。大学生只有具备良好的心理素质、文化素质、专业素质及身体素质才可能全方位协调发展。

　　党中央、国务院高度重视心理健康服务和社会心理服务体系建设工作。在出席全国卫生与健康大会时，习近平指出，要"建立健全健康教育体系，提升全民健康素养，推动全民健身和全民健康深度融合。要加大心理健康问题基础性研究，做好心理健康知识和心理疾病科普工作，规范发展心理治疗、心理咨询等心理健康服务。"十九大报告也特别指出："加强社会心理服务体系建设，培育自尊自信、理性平和、积极向上的社会心态。"当前大学生面临更加复杂的社会心理环境，如何调节、保持健康的心态对于大学生安全工作来说已然成为当务之急。

　　因此，加强大学生的心理安全教育，帮助大学生拥有良好的心理素质，促进心理成长，培养正面积极的心理，加强心理调适能力，掌握相关知识、培养自我认知及人际交往能力，从而促使大学生达到全面发展，避免发生心理安全事故十分重要。

第一节　大学生心理健康现状与问题

一、理解心理健康

　　因为文化背景、研究方法、角度存在差别，所以目前学术界还并未提出统一的"心理健康"概念定义。世界卫生联合会认为心理健康应该满足下述条件：第一，智力、生理健康和情绪都处于调和状态；第二，能够较好地适应环境，在人际交往过程中能够做到相互谦让；第三，内心感到幸福；第四，职业或者工作过程中可以发挥能力，生活效率较高。在1946年召开的第三届国际卫生大会上，学者们总结给出了下述定义：生理、智能和情感上与其心理健康相互和谐，心境处于最佳发展状态。心理学家英格里士在1958年时给出了下述定义：所谓心理健康也就是一种稳定存在的心理情况，在此状态下，个体能够有效适应环境，表现出较强的生命活力，可以较好地发挥身心潜能，生活丰富，态度积极。

由此可见，心理健康是一个很难给出精确定义的复杂概念。从广义讲，心理健康是持续存在的能够令人满意的、正面积极的、高效的心理状态。从狭义讲，心理健康是个体心理活动协调、完整，也就是认识、意志、情感、人格与其行为相互协调、完整、同步，能够适应社会保持积极愉快的状态。

➦ 延伸阅读

中国古代医学就已经注意到了心理健康问题，很早就提出了情绪会影响人体的五脏六腑这一观点。古代医学指出，喜、怒、忧、思、恐将直接影响脏腑，心—喜、肝—怒、肺—忧、肾—恐相对，情绪过于剧烈将损伤对应脏腑。《黄帝内经·素问》已记载："五精所并，精气并于心则喜，并于肺则悲，并于肝则忧，并于脾则畏，并于肾则恐，是谓五并，虚而相并者也。"所以，古代养生就十分重视心理健康，并强调平和心境的培养。

二、大学生心理健康的标准

➦ 延伸阅读

国内外学者对于心理健康的标准也有着不同的看法，其中被引用最广且最为著名的是美国心理学研究人员米特尔曼和马斯洛提出了判定心理健康的 10 个标准：第一，是否有较强的安全感；第二，是否了解自我，是否能够对自己的能力进行合理评价；第三，生活目标与现实是否相符；第四，与外部环境是否有正常良好接触；第五，人格是否和谐、完整；第六，是否能够从经验中学习；第七，是否有良好恰当的人际关系；第八，是否能够适度表述情绪并加以有效控制；第九，在集体允许的情况下，是否能够有效发挥个性；第十，是否能够在遵从社会规范的前提下，满足个人的基本需要。

大学生多数处于 18~25 岁，正处在青年中期（心理学角度）。从其心理分析，大学生有青年中期的心理特征，不过同时大学生也有其特殊性，与社会上其他青年也有一定区别，所以用来测量其心理健康状态的量表标准应该有所改变。在不同时代，不同文化背景条件下，量表设计和标准设定也要随之改变。根据国内大学生的现实状况，对大学生心理健康进行评判时，主要考虑下述内容。

第一，智力正常。智力也就是个人的注意力、观察力、想象力、记忆力、创造力、思维力和实践能力等多种能力的综合，包括理解经验并从中学习的能力，获取知识并加以保持的能力，快速成功适应新环境的能力，有效利用推理解决问题的能力等。正常的智力是大学生正常生活、学习，开展工作的基础条件，是其适应环境改变的心理保证，所以这一项的衡量标准应该设计为能否正常、充分发挥个体效能，有旺盛的求知欲，对学习富有热情，乐于参加学习活动。

第二，情绪健康。情绪健康的主要标志是心情愉快，情绪不会出现较大波动。具体内容包括：愉快情绪明显比负性情绪更多，开朗、乐观、充满朝气和活力，内心充满阳光和希望；情绪不会出现较大波动，对自己的情绪有一定的调节和控制能力，会克制情绪但是又能够正常宣泄情绪，能够用社会基本要求表达情绪，满足自身情绪宣泄和获取需要，能够根据场合和时间恰当表达情绪，情绪反应(包括强度)符合所处环境。

第三，意志健全。所谓意志也就是个体带着某种目的开展活动过程中的所有选择、决策和执行过程中的心理变化经过。假若个体有健全意志则其行动通常十分自觉，行为果断，具备较强自制力，遇到困难时比较顽强。如果大学生意志健全则其参与活动时，通常都十分自觉，可以根据现实适时做出决定的同时能够做好面对困难的准备，如果遭遇挫折、困难，都能够运用合理方式做出反应，并且能够在行动过程中合理控制情绪，并且能够做到言而有信，但是行动并不盲目，也不会畏惧困难，更不会执拗顽固。

第四，人格完整。所谓人格也就是个体心理稳定的特征。所谓人格完善也就是有统一健全人格，个体思想、语言和行为之间都相互协调统一。人格完善应该包含人格构成的所有要素统一、完整；对自我有正确认知，并无自我同一性混乱，能够用进取积极正面的人生观为人格核心，同时基于此将自身目标、需求、行动联合统一。

第五，自我评价正确。对于大学生来说，对自我做出正确评价是其心理健康的要件，大学生在观察、认定、判断和评价自我时，能够恰当认识自我，摆正位置，不会因为自己的某些突出优势自傲，也不会因为某些劣势自卑，如果遭遇困难和挫折，也同样能够接受自己，激励自己，从而做到自强、自尊、自爱、自制，并能够积极勇敢地直面现实，主动进取。

第六，人际关系和谐。深厚良好和谐的人际关系，是个人生活幸福、事业取得成功的基本前提。人际和谐的具体表现如下：乐于交际，人际关系深厚、广泛，有自己的知心朋友；与人交往过程中，能够保持完整独立人格，有自知之明；对自己和他人能够做出客观评价，擅长取长补短，乐于助人，宽厚待人，与人交往过程中态度积极，并有端正的交往动机。

第七，能够正常适应社会。个体应该和客观环境保持较好的秩序，不仅要观察客观环境形成正确认知，而且能够用有效手段应对困难，不因为困难心有畏惧；能够根据环境调整和自我认知，协调设法适应环境。

第八，心理行为与其年龄特点相符。大学生所处年龄阶段有突出的心理特点，其心理行为应该与其角色和所处年龄阶段相符。个体一生会经历多个年龄阶段，各阶段中个体心理发展都有其特征也就是心理年龄特征。个体心理行为的成长与其年龄增长同步进行，假若个体情感、认识、举止、语言都与其所处年龄特点相符，说明其心理健康；如果偏离严重超前或滞后，就都说明其心理不健康。

三、大学生心理健康的现状

由于改革开放政策的深化，我国高校扩招迅猛发展，随着大规模的扩招，出现了许多问题，如大学毕业生就业困难、教育资源匮乏、社会竞争激烈，大学生的心理问题日渐突出，并且呈上升趋势。因心理健康问题引发的大学生身心疾病和导致休学、退学、离家、离校、出走、死亡、犯罪的比例居高不下。许多大学生存在不同程度的心理问题，甚至存在严重的心理障碍。心理问题是导致大学生学习困难、人际关系紧张、丧失学习动力甚至生存欲望的主要原因，上述心理安全问题不仅会对大学生的健康发展造成严重影响，并且还会给正常教育教学造成很大困扰，对学校教育任务和目标完成有极大影响。

四、大学生常见的心理健康问题

(一)环境适应问题

在进入大学生活后，与初中、高中在父母的呵护关怀下的生活不同，大学生活在自我认知、社交、环境适应方面都需要适应调整。面对与原来完全不同的生活方式，大学生会产生不同程度的不适应感。这种不适会使大学生产生不安、低落、无所适从等消极心理。

(二)学业问题

大学学习是学生自主性学习，有些学生未能适应大学以自主学习为主的学习方式，学习效率低，成绩低。在巨大的学业竞争压力下，导致学生失去学习动力、厌学等问题，并产生紧张、焦虑、自暴自弃的情绪。

(三)人际问题

人际交往是大学生接触社会的重要途径，在大学校园里，来自五湖四海的同学聚在一起，不同的生活环境和习惯造就每个人待人接物的态度和方式不同、个性特征不同，面对全新的人际关系，再加上缺乏人际交往经验，导致大学生在社交活动中遭遇诸多困难，出现敏感、困惑、封闭、自卑以及嫉妒等心理障碍和问题，严重的还可能对其身心健康造成伤害。

(四)家庭条件问题

与家庭条件较好的同学相比，家庭困难学生的自尊心更强，在学业和就业方面压力更大，心理负担很重。在交往中，容易表现出自卑和敏感等心理特征。

图 7-1　无形的压力

(五)恋爱与性心理问题

大学生正处青年中期,性成熟是这一阶段的主要生理变化,性问题和恋爱问题通常都会在此阶段发生。恋爱过程中,部分大学生不能正确对待恋爱挫折,易产生自杀、抑郁、报复等不良心理问题。大学生接受青春期教育不够,对性发育成熟缺乏心理准备,对性知识、性行为缺乏充分的认知,大多从网络上了解性观念、性文化,导致对待性生理观念产生偏差,容易产生压抑、堕落、耻辱等不良心理,严重的还会导致心理障碍。

有案可稽

2007年,在江西某学院就读的李某与男友杨某在学校附近会面时,双方发生争执,李某被男友割喉致死。有目击者称,杨某手持长达10多厘米的刀追赶李某,割断了李某的喉咙,之后杨某紧紧抱着李某,直到民警赶往才将其带走。由于恋爱导致的心理失衡很容易引发悲剧。

第二节　大学生心理问题的成因

心理问题的形成原因十分复杂,既与生理和遗传有关,又与心理、社会和环境因素有关。造成大学生心理问题的因素主要有以下几点。

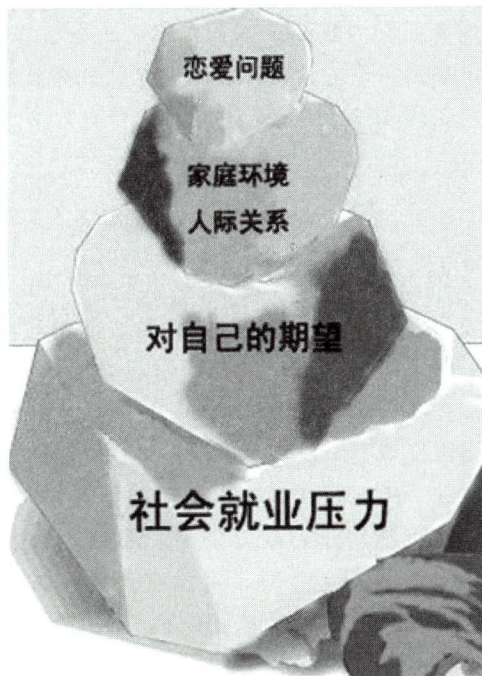

图 7-2　压倒大学生的心理问题之石

一、个人因素

从人类的发展阶段上来看，大学生处于青年期。在青年期，人类由儿童向成人过渡和转变。大学生正是处于打破儿童期的稳定，进入成人期的固定心理阶段之前的这段不稳定期。这段时期是人类成长历程上非常动荡且重要的一个时期。在这一心理发展时期，大学生心理正在迅速地走向成熟，他们面临着艰巨的心理发展课题，很容易受到外界的干扰产生不良的心理影响。来自环境、学业、人际、感情、就业等各方面的压力一下子蜂拥而至，一些大学生不堪重负，因而产生了情绪起伏、情绪障碍，甚至导致冲突。多数大学生的心理问题都是在这一阶段的自我成长中遇到困难而产生的。

有案可稽

2013年4月1日，复旦大学2010级硕士研究生黄某在饮用了寝室内饮水机中的水后出现了身体不适，有中毒迹象，进入医院抢救，后被证实，黄某系二甲基亚硝胺中毒致急性重型肝炎引起急性肝功能衰竭，继发多器官功能衰竭。4月16日下午经医院抢救无效死亡。

警方侦查后锁定了嫌犯林某，林某声称由于生活琐事对黄某不满，预谋对其投毒。2014年2月18日，林某因故意杀人罪一审被判处死刑，剥夺政治权利终身。

在案发的整个过程中，犯罪嫌疑人林某明知室友中毒后会发生什么，却一直抱着消极观望的心态。黄某喝水时，他没有第一时间阻止；在黄某做检查时，他没有告知中毒的真相；黄某住进医院后，他没有站出来。"对待（中毒）这个事情，我没有去积极挽救处理。""我一直在自欺欺人，想着这个事情早晚会过去的……"

林某坦言，一旦生活琐事上有不顺心或不自在，他就会很容易产生报复行为。"我那段时间整个情绪很焦躁，比如说一个同学打扰我睡觉了，就会让我很愤怒。我把这样一种行为，等同于他伤害我，我当然要以牙还牙。伤害他人身体对我来说是合理的，可以接受的行为。"

二、校园环境因素

大学的学习内容、环境和学习方式和初中、高中阶段的学习有极大差异。国内学生在初中和高中阶段已经形成了课上听讲加记忆的死板学习方法，分析和解决问题能力较差，不能适应大学的学习特点。有些大学生在中学时曾有过辉煌的历史，是班里的佼佼者，入学之后发现自己与其他人相比没有突出优势，因此不再有优越感，反而产生了严重的危机感，为保住领先地位，他会进一步抓紧学习，由此可能导致长时间处在紧张的学习之中，甚至因此高度焦虑。部分学生可能对学习缺乏动力。部分大学生并不喜欢自己就读的大学，或所学专业自己不喜欢，不感兴趣，对学习没有兴趣。部分大学生认为，与中学对比，大学生活空间也就更加广阔，生活形式更加多样，生活节奏放慢，内容更加丰富。由于大学生没有高考压力，没有目标压力，学习生活变化极大，可能导致其注意力分散。而且大学是一个竞争激烈的环境，这都使得大学生面临着很大的心理压力。

图 7-3 激烈的竞争环境易导致大学生内心焦虑

三、家庭因素

家庭是大学生在步入大学校园之前生活的最主要场所，家庭氛围、家长的为人处世及家庭对大学生采取的教育方式将对其心理成长造成直接影响。当前大学生多为独生子女，居住环境独立，也没有兄弟姐妹可以沟通，再加上邻里关系的淡漠，容易导致大学生过度独立及感情淡漠。部分大学生过去被家庭管得太严，或者保护过度，常有被动、依赖、任性、胆怯以及自我为中心等问题，心理上可能比较冷漠，不够灵活、缺乏自信。通常来讲，大学生的心理问题与其家庭气氛有直接关系，如果家庭气氛比较紧张，学生常有消极、逆反心理，同时遗传因素也是导致大学生罹患恶性心理疾病的主要原因之一。

四、人际因素

大学生活涉及方方面面，来自四面八方的同学性格爱好和风俗习惯都有较大的差异。如果缺乏正确的沟通，就容易引发矛盾，从而影响心理健康。大学生没有丰富的社会经验，没有掌握沟通技巧，因此在沟通过程中常有诸多阻碍和沟通问题。在社交活动中，交往双方与他人有密切关系，社会中个体总是在和其他人的沟通、交流中增进感情，并在此过程中自己调节、改变，并促使对方发生改变。心理学家埃利奇·伯恩研究提出了相互作用分析理论，他将人类社交活动过程中的表现分成了儿童自我、父母自我以及成人自我三个类型。其中第一类表述的是个体对幼时发生事件的内心记录，具体包括行为方式和愿望等。其中第二类表述的是儿时记忆中父母的举止、语言、限制和奖惩等信息。这两类自我之间存在着突出矛盾，个体发展过程逐步意识到这一矛盾，将促使其形成成人自我。人类社交活动过程中，通常会确认自己和他人自我表现的形式、方法，相互作用得到平衡，社交活动方能继续开展。因为大学生有自己的个性，对于外部情境有不同理解，因此其自我表现也有差异，所以才会产生人际关系问题。大学生社交过程中的认知偏差主要有下述表现：第一，对自我无法做出正确评价。如果对自身有太高评价可能导致自负；如果对自身有过低评价则会导致回避、退缩和自卑。第二，社交活动中的刻板印象。所谓刻板印象也就是个体在没有充分事实根据的情况下，先入为主产生的对团体或他人形成的态度，如城市学生总认为农村出身的大学生比较自私，有小农意识，而农村出身大学生则总认为城市学生比较自负，诸如此类先入为主的错误判断将在两者交往沟通时自然流露，结果可能对两者关系造成一定伤害。

有案可稽

2005 年 6 月 25 日，21 岁的北京大学医学部大二学生崔某，在北京世纪坛医院宿舍内被同班同学安某杀害。检察院指控，今年 22 岁的北京人安某与同学崔某平日里素有矛盾。案发时，安某在世纪坛医院教学楼西侧三至四层楼梯处与崔某相遇，由于琐事争执。随后，安某追赶崔某走到四楼平台后，用藏匿在门后的菜刀在崔某头部、颈部、面部猛砍数十刀，还用携带的尖刀刺扎其背部，崔某因被砍切颈部伤势过重而死。作案后，安某逃回寝室，将作案时所穿的衣服、鞋及作案工具藏匿在衣柜内。案发当天安某被警方查获归案。2006 年 3 月 14 日，北京市一中院对判决疑犯安某一审被判处死刑，缓期两年执行。

这一惨痛的事件就是由于嫌疑人安某不善于与人沟通，经常与人因琐碎的事情发生摩擦，并且不善于排解这种不良情绪，不能及时释放内心的压力，导致性格严重扭曲而引发的结果。

五、就业因素

我国过去在政治经济方面发生的改革促使劳动力市场发生了极大改变，国家不再安排大学生就业，大学生需要自主择业。就业机制的变化给大学生创造了公平竞争的平台，同时也给大学生提出了巨大的就业挑战。第一，高校大规模扩招的同时，社会上也出现了大量的下岗人群，不公平不公正的招聘行为都给大学生带来了更大的就业压力，部分学生因此出现了许多心理问题。第二，因为高校没有开展充分有效的就业指导工作，没有帮助大学生树立正确科学的职业认识和就业观念。第三，学生个人的自我认知、气质、健康情况也对其就业有很大影响，也会给学生造成不小的压力。

有案可稽

2004 年，北京某大学管理学院毕业生王某在四川遂宁市家中服用农药敌敌畏自杀身亡。据悉，大学毕业后，他花了 4 个月时间忙于找工作，但不是他看不上眼，就是人家看不上他。最后王某没有找到工作，只好返回故乡，11 月 6 日，因为失望悲观，他写下了七页遗书之后自杀身亡。

据王某的老师反映，他绝对是好学生，但就是不爱说话，不擅长与人交际，性格孤僻，这是他找工作的一大障碍；此外，他自小就是在赞扬声中长大的，一路平坦一帆风顺，当他找不到工作时，极大的落差和失落感导致了悲剧的发生。

六、其他因素

影响大学生心理健康的还有一些其他因素，如经济、情感等因素。大学期间的学费较之初高中往往花费较大，对于家庭条件困难的贫困大学生无疑是沉重的负担。不少贫困大学生需要通过勤工俭学来维持生活开支，在兼职的同时还要兼顾学业，使得贫困大学生面临巨大的心理压力，他们的体力被透支，不良的情绪就会找上门来。

大学生的生理发育趋于成熟，青春的萌动导致大学生恋爱越来越普遍，但由于大学生的心理状况还不成熟，不能理智地对待感情。大学生在恋爱中经常感到困惑，他们压抑自己的情感，有的大学生还会因为恋爱中遭受到的挫折感到低落、痛苦，导致心理失衡，甚至会引发自残、自杀等极端的事件。

有案可稽

2011年10月1日，北京香山公园派出所值班室接到指挥中心电话："在香山香炉峰上有人要用刀自杀。"两名值班民警了解到欲自杀的男青年在香炉峰的缆车站里，立即出发前往，到达香炉峰后发现一名男子坐在停运的缆车内，手里拿着一把水果刀不让人靠近。在民警的安抚下，该男子放下了刀，民警立刻上前控制并解救下了这名男子。经过民警的询问得知，该男子是一名来自外地的大学生，由于失恋导致抑郁症，产生轻生的念头。

延伸阅读

心理健康小测试：

本测试共有40题，"经常发生"2分；"偶尔发生"1分；"从未出现"0分。

1. 平时总坐卧不安，心慌意乱。
2. 上床很难入睡，睡着之后很容易被惊醒。
3. 常做噩梦，不安惊恐，早晨常常无力、焦虑、倦怠，心情烦躁。
4. 常常很早就醒来，醒来之后难以入睡。
5. 常常因为学习而备感压力，十分烦躁并厌恶学习。
6. 看报、读书、上课都无法保持专注，不知道自己在想什么。
7. 如果发生了不顺心的事，会长时间沉默不语。
8. 许多事情都不顺心，常会无故发怒。
9. 即便是小事也很难放开，常常反复思索。
10. 认为现实中没有什么趣事，郁郁寡欢。
11. 老师上课讲的概念很难听懂，即使听懂了也很难记住，转眼就忘了。
12. 面临问题时，很难下决定。
13. 常和人争吵，发怒之后十分悔恨。

14. 常追悔过去，心中有很深的负疚感。

15. 考试时即便提前做了准备还是十分焦虑紧张。

16. 遭遇挫折时就会失去信心。

17. 害怕失败，行动之前总是畏首畏尾，没有信心。

18. 感情脆弱，遇到不顺心的事情就会偷偷流泪。

19. 自己看不起自己，总是认为其他人在嘲讽自己。

20. 喜欢和不如自己或年级更小的人比赛或玩耍。

21. 认为无人能够理解自己，烦闷时他人不能令自己的心情好转。

22. 当其他人在自己面前窃窃私语时，总认为他们在议论自己。

23. 对其他人的荣誉和成绩常有怀疑和嫉妒。

24. 没有安全感，总是认为其他人会害自己。

25. 参与集体活动譬如春游时，总是觉得十分孤独。

26. 不喜欢和陌生人接触，人一多就不敢说话，说话很容易脸红。

27. 夜晚行走或者自己一个人待在家里时常常感到恐惧。

28. 离开父母就很不踏实。

29. 常怀疑所接触的物品不干净，十分注意清洁，经常换衣服或洗手。

30. 担心门没锁好，担心着火，躺在床上还会再起床确认，出门之后还会返回检查门是否锁好。

31. 站在高楼阳台、悬崖边、高层往下看时，常有摇晃要往下跳的感觉。

32. 对疾病十分敏感，常打听害怕自己也患病。

33. 对特殊交通工具或事物、白色墙壁、尖状物等怪异物品常觉得心有恐惧。

34. 常认为自己发育不良。

35. 和异性交往时常想入非非或心慌脸红。

36. 对异性的细微行为十分关注。

37. 怀疑自己罹患严重疾病，反复检查或查阅相关资料。

38. 常无缘无故头痛，要用镇静药或止痛药。

39. 常想离家出走或离开现有环境、集体。

40. 内心十分痛苦不能解脱，常有自杀或自伤想法。

得分参考：

(1)0～8分：心理健康。

(2)9～16分：心理基本健康，和同学、老师加强沟通，谈谈心。

(3)17～30分：心理方面已有障碍，要采取科学手段调适，或者寻求心理老师的专业帮助。

(4)31～40分：极有可能罹患了心理疾病，应该寻求专门心理医生的帮助。

(5)超过41分：心理障碍比较严重，要及时寻求心理医生帮助，接受专业治疗。

第三节　大学生心理危机与感情障碍

根据问题的严重程度，可以将心理问题划分成心理困扰、心理障碍以及精神疾病三类。其中第一类包括应激问题、适应问题以及社交问题等。第二类包括性心理障碍、焦虑障碍、人格异常等较轻的心理失调问题。第三类包括强迫症、抑郁症以及精神分裂症等严重心理疾病。

一、大学生常见的心理困扰

心理困扰也就是个体在正常生活和学习过程中，遭受到内外部影响出现的烦恼、焦虑、低落等负面心理现象，是暂时出现的心理失调问题，只需个体进行自我调适或接受他人的开解、疏导就能够成功将其状态扭转过来。不过，如果心理困扰发生比较频繁，将导致更严重的问题。心理困扰常常是心理问题的产生的根源。所谓"千里之堤，溃于蚁穴"，了解常见的心理困扰，学习调适心理困扰的方法，对维护大学生的心理健康是非常重要的。

大学生心理困扰主要有生活困扰、学业困扰、人际关系困扰、恋爱与性心理困扰等。

(一)生活困扰

刚入学的新生通常会出现生活困扰。新生入学后，其自我认知、人际交往以及学习生活条件、环境等都要求学生进行适应调整。因为当前大学生没有较强的自理、适应、调整能力，因此生活适应普遍存在于大学生群体中，尤其是大学新生中。

(二)学业困扰

对于大学生来说，最重要的任务就是学业，学习上遭遇的挫折、困难对于大学生来说有巨大影响。学业困扰主要包括学习方法问题、态度问题、兴趣问题和考试焦虑等问题。

(三)人际关系困扰

入学之后因为面对的人不同，而且高校学生来自全国各地，个性特征、待人接物的方式方法都有很大差异，而且大学生处在青春期，其心理本身就有羞怯、闭锁、冲动、敏感等特点，所以大学生的交际生活必然会出现诸多困难，因此心有困惑并可能产生焦虑心理，对其健康成长造成很大影响。

(四)性心理及恋爱困扰

大学生处在青年中后期，性逐步成熟，因此都会面临性问题以及恋爱问题。总体而言，大学生普遍没有接受丰富的青春期教育，在心理上对于性成熟没有充分准备，对于性既有渴望，又有神秘感和恐惧感，如果调节不当就会引起许多心理问题，情况严重时还可能引起心理障碍，陷入单相思和失恋问题之中。

图 7-4 恋爱问题是大学生常见的心理困扰

二、大学生常见的心理障碍

心理障碍是指由个人与外界因素导致的心理状态变化。主要有以下几个特点。

不协调性：心理活动的外在表现方式与同年龄的人存在很大偏差。例如，成人行为过于幼稚（迟缓，滞后）；儿童出现了成熟的行为（发展过快）对外界反应过激（偏离），等等。

针对性：在这种状态下的人对障碍对象（如对事物与环境过于敏感）心理反应超出了正常范围（思维能力、动作行为），而对非障碍对象却反应正常。

损害较大：处于该状态下无法实现正常的社会功能，无法根据一般标准完成特定的社会功能。而社交焦虑者无法进行正常的社交活动，对锐器如刀、剪感到害怕，性心理障碍者也无法获得正常的人际交往关系。

需求助于心理医生：处于这一状态下的患者大多数无法调整好状态，甚至是非专业人员也无能为力，而心理医生指导至关重要。

大学生较为普遍的心理障碍有焦虑障碍、人格障碍、性心理障碍、心境障碍。

(一)焦虑障碍

1. 特定对象恐惧

这种焦虑障碍是指个人与特定对象对一些特定的场所感到巨大的恐惧，且反应强烈，尽管明白其根本不会对自己产生强烈的威胁，包括一些小动物，如狗、猫等动物，甚至对空旷的场所也会产生强烈的恐惧。

2. 社交焦虑

社交焦虑是指在身处多人的社交场合，容易引起别人的注意力，容易产生强烈的恐惧感。

3. 强迫性焦虑

强迫性焦虑主要是指知道毫无意义，但又不得不做，也表现在观点、情绪、行为上的反复，这也是最为明显的临床特征的一种心理障碍。强迫症主要表现为以下两点：思维与行为上。

强迫思维，具体表现为患者外出之后总是担心门是否关好；一些则是担心寄信地址是否错误。患者明知这些做法没有任何意义，但仍然去做，从而产生了强烈的焦虑，痛苦不堪。强迫行为，主要目的是为了减轻这种思维导致的焦虑，重复性地洗手，包括日常的行为，动作的重复等。

4. 广泛性焦虑

广泛性焦虑的明显特点为范围较广，持续性强，甚至经常出现排尿不正常、口干舌燥、经常性地出汗等现象，神经过度紧张，超出了正常范围。

5. 创伤后应激障碍

创伤后应激障碍主要是指由不正常的痛苦事件导致的精神障碍，也是对异常的危害性、严重事件的迟缓或长期反应。它能够激发患者内心深处的恐惧、无助或是面临死亡产生的恐怖感。具体表现为与痛苦记忆关联的噩梦，并尽可能防止由于创伤线索与生理性唤醒的提高。

(二)人格障碍

患有这类疾病的人与正常人存在很大区别，甚至出现了不适应社会发展的情绪与行为。这类疾病患者建立了适应自身的行为模式，但无法适应社会发展，或是社会功能无法正常进行，容易与社会产生很大矛盾，同时对自身日常生活造成很大影响。人格障碍一般发生于人的幼年，在青年时期基本稳定。但这一疾病一般会持续到成年时期或是生命结束。大学生中较为普遍的人格障碍包括以下几种形式。

1. 偏执型人格障碍

这种问题的明显特点为猜疑和偏执，具体表现为，对他人信任度较低，或是不相信他人，防卫过度，警惕性较强；过于重视自我，甚至将身边事件串联成"阴谋"、产生与现实不相符的先占观念；过分关注自我，甚至将所有过错归咎于他人；对挫折形成了错误的认识，无法包容别人，负面情绪无法释怀，甚至经常与他人产生矛盾，人际关系较差。

2. 强迫型人格障碍

产生这类问题的人对事物要求较高，追求完美。希望事物按照自身习惯的常规来发展，无法适应环境变化。想象力较差，无法把握正确的时机，做事过于呆板，事前事后过于紧张，出现重复性动作，徘徊不定也是明显特点。

3. 回避型人格障碍

这些患者脱离了正常的社会关系。他们完全没有社交，甚至不会从事人际较为频繁的职业活动，胆小自卑，经常焦虑、不敢在社交场合发言，害怕被拒绝。

📤 延伸阅读

当一个人面对人群时，不但觉得害羞，还感到害怕，一直停留在自己的世界中，排斥外界，不适应社交生活，甚至存在严重的社交障碍问题，被称为社交恐惧症。这是最困扰大学生的心理问题之一。

社交恐惧其实也是一种强迫观念，患病率较高。患者对与人接触感到苦恼。当发展到严重程度时，会十分恐惧和痛苦，导致严重的日常生活障碍。

（三）性心理障碍

性心理障碍问题也被称为性行为变态，并非指生殖活动，而是指性对象与方式的差异不符合社会习俗。出现频率较高的性行为变态主要以性欲倒错为主，如喜欢裸露自己的身体、喜欢自虐等。另一种形式被称为性别认同障碍，指个人认为对自身的性别存在相反的认同感。

✏️ 有案可稽

2011 年 9 月，某知名网站出现了多张台中市知名高中女学生穿着校服的裙底照，警方循线查获偷拍者，发现竟是一名就读某科技大学的大学生王某。他坦承从高中起就有偷拍癖，五六年来共拍了约 4000 张照片，估计至少数百名女学生受害。

据报道，20 岁的王某出身正常家庭，父母都有稳定工作，还有固定女友，看起来与一般大学生没什么两样；但 2011 年 5 月他涉嫌在街头熊抱一名初中女生，被控性骚扰，此时父母才发现他不对劲儿，但是却万万料想不到儿子竟然从高中起就开始偷拍女学生裙底照。

王某坦承读高中时就开始以手机偷拍，专挑穿着校服的初、高中女学生，拍摄地点多半在图书馆、公交车站、天桥。警察问他为何会有这种癖好，王某也说不上来，只说"我就是控制不了偷拍的冲动"。警方审讯后，以妨害风化罪起诉于法院受理。

（四）心境障碍

心境障碍涉及情绪与行为两个方面障碍，最常见的是抑郁症，而自杀问题也需要我们加以重视。在中国，自杀与死亡具有较大关联。在 15 岁至 34 岁的人群中，自杀是导致死亡的主要原因，这一比例占据了总死亡人群的百分之十九，需要引起全社会重视。

📤 延伸阅读

《网络成瘾临床诊断标准》首次将"网瘾"列为精神疾病治疗范围。根据《网络成瘾临床诊断标准》，网络成瘾是指个体反复过度使用网络导致的一种精神行为障碍。症状界定有七项标准，其中一项量化的指标是平均每天连续使用网络达到或者超过 6 小时，而且这种症状达到或者超过 3 个月。

三、大学生常见的心理疾病

心理疾病主要由于个人与外部环境的影响导致个人心理发生强烈的变化（思维能力、情感态度、动作、意志力）甚至伴有强烈的身体不适感，具体反映为大脑功能的不协调，具体表现为如下几点。

（一）心理反应过激

患者处于这一状态下，还会表现出思维判断出现错乱，思维能力下降，记忆力受到很大影响，头脑一片空白，自卑感加剧，更加痛苦，情绪不佳，焦虑感加重，行为失常（如行为、动作多次重复，甚至产生了抵触心理等），意志力逐步下降等特征。

（二）身体出现强烈的不适感

由于中枢控制系统功能的不正常最后导致人体各个系统失衡，如影响消化系统最后导致食欲受到很大影响，腹部胀气，排便不正常或是腹泻问题；而心血管系统不正常，甚至经常出现心慌、胸闷、头晕等现象；内分泌系统失衡表现为女性月经周期不规律、男性性功能问题等。

（三）损害大

患者于这种状态中失去了正常的社会功能，无法创造良好的体验，甚至产生了强烈的痛苦感，浑身不自在，认为死了比活着更好是他们内心的想法。

（四）需要接受心理咨询

在一般情况下，处于这一状态下的患者无法通过专业咨询得到好转。对这些患者，专业医生主要采取心理治疗和药物治疗多种方法相结合的治疗方式。在治疗的早期阶段，通过药物能够及时调节情绪；在治疗的中后期阶段，治疗可以解除心理障碍并接受相应的训练，最后不断恢复社会功能，保证其拥有健康的心理。

大学生正处青春期，自我身心发展问题包括以下几个组成部分：完成学业、就业抉择，认知能力，爱情与性。同一阶段要解决这么多问题，就会承受不住，压力过大。而一些学生无法承受这些压力，就会产生烦躁、焦虑等多种心理障碍，甚至还有一些学生存在自虐等失常行为，更甚之，还产生了自杀的念头。心理学的观点为：抑郁是多种情绪的结合，最明显的两种情绪为无望和无助，多数患抑郁症的人食欲不正常，睡眠质量不佳的现象较为普遍，还有一些抑郁症的人嗜睡，最后，还会导致正常的工作与生活受到很大影响。甚至还有一些学生睡眠质量不佳，甚至有难以入眠的情况。尤其是饮食与睡眠问题较为严重，往往导致患者不堪重负，甚至产生崩溃的感觉。大部分学生处于这种状态下也会采取嗜睡、玩游戏等方式来解决。抑郁症对个人思维影响较大，甚至影响个人的反应速度，也会降低人的存在感，最后产生强烈的负罪感。戴尔·卡耐基曾提道："过于焦虑会影响我们的注意力，如果心理产生了忧虑，就无法集中思想，最后无法做出正确的决定。"

通常，大学生群体中常见的心理疾病包括如下三类。

第一类，神经症。这种疾病被称为神经官能症，是一种大脑神经失衡，非器质性的心理疾病。神经症是可逆的，与外界压力呈现负相关关系。

第二类，抑郁症。这种疾病较为普遍，男性患抑郁症的比例为十分之一；而女性患抑郁症的比例为五分之一。抑郁症严重的情况下还会影响患者正常的生活，导致家庭社会负担加重，自杀者患抑郁症的比例为15%。抑郁症患者心理状态不佳，意志消沉，对日常生活提不起兴趣，甚至完全感觉不到快乐，精神不佳，严重者还会失去生活的信心，大多数患者甚至产生放弃生命的想法，患者思维能力下降，对自我形成了错误的评价，精神运动受到很大影响，话语不多，行动迟缓。

第三类，精神分裂症。导致这种疾病的根本原因在于大脑功能不正常，而感知能力、自身行为、情感态度等多个方面都将受到很大影响，精神活动的不正常与环境不相适应这一特征是精神病的普遍现象。患者的思维能力、行为与社会现实相矛盾，甚至将幻想与现实混淆，从而无法适应社会生活变化，自理能力下降。这也是比较严重的精神病之一，病人正常工作受到很大影响，甚至无法开展正常的社交。

有案可稽

汪某，24岁，留学生，2011年3月31日，因留学费用问题与母亲发生激烈矛盾，当母亲说出"要钱没有，要命一条"这句话时，经不住刺激的汪某迅速从包内抽出两把尖刀，多次刺向毫无准备的母亲，导致母亲重伤，重度昏迷。

"我脑子一片空白。"事后，汪某对自己当时的情形做了这样的描述。同年6月，经过相关机构的鉴定，汪某患有精神分裂症，具有限定刑事责任能力，能够接受正常的审讯。9月14日，检察机关就汪某这一事件正式向浦东法院提起公诉。

第四节　大学生心理问题的预防、治疗与矫正

一、掌握心理健康的相关知识

大学生可以通过互联网、多媒体等方式学习更多关于心理健康方面的知识，或是积极学习高校设立的心理学课程，或是参与高校开展的多种形式的心理学教育活动，还需要接受系统化的心理学知识培训，甚至是以团体辅导的方式，来学习更多的心理健康知识，以有效地预防心理问题的发生。

二、积极地进行自我调整

自我调整也可以说是对自身进行的一种积极的心理训练，通过这种训练来养成一个健康良好的生活方式，如对世界形成正确的认识，树立正确的价值观，保持良好积极的人生态度，正确认识自己，认识自身的优缺点。自我调整还要尽可能扬长避短，不卑不亢，对自我做出正确的评价，在遇到挫折时，应该反思如何在下次做得更好，而不是陷入失败的打击情绪之中。当情绪进入一个不良的状态中时，要及时地离开这个环境来转移自己的情绪，同时可以采取换位思考的方式，看到解决问题的方向。在取得成绩的时候也不能自骄

自傲，应以一种谦和平静的心态来面对遇到的成功与失败，并且接纳自己的好与不好。

三、积极的人际沟通

与他人分享自己的喜怒哀乐，多去诉说和倾听，对心理健康是十分有益的。人际关系不仅维系着人与人之间的情感，也是心理发展所必需的。人们通过沟通来表达自己的情感，释放内心的压力，同时建立人与人之间的了解和信任。在人际沟通中要真诚、包容、自信、谦卑、理解、互助、换位思考等。在人际交往中，良好的心理认知和心理暗示也很重要，暗示自己喜欢与人交往、愿意与人交往，往往能使自己更自信地与人沟通，也能使交往的对方感到轻松、自在。

四、学会管理和调整情绪

管理自己的情绪最好的办法就是积极的心理暗示，在积极的心理暗示下能减少对自己的负面评价，或是改变自己的心态，形成理性的认知方式，合理控制情绪，使生活更加丰富多彩，培养多种兴趣爱好。

生活上能够养成独立照顾自己的习惯，提供更多独立思考的时间，培养自身独立解决问题的能力。

五、寻求心理帮助

每个人或多或少都会存在一定的心理困扰，而大学生的心理困扰不外乎以下几个方面，对大学生活的变化能否适应，对学业压力、人际交往关系的处理，恋爱、就业的选择等，自卑则是大学生经常出现的心理困扰，而高校都设立了相应的心理咨询处。如果心理障碍过于严重，就要采取科学的治疗方法。心理咨询不是一个暂时的过程，一位专业化程度较高的咨询人员与患病者首先要建立一定的联系，以帮助患病者了解自我，接受自己的缺点，最后达到欣赏自我的目的，提高自身价值，丰富人的生活。要改变"有病（精神病）才去咨询"这一错误的观念。学校的心理咨询不等同于医院的心理咨询，前者主要是发展性的咨询，也就是帮助人们解决较为常见的心理困扰，使人们对自我具有更清晰的认识，同时能充分发挥个人潜力，为人们创造良好的发展环境。通过心理咨询能够摆脱负面情绪，调整心态。

📲 延伸阅读

为了给大学生创造良好的心理健康发展环境，2000 年，北京师范大学专门举办了"5.25 全国大学生心理健康节"，选择这一天的解释是"我爱我"，意思是提醒大学生关注自身的心理健康，活动的主要目的是帮助大学生建立良好的人际交往关系，互帮互助，活动口号为"我爱我——走出心灵的孤岛"。2004 年，我国相关部门提出了倡议，将 5 月 25 日正式作为全国大学生心理健康日。

"5.25"谐音为"我爱我"，解释如下：只有给予自己更多的爱才能爱他人。心理健康的基本原则为，首先对自我具有一个清晰的认识，接受自己的不足，能够准确判断自身价值，保持良好乐观的态度，只有这样，才能以良好的心态与人交往，获得真正的友谊，包容、接受他人，与他人相合作。选择"5.25"的主要目的是让大学生记忆更加方便，提醒学生重视心理健康问题。随后，"5.25——大学生心理健康日"在全国多个高校流传开来，甚至多个高校都在这个特殊的日子为学生提供多种形式的心理健康教育咨询，并将这天称为"大学生的心理健康节"。我国著名的心理专家车宏生教授说："这一活动的开展，表明大学生开始重视心理健康问题。心理学作为社会发展的重要组成部分，希望这个活动能够在全国各地开展。"现如今，这一天已被全国人民所铭记，也是大学生活动的重要组成部分，受到广大大学生的欢迎。

第五节　珍爱生命，消除自杀危机

一、大学生自杀现状与分析

自杀也称"直接自我毁灭行为"，指个人有意采取不同方式结束自己的生命的行为。近几年，大部分偏向将自杀分为两种形式：自杀未遂（即任何结束自己生命的意念与行为）和自杀死亡。

自杀的原因包括多个方面，行为过于极端。与以往大学生相比，现在的大学生承受的压力太大，因此，他们会采取多种措施释放压力，包括跳舞、上网、交友等。但如果没有采取正确的方式来释放压力，则会对人生更加失望，也可能将以往的失败与现在的失败相结合，形成一股巨大的力量，最后将这种情绪集中到某一点。由此可见，愤怒的力量与压抑愤怒的力量呈现正相关关系，越愤怒，爆发的力量也就越强。那么，在一个特定的时刻，这种力量也会体现在自身上，最后演变为自杀。还有一种情况就是，预期目标与自身能力不相符，对自我认识存在很大误区，没有保持良好的心态，导致负面情绪的不断积压，最后形成了错误的观念，不得不自杀。由于大部分学生为独生子女，经历的挫折较少，面对一点小小的压力就选择逃避，这种心态也是非常危险的。

▶ 延伸阅读

世界卫生组织报告数据显示，全球每年大约有100万人死于自杀。该组织规定了2003年9月10日为首个"世界预防自杀日"，为了加大公众对自杀问题的关注，该组织对世界各国做了强烈的呼吁，包括医务工作人员等，都要积极参与到各地的活动中，尽可能让大众了解自杀问题的严重性，降低自杀率。活动口号为"自杀，一个都太多"。

二、大学生自杀心理

自杀包括多个方面的原因，但无论是哪种原因，背后都有相应的心理机制在起作用。社会、生物学、病理学等多个方面因素只有通过影响人的心理因素才能发挥其作用。但值得重视的是，虽然大学生的自杀行为由其心理规律决定，但是也有特殊性，这种特殊性是由大学生独特的心理特点所决定的。

图 7-5　他们为何如此轻易放弃生命

自杀的心理过程一般包括以下几个阶段。

(一)第一阶段：自杀动机的形成

一些学生在遭受挫折或沉重的打击过程中，为了摆脱现实，将自杀作为一种解决的方法。例如，在调查分析这些案例的过程中，一些大学生由于无法独立照顾自己，难以适应大学生活，成绩不断下降，对生活失去信心，最后，产生了自杀的念头。而一些案例反映：自杀者将自杀的方式作为自身做错事的惩罚，或是减轻自责感的补偿。例如，一些学生在中学成绩较好，但由于上大学之后无法适应环境的变化，由于学习方法不当，学习成绩严重下滑，对家人产生了强烈的自责感，在这种心理变化的影响下便采取了自杀措施。此外，一些学生甚至将自杀作为报复他人的一种方式，认为对方会产生强烈的不安情绪，甚至是愧疚感。例如，一位大学生自小父母离婚，根本不关心他的学习和生活，导致该生心理受到很大的伤害。在学习、生活遭受了严重的挫折之后，该生便失去了生活的信心，产生了用自杀来报复父母的想法。

(二)第二阶段：心理矛盾的激化

产生了自杀的想法之后，求生的本能与这种想法使自杀者陷入了强烈的冲突之中，无法做出最后的抉择。此时，自杀者会有意识地了解与自杀相关的话题，预言、暗示自杀，甚至采取自杀的方式来报复他人，有意识或无意识的展现其自杀意图。实际上，我们能够将其当作自杀者表现的无助的信号。这时，如果他人能够及时提供帮助，甚至及时采取措施解决这一问题，就有可能改变自杀者的想法。这也是预防自杀或改变自杀者想法的心理基础。但周围的人往往形成了错误的观点，甚至认为喊着要自杀的人并不会付诸行动，因而忽视了这一细节，最后错失了救助良机。

(三)第三阶段：自杀者进入平静

到了这一阶段，自杀者基本上摆脱了这一困扰，不再有意识地了解与自杀相关的话题，情绪慢慢恢复，抑郁症得到缓解，整个人异常平静。这样就让周围的人认为其已经恢复正常了，也没有加以重视，实际上，这是自杀者态度坚决的一种反映，当然也有可能是自杀者心理状态好转的反映。因为到了这一阶段，自杀者认为自己已经下定决心，不再为这种选择而烦恼。因此他们不再关注相关话题，甚至异常平静。主要目的是为了防止他人对这种行为的干预。

大学生这一群体性质特殊。一方面，他们正处于青年期；另一方面，他们主要以脑力劳动为主，用脑过度导致他们的心理变化异常明显。而他们的内心世界想法较多，价值理念、需求也存在很大差异。这些特征都是导致大学生自杀行为的重要因素，甚至呈现出了与一般个体差别较大的发展规律。

三、大学生自杀的心理分析

大学生正处于青年期，他们也会面临这一时期的心理变化以及这一阶段可能遇到的心理问题。就发展心理学的层面而言，青年期个体主要存在的心理问题包括两个组成部分，即人格顺应和情绪控制。因为在这个发展阶段，社会压力与自我意识的形成矛盾不断加剧，使得个人与社会产生了激烈的碰撞，这就导致了学生的心理问题，表现在学业压力、就业、恋爱等方面，就是自我理想与社会现实的冲突。这些矛盾能否正确处理，也是影响个人人格正常建立的关键，有利于为个人创造良好的发展环境。同时，性成熟需要的不断发展导致青年期个体状态情绪产生很大的波动，在大学生的自杀案例当中，自杀者一般都存在不同程度的人格障碍和情绪失调问题，这些因素起到了重要作用。但需要强调的是，与一般的青年个人存在很大差异，大学生的自我意识非常突出，对未来抱着无限的憧憬，或是实现自我理想的热情很高。而心理需求也包括多个组成部分，自身价值的提升，外界的看法、爱情等。除了文化知识技能的提升，还有生理上的发育也越来越成熟，同时文化知识技能也在不断提升，因此，大学生需要逐步展现自身的独立性，或是对个体角色进行准确定位。他们把重点放在了如何将自身现阶段的发展状况与今后的角色相联系上。目前的大学生处于不断变化的社会改革当中，市场经济发展模式发生了剧烈的变化，而这一变化冲击着大学生的自我期望，由于社会现实的改变与自身心理不成熟产生了巨大的冲突，导致大学生不得不承受更大的心理挑战。这些因素导致大学生的理想与现实生活的心理反差越来越大，尤其是受到心理挫折后，很容易产生自杀的想法。大学生的生活经历少，无法承受挫折也是形成自杀想法的重要因素。

(一)人格障碍与大学生的自杀行为

如果从心理学的角度来看，情绪失调和人格障碍两者是相互影响的，前者是导致后者的原因，而后者又是前者的直接体现。两者因素相结合，就容易出现以下情绪，如自卑、抑郁、孤僻等，但不是每一种情绪都会导致自杀行为。通过对自杀案例的深入分析了解到，导致自杀行为的情绪主要指以下几点。

1. 抑郁

这种情绪在大学生中较为常见，主要是大学生经历考试成绩下降、家人出现意外事故等问题后，心理无法承受形成的压力的直接反应。具体行为包括：学习兴趣低下，整天提不起精神，拒绝人际交往，不想见朋友，或是食欲下降，睡眠不佳等。大部分学生都会存在不同程度的抑郁，但仅仅只存在一段时间，过后就消失了。但也有一些学生性格内向、心理承受能力差、信任度低、容易陷在这种情绪中无法自拔，最后还会导致抑郁性精神症。一些患病者也会产生人生无味或者自杀的想法，甚至采取过激行动。

有案可稽

　　某大学中文系大三学生 B，由于与男友 W 两年的恋情告吹，陷入绝望，经常发呆，沉默寡言，甚至经常称身体有病不参与集体活动，导致学习成绩受到很大影响，最后使其产生了自我否定的心理，甚至产生了强烈的内疚感，不久之后，警察在一家宾馆发现了她的尸体，她以跳楼自杀的方式结束了自己的生命。由此案了解到，该女生由于失恋及学习成绩的影响导致抑郁，又因为性格孤僻，心理承受能力不佳而患抑郁症，最后自杀。根据相关调查数据现实，80％的自杀者抑郁症状最为明显，甚至一些人陷入这种状态无法自拔，这表明自杀与抑郁相互影响，抑郁症也成为判断自杀危险度的主要因素。

　　2. 悲观

　　这种情绪具体表现为个人形成了错误的价值观与世界观，经常对社会与人生报以错误的态度。因而，当理想和现实发生激烈的碰撞之后，悲观者就会不断否定自己，甚至报以消极态度，或是感觉人生无望，最后，放弃自我，甚至采取自杀的行为。理想和现实的矛盾也是青年成长过程中心理矛盾的一部分。主要原因在于大学生对自己今后的生活和工作怀有美好的希望，并想要创造一个完美的自我，但由于理想与现实差距太大，最后巨大的心理落差导致了这一矛盾。如果对这种差距没有形成正确的认识，甚至是对于生活中的一点挫折就无法承受，或是否定自己的价值，就会让自己陷入这种消极情绪里无法自拔。例如，一些大学生由于一次考试没考好就否定自己的价值，甚至认为自己今后不会在事业上有所成就；一些大学生由于一次失恋便对自我形成了错误的认识，甚至无限放大自身的缺陷，认为异性厌恶自己等。对生活报以悲观的态度，甚至无限放大失败感，还有甚者将以往的失败与现在的失败相联系，形成了不良情绪的恶性循环，最后产生了绝望的念头，不得不自杀。美国临床心理学家贝克（A. Beck）通过对自杀未遂案例的分析发现，自杀者的失望情绪值最高。他提出，与抑郁的情绪相比，失望导致自杀的意图更加强烈，甚至认为自杀者都带有抑郁的情绪，但最主要的还是因为自杀者的期望是消极的。他们忽视了自身的体验，仅仅预期最差的后果。这种错误的观念带来的失望感，后逐步演变成绝望。

　　3. 自卑

　　这种情绪是由于生理上的缺陷、智商低下或是患有绝症以及其他外界因素的影响形成的对自我错误的认识所产生的消极态度。具体表现为，对自身价值评估过低，自我评价错误，甚至会产生别人不尊重自己的感觉，整天焦躁不安、对生活持消极态度，或是产生放弃自己的想法。在一般情况下，每个人都会有不同程度的消极情绪，但只要调整心态，正确认识自我，就能够消除这种感觉。如果长时间沉浸在这种强烈的情绪中无法自拔，就会导致心理失衡，甚至在外界因素的影响下导致自杀。

有案可稽

　　李某，男，21 岁，大三在读生，上吊自杀。该名学生身材瘦弱，视力不佳，体育成绩经常排在末位，性格孤僻，不愿意参与班级活动，人际交往存在障碍。同学们都不愿与他交往，甚至有意地避开他。一天，又是班上的体育课，所有同学 100 米跑，两个人一组，男人人数为奇数，剩下他一个人，老师将他与女生分为一组，最后他却输了。在场的同学们大声哄笑，自此，该生更不愿意与人交流，一天，该生晚上没有回宿舍，第二天早晨在学校后山发现了他的尸体，他以上吊自杀的方式结束了自己的生命。由此可见，该生自杀是由于自卑造成的。

(二)挫折与大学生的自杀行为

　　所谓挫折，是指人们有意识的解决无法克服的障碍。如果对挫折没有形成正确的认识，或没有调整好自己的心态，就会对身心健康造成很大影响，甚至威胁人身安全，最后产生自杀的念头。大学生这一群体性质特殊，拥有较强的自我意识，思维活跃度较高，接触到的知识较多，但生活并没有经历什么挫折，生活阅历较少，在面对挫折的过程中，容易做出一些不良的行为。具体体现在认知的误区或承受能力较差两个方面。通过调查显示，大学生对挫折的认识误区主要包括三个方面：一是他们认为自己身上不应该发生这些挫折。生活中经常会出现一些不合理的、学习交往中意想不到的事，但一些学生很排斥这些挫折。他们认为自身应该拥有多彩的大学生活，愉悦的体验，良好的人际关系，而学习环境也应该是轻松的；而对于挫折，他们没有做好心理准备，或是存在错误的认识。因此，学生一旦遇到挫折就很容易产生不良行为。二是仅仅以一次的挫折来否定自我价值。例如，因为一次考试失利就否定自己的价值，或放弃自己的前途。这种以一两件事就对自身形成错误的评价，结果往往会导致遇到挫折的反应更加剧烈，自暴自弃。三是大学生没有正确认识到挫折造成的严重后果，一些大学生生病之后，便对学习产生了恐惧心理，甚至产生了退学的想法；或是一件事情出现问题，便担心别人看不起自己最后产生强烈的自卑感。

　　挫折承受力不佳也是造成不良心理行为的主要原因。这一因素指个人遇到挫折之后解决问题的能力。耐挫力较强的大学生能够正确认识挫折，不会产生不良情绪，并能够积极采取应对措施，保持心理平衡。而耐挫力弱的大学生对挫折形成了错误的认识，遇到挫折就会情绪不佳，这种情绪甚至在今后的生活中都会产生很大影响。经过了多次挫折之后，一般的挫折打击就会导致个人心理失衡，最后产生自杀的想法。那些身体素质较差，生活经历少，生活比较平稳，好胜心强，爱争名夺利，意志力不坚定，心胸狭窄，消沉自卑的大学生大多数耐挫力较弱。而这种能力是能够在日常的训练中得以提升的。只要以良好的心态面对挫折，仔细分析其中的原因，不断改变自己的心态，建立良好和谐的人际关系，就能够逐步提升自身的耐挫力。

有案可稽

　　吉林某大学的一位女生，聪明漂亮，家庭幸福，成绩优异，考上大学之后，曾是班里的"三好学生"，也曾是班干部的一员。但由于后来在班干部的竞选中没有被选上，她就形成了世人都与她作对的想法，几天之后，她走出校外，与夜色融为一体。第二天，人们在长春南湖的一湾绿水里找到了她。

四、预防自杀危机

　　自杀是一种蓄意的行为，但也是一个逐步变化的过程。大部分人自杀都会经历一段不同的时间。由对生活的失望逐步形成自杀的想法，最后这种想法越来越强烈，由模糊的自杀想法到制定实际的自杀方案，甚至包括自杀工具与具体地点，随后自杀风险不断加大。成熟的自杀计划都带有强烈的自杀欲望，此时焦虑感不断增强，采取自杀措施表明有极高的自杀风险。自杀的形成通常需要较长的时间，但对一些大学生而言，这个过程很短，甚至只要几天的时间。这个逐步变化的过程提高了预防自杀的概率。主要原因在于，如果一名大学生产生了自杀的想法，也许一件小事就能够挽救他的生命。例如，躯体疾病也有可能演变为自杀的因素，还有其他的自杀诱因，而有效的疾病治疗方式表明了自杀预防的可能性。

　　在产生轻生的念头时，要冷静理智，对自己进行积极的心理暗示，通过运动、学习等方式转移自己的注意力。同时向心理咨询机构求助，与心理咨询师沟通，通过专业人士的疏导来消除自杀倾向。

　　同时当遇到有自杀倾向的同学时，师生应该积极地关心、为他们提供正确帮助，以及心理咨询，及时解决其日常生活中的问题与心理上的苦闷，让他们感受到关爱，重新珍视自己的生命，远离自杀危机。

思考回顾

　　1. 你怎样理解心理健康？有哪些标准？

　　2. 大学生常见的心理问题有哪些？怎样分析其成因？

　　3. 你遇到过哪些心理困扰或障碍？如何克服？

　　4. 列举常见的心理健康疾病及其特点。

　　5. 你如何看待大学生群体中的自杀现象？应怎样预防？

第八章 大学生的网络安全

随着互联网的迅速发展，网络已经成为人们生活和学习中必不可少的重要部分。网络能够给人们提供大量信息，能够给学生创造广阔的学习空间，能够给人们增进知识、开阔眼界、交往互动、娱乐休闲以及自我展示提供重要平台。但是，随着科技与互联网技术的发展，在便捷地获取信息的同时也存在一定的安全隐患，如网络不良信息的传播、网络侵权犯罪、信息隐私泄露等，而从过往来看，不少年轻一代对网络存有盲目信赖，网络生活的安全意识不足，警惕心、分辨力有限，使个人、集体乃至国家利益在网络空间中受损。因此，让学生们了解安全防范知识是非常有必要的。

图 8-1 网络安全威胁就在身边

第一节 网络不良信息与网络病毒

一、网络不良信息

(一)网络不良信息的识别

网络是信息宝库，同时在网络中也有许多垃圾信息。除了有价值的学术、经济和娱乐信息之外，网络上还有许多暴力、黄色等垃圾信息，导致网络变成了信息万花筒。由于网络信息十分复杂，其中包括许多可能对人类身心造成不利的不良信息。

网络不良信息也就是通过互联网传播，有违中华民族优良文化传统、社会主义精神文明建设要求、中华传统习惯以及社会公德的信息，具体形式有图片、文字、视频以及音乐等。网络中存在的不良信息有淫秽色情、诈骗等信息，此外还有赌博信息，以及对政府、共产党有所反对的信息，甚至还有大量宣传邪教的信息。大学生对外部十分好奇，易于接受新的思想、观念，但是涉世不深，没有必要的辨别能力，容易遭到不良信息的侵袭，从而走上违法犯罪道路。

《互联网信息服务管理办法》规定互联网信息服务提供者不得制作、复制、发布、传播含有下列内容的信息：（1）违背宪法基本原则的信息；（2）对国家安全有危害，可能导致国家秘密泄露，可能对国家政权造成颠覆或国家统一造成破坏的信息；（3）可能对国家利益和荣誉造成损害的信息；（4）可能引起民族仇恨、歧视对民族之间团结可能造成破坏的信息；（5）可能对宗教政策造成负面影响，宣传封建迷信和邪教的信息；（6）散播谣言，可能对社会秩序和稳定造成干扰的信息；（7）散布色情、淫秽、暴力、赌博、恐怖、凶杀或可能教唆犯罪的信息；（8）诽谤他人、侮辱他人或对他人合法权益可能有侵害的信息；（9）有行政法规或法律禁止的其他信息。

（二）不良信息的分类

不良信息主要有"违反道德""违反法律""破坏信息安全"三类。当前网络上存在的"违反法律"类型的信息主要涉及多个类型，主要有管制品交易、低俗、诈骗和网络销赃等多种信息，其中最突出的信息是色情淫秽类信息。"违反道德"类型的信息主要钻法律空子（譬如，"伴游""代孕"）、打擦边球（譬如，"成人"信息）、打着高科技噱头（譬如，"黑客技术"交流、视频软件强制下载等）的信息。此类信息通常"过头"，可能导致严重后果，极易发展成为"违反法律"类型的信息。而"破坏信息安全"类型的信息通常有木马、病毒或者后门，可能会影响访问者数据、电脑安全。当用户点击此类网页时，就可能在不知不觉中感染了木马或病毒，电脑可能因此"罢工"甚至导致网络瘫痪。

根据相关调查数据，当前青少年特别是刚进入高校的大学生最经常接触的不良信息包括色情、暴力和恐怖等内容，此类信息在所有不良信息中的占比为57%。另外，语音室中骂聊、网络赌博现象也开始在未成年人之间逐步蔓延。

1. 暴力内容

网络暴力主要体现在网络游戏的枪战、暗杀、绑架和帮派行会活动中。有统计证明，网络中广泛流动的非教育信息当中，69%的内容存在暴力信息。调查发现超过半数游戏者在游戏过程中有过故意打杀他人或被他人故意打杀的经历。

而在真实生活中大型网站和网络游戏都有暴力信息，这一类信息必然会影响大学生的健康成长。游戏过程中，假若你将对方杀死可以得到对方的财产，这显然是一种"奖励"，如果青少年接触到大量此类网站、游戏，必然会习惯游戏中发生的暴力行为出现的暴力情景，甚至认为杀人和打人是十分正常的事情，并且会形成一种只要打败、杀掉他人就会获得财产的错误思想。那么，在现实生活中，如果遇到一些棘手的事情，青少年往往也不会冷静地思考，而会采取类似的暴力途径进行解决。

![延伸阅读图标] 延伸阅读

　　英国一项研究显示，血腥暴力的游戏不仅会让玩家产生暴力思想，而且会引发他们在现实生活中的暴力行为。英国科学家们主要研究了暴力游戏对玩家心理产生的影响，结果显示，这些游戏非常容易引发玩家的攻击性行为。

　　该研究被认为是首创性的，牛津大学网络研究学院的安德鲁·巴勒祖教授以及理查德·瑞安大学的一些心理学家共同进行了该研究。

　　科学家们针对六百多名大专以上学历的玩家进行了该研究，这些玩家会玩各种各样的游戏，有的不玩暴力游戏，有的偏爱暴力游戏。

　　研究人员发现，那些偏爱暴力游戏的玩家在平时的行为中更具侵略性。

　　安德鲁教授表示，在暴力游戏中失败的玩家往往容易产生一种巨大的愤怒感和失落感，这是导致他们产生攻击行为的原因之一。

　　安德鲁教授强调，玩游戏跟球员打比赛在很大程度上是非常相似的，球场上，如果一个球员无法控制比赛，那么他就会感到焦躁，进而产生攻击行为。

　　安德鲁教授补充说，当一个人遇到一些威胁到自己的情况时，就会产生警惕的心理，并且受到的威胁越大，产生的警惕心理越强烈。

2. 色情内容

　　在网络上，一些人利用网络无国界、控制少的特点，把黄色信息弥漫在世界的各个角落，以致有泛滥成灾的危险。美国卡耐基·梅隆大学曾经在 1995 年发表了一份《信息高速公路的色情市场》的调研报告，报告指出在 18 个月之内，网络上出现了 917 万次色情图片、小说和影片，向美国的多个州和相邻的 40 多个国家和地区进行扩散，在整个黄色信息的扩展中浏览的大部分人群为青少年。网络中每天有 2 万多张的黄色图片进入，呈现的非学术信息中有 47% 与色情有关。在整个与网络色情内容有关的信息中经常出现性骚扰，对广大青年女性的身心健康造成了巨大损伤。由此可知，淫秽色情信息会经过网络侵害青少年的"精神世界"，对其身心健康造成严重损害，这些信息可以说是"电子海洛因"。

图 8-2　给网络扫扫地

3. 虚假信息

虚假新闻、广告甚至虚假身份广泛存在于网络空间之内，因为网络传播尤其特殊，所以网络上出现了许多不实信息。这些信息会给大学生造成错觉，他们会认为通过网络可以随意发布信息，无须承担责任，无须对自己发布的信息负责，甚至用假名发布假信息变成了一种"时尚"。调查发现，被调查者中76.4%的人不会将自己的真实信息公布在网络上。人们多数认为与传统媒体相比，网络媒体不够权威，所以对网络中发布的信息总有几分怀疑。

有案可稽

小夏来自北京大兴区黄村镇，2009年从某高校旅游管理专业毕业之后，一直没找到适合自己的工作。不久前她从网上看到一条知名酒店招聘总经理助理的招聘信息。因此，小夏拨打了网上的联系人手机，接听电话的是一名自称姓张的男子。男子以该酒店人力资源主管身份要求小夏准备好各项证件复印件和服装押金共计1000元整，并约定次日准备好之后联系。次日早上9时，小夏准备好上述物品和资金之后，与对方联系，结果对方要求小夏直接将"服装押金"转账到某个特定账户之内，小夏此时没有怀疑，转账结束后再次与该男子联系，并与对方约定在酒店大堂会面面谈。不过在约定时间，小夏到酒店大堂等候了很长时间，都没有见到对方。而等小夏再次用手机与对方联系时，对方又提出了转账1500元作为培训费的要求。小夏此时才感到不妙，便向酒店总经理询问才知道酒店近期并没有发布任何招聘信息。

4. 网上赌博

近年来国内出现了大量网络赌博网站，因为通过上网很容易就能够下注参与赌博，所以有很多人参加，并且有许多人沉迷其中，无法自拔。其中许多人因为赌博血本无归，身无分文之后，就去抢劫、盗窃甚至诈骗谋财，结果越陷越深，变成了一名罪犯。

有案可稽

小宇是某省高校二年级在校生。他很喜欢斗地主，超初常在宿舍和舍友玩，不过经常输，所以小宇非常不服气，决心上网练习提高牌技，再和舍友打牌。

有一天，小宇在网络上玩斗地主时，无意中看到了一则网页广告："易发真钱现金斗地主、现金诈金花同时设置几个房间下赌系数，分别为0.2元、1元、3元、5元、10元。24小时开放，玩家可随时参与游戏痛快畅玩!"而且广告内还有游戏网址。小宇了解后才知道，在整个平台上可以用现金玩游戏，有许多人在这个平台上通宵赌博，小宇被吸引试玩了几次，结果很快就被游戏吸引住并陷入其中。

最初他通过网银、支付宝在网站充值了100积分，在短短两小时之内，他就赚了400多分。之后，小宇打算结束游戏，因此与QQ客服联系提出了将现金转出的要求。结果客服答复道："为避免会员作弊，所以注册不超过8小时的会员提取不得低于500元。"有了前期的良好战绩，小宇认为再赢100分不是什么难事，所以在此进入网站玩游戏，结果不但没有赢到想要的100分，还把原有的400分都给输光了。第二天，心有不甘的小宇再次购买了200分，继续玩游戏，刚开始小宇的运气似乎很好，听说"诈金花"游戏可以轻松赚到几千分，因此转战"诈金花"，没想到这一把就把所有积分输掉了。这一局，赢家赚到了几千分。小宇认为自己只是运气不好，只要多玩几次，也会一次赢回来，没想到短短一个星期内，这个"诈金花"游戏就让他输掉了一个月的生活费。小宇这才幡然醒悟，决定以后再也不玩了。

有游戏开发专家指出，小宇参与的网络游戏后台能够看到所有成员的数据，只需修改系统后台数据就能够控制所有游戏结果。譬如，只要对游戏进行修改，就能够保证自己得到想要的牌；即便不修改游戏，只需两人联手欺骗参与游戏的一个人，也能够想赢就赢。总之游戏有数据后台，能够控制所有游戏结果，不知情的人进入这个平台，必然会被骗，输个精光。

5. 语音聊天中的粗俗内容

网络聊天多数是匿名的，这一方式给那些性格比较内向，不擅长社交的人提供了坦露隐私、宣泄郁闷，得到情感慰藉的途径。调查发现，语音聊天是当前吸引未成年人上网的主要诱因。在网吧中常有下述情景：一个外形漂亮的女孩头戴耳机，用话筒大声叫骂，喊着许多脏话。这也就是网络中出现的语音室骂聊。骂聊名义上可以消除人们的负面心理和压抑感，但是却会给文化环境带来极大污染。

网络不良信息的传播途径是双向的，大众主体地位在网络中会被充分体现，他们能够主动拉取所需信息。青少年的自制力较差，可能因为好奇或者冲动在网络上搜索不良信息，从各种角度来看，网络中不良信息的传播对自制力较弱的青少年将产生巨大的负面影响。

(三)不良信息的来源和传播途径

不良信息的来源主要有三种：第一，来自国外独立服务器。国家对于国内网络服务的监管变得越来越严格，因此有人将服务器托管到国外，避免相关部门的审查。譬如，太平洋中少数岛国法律允许色情业务，在这些国家可以用很低的成本合法搭建色情网站。现有色情网站中近九成都是用此形式构建的。第二，因为我国现有的主流网站已有大量网民，且网民的稳定性较高，所以有一些别有用心者在此类网站的博客板块、社区板块、播客板块或者BBS上发布不良信息，以吸引人登录自己的不良信息网站。第三，有些人为谋利，搭建非法网站，发布对网民有较大吸引力的非法信息。

不良信息主要通过下述几种途径传播。

1. 搜索引擎传播

利用搜索引擎可以有效汇总网民所需信息，用户使用搜索引擎能够得到许多自己想要的相关信息和资料。部分制造"不良信息"者利用这一点传播非法信息。但是随着国家对搜索引擎网站监管的强化，搜索引擎中的"不良信息"数量已经大幅减少。

2. 垃圾邮件传播

网民邮箱内常有许多垃圾邮件，其中多数信息都是"不良信息"，具体有反政府信息、买发票、办假证信息以及伴游信息等各种违法信息。

3. 即时通信软件传播

QQ、MSN 等即时软件是网民常用的聊天软件，不过在聊天过程中，网民常会看到许多弹出链接，其中就有许多钓鱼网站，所以即时通信软件也是当前不良信息传播的主要途径之一。

延伸阅读

"中国未成年人网脉工程"于 2012 年 4 月发布的调查报告显示：

大多数未成年人上网时都遇到过不良信息，未成年中只有 24.2% 的人反馈从未遭遇不良信息，常遇不良信息者占比高达 17%。

调查发现，不良信息多数来自网络广告(占比 46.8%)，还有大量信息来自游戏(占比 22.6%)或视频(占比 30.6%)。

在不良信息中，最常见的就是不雅图片，此外，虚假广告、自拍暴露视频、暴力游戏和视频裸聊等不良信息也十分常见。

网络中大量存在的不良信息会给多数未成年人带来不适感。调查发现，接触不良信息的未成年中约有 85.4% 的人认为"不舒服"，有 42.2% 的人认为"非常不舒服"。

(四)网络不良信息的危害

1. 对大学生人生观、价值观的塑造有不利影响

大学生尤其是新生的价值观和人生观并未成熟，接触奇异思想后很容易遭到冲击。网络能够连接全球各国，各国文化、思想在其中交融。

网络是一个没有国界、没有边缘的全球性媒体，具有全球性的特征，正是这种特征导致了大学生思想的混乱。在网络上，由于技术的原因，无法对网络上的所有信息进行核查，也无法对所有网站进行严格的、信息合理性的逐一核实。人们在一个绝对自由的环境下接受着各种各样的信息，然而正是那些负面信息充斥着我们青少年的心灵，影响着我们新时代青年人生观、价值观的形成。

2. 网络的传播性特征造成了网络信息的泛滥

网络的传播性特征造成了网络信息的泛滥，各种垃圾信息会弱化大学生的道德意识和整体素质。互联网对当今世界的积极效应不可否认，它开拓了大学生的眼界，求学时代的我们可以通过计算机走进全球生活，体会到新鲜生活的积极作用。但那些信息的丰富伴随信息的"爆炸""污染"，网络中冗余信息将变成大学生从网络中选取有用信息过程中的"噪声"，这必然会对其利用信息的效率和清晰度造成负面影响，对其选择知识和吸收有益知识造成严重影响。

延伸阅读

信息泛滥也就是社会内信息急剧增多，甚至超出人类处理信息能力，导致人类承受了太大信息冲击，因此会出现较大心理压力。在当前信息爆炸时代，人类出现了被信息淹

没、驱使的苦恼。网络信息读不完也看不尽，给人类带来了巨大压力。

信息泛滥将随着科技和时代的发展进步逐渐改变。人们总是有多种信息需求，信息利用的形式很多，所以信息泛滥同样是全方位发生的。可以说，信息发达是当前人类文明发展和进步的重要标志，信息承载着人类的思想，既是无形财富，也是宝贵的战略资源，不过面对巨大的财富诱惑时，人们总会沉溺其中，无法自拔。信息如果发生过度膨胀，也会变成一种负担。思想空间假若被繁杂的信息霸占，那么头脑与世界将完全贴近而没有距离，就会产生负面作用。

在信息过于泛滥的情况下，多数信息对于用户来说，并没有什么用处或者说用处很小，反而会对人们开发信息、利用信息的效率和速度提高造成阻碍。信息泛滥催生了大量信息痴迷者，面对无法消化的大量信息，人们深感无力，面对浩瀚的信息海洋，人们会产生恐慌甚至焦虑和渺小感，甚至产生被信息时代抛弃的担忧和恐惧。

3. 网络的不良信息严重影响大学生的生理和心理健康

从生理上讲，大学生正处于身体发育时期，长时间坐着使用电脑，腰肌过于劳损，视力变弱，还会导致精神过度疲惫，此外长期遭受电磁射线辐射，也会影响大学生的健康。调查发现，青少年中一次上网时间超过 3 小时的占比超过了 40%，而由于上网而疲惫、导致视力变差、爱睡觉、精神差的青少年占比高达 45%。长时间对着电脑屏幕，留恋并往返于网络虚拟世界中，抑制了青少年的健康成长。

网络上的黄色信息层出不穷，这对大学生的身心健康非常不利，有不少人会出现看黄色影像成瘾的特点。

4. 网络的不良信息引发大学生犯罪的信息倾向和犯罪行为

对于未成年人来说，网络暴力信息可能造成的负面影响极大。虽说网络仅仅能够给人创造虚拟世界，然而这个虚拟世界却能够给大学生带来真实的伤害。法律专家提出，除了毒品、父母离异以及电子游戏之外，网络如今已经成为诱发大学生犯罪的主因之一。

初步统计证明，网吧四周是当前大学生犯罪的高发区，而且此类案件还在逐步增多，且此趋势日渐明显。

图 8-3　坠落

(五)抵制不良信息的方法

抵制不良信息，维护大学生的利益，需要社会、政府、家庭和个人的共同努力。具体方法为：第一，树立正确的价值观、人生观，增强信息辨别力，能够辨别是非、美丑和对错。第二，严格遵从公民道德、社会公德规范和《全国青少年网络文明公约》，规范自身行为。第三，掌握国家相关法规，强化法制观念。强化道德和自律能力，自觉抵制不良信息影响。第四，上网要登录大型、官方、有健康信息的网站。远离各类不健康的信息内容和网络游戏。在电脑上安装能够自动过滤不良信息的软件，杜绝不良信息。第五，丰富课后活动，培养健康积极的兴趣爱好。第六，如果收到或看到垃圾邮件、不良信息等可以向不良信息举报中心举报，或者联系网络虚拟警察进行举报，维护好网络环境。

图 8-4　绿色上网，健康生活

维护网络世界的干净、纯洁是所有网民的责任，不管是网站自身、政府还是网民，甚至那些拥有网页过滤技术的企业，都要担负起相应责任。在目前的状况下，运用经济、法律与技术手段，动员全社会监督网络的健康发展，是减少网络不良信息的有效途径。

大学生上网时，最经常做的事情就是浏览网页，通过浏览网站信息能够掌握许多新的信息，丰富经验，积累知识，不过在此过程中也会遭遇尴尬。

第一，网页浏览过程中，应该登录合法正规网站。网络中有许多网站为谋利利用人们的猎奇甚至歪曲心理，故意在网站上设计不健康的信息甚至反动信息。

第二，不可登录色情网站并进行浏览。目前许多国家都已经将此类网站列为非法网站，我国政府严禁黄赌毒，并采取了许多措施予以打击。大学生如果浏览色情网站将伤害自身健康，如果长期浏览色情网站还可能因此走上犯罪的不归路。

第三，在浏览虚拟社区譬如 BBS 时，有些学生喜欢发表言论，还有些学生喜欢发表有一定攻击性的言论，甚至传播迷信、反动内容。这些人有些是因为好奇，有些是在打抱不平，不过无论原因如何，都可能泄露自己的 IP 地址，引起他人攻击，而且发表上述言论还可能触犯法律。

⮕ 延伸阅读

12321 网络不良信息与垃圾信息举报受理中心是我国互联网协会受工业和信息化部委托成立的受理网络不良信息的专门举报机构,主要职责是协助工业和信息化部完成对于网络、移动或固定电话网络中传播的各种不良信息和垃圾内容的举报受理、调查和查处。

举报方式有下述几种:

- 热线电话:010-12321(北京地区直接拨打12321)。
- 登录网站:www. 12321. cn。
- 电子邮箱举报:abuse@12321. cn。
- WAP 网站:wap. 12321. cn。
- 短信举报:编辑短信"被举报号码 * "+短信内容发送至"12321"。
- 彩信举报:在"标题栏"内录入"被举报号码 * "+彩信标题发送至"12321"。
- AM321 软件:使用手机登录网站 wap. AM321. cn 后将 AT321 软件下载到手机之后,用此 App 进行举报。
- 新浪微博、腾讯微博举报:用户只需输入"被举报网址或号码 * "+举报内容,@12321发送私信进行举报。

二、网络病毒

(一)网络病毒的定义

网络病毒也就是通过电脑网络传播感染网络内全部可执行文件。

(二)网络病毒的抵制办法

面对不断增多变化的网络犯罪,大家要提高警惕,加强安全防范意识,认真学习并掌握网络安全防范的基本知识。

第一,应该在个人使用的电脑上安装正版防火墙和杀毒软件,及时对软件进行升级更新。在运用他人提供的文件之前应该首先查杀病毒,尽量避免文件夹共享,以免给病毒传播留下可乘之机。

第二,经常对系统安全漏洞进行检查并及时打补丁。只能从官方网站上下载补丁,不要从其他网站下载。

第三,如果收到不明电邮,应该直接删除,不可出于好奇将其打开;不能登录色情、淫秽网站或可疑网站;邮件中如果有不明链接应该忽略,后直接将邮件删除,不可打开链接。聊天过程中如果收到链接,应该先向发送链接的好友确认之后再打开。

第四,从网站下载到电脑的所有文件都要先查杀病毒确认,安全之后才能够将其打开;在打开附件之前,也要先使用软件扫描查杀病毒,集中存放重要资料、文件并进行伪装、加密。

第五,电脑操作时或者上网留下的 Cookies、历史记录应该及时清理。

第六,网上密码应该设置复杂密码并时常修改更换。

第七，不可从网络上随意下载软件，以免误中木马或病毒程序，假若需要下载软件，也要尽可能选择官网。

第八，平时不使用摄像头时，最好将其与计算机之间的连接断开，关闭电脑之后应该将电源切断，避免被非法安装的程序或者黑客自动开启。

如果发现电脑被远程控制或者"黑客"入侵自己的电脑，应该及时报案。尽可能少用"点对点"途经交换文件，应该经常使用杀毒软件对电脑进行全面彻底的病毒查杀和必要清理。

第二节　网络交友与网络购物

一、网络交友

以互联网为主体代表的网络如今已经变成了 21 世纪人类最基本的生活、生产方式。随着电脑网络的产生，才有了网络交友这一途径。天南地北甚至异国人，均能经上网交友。当产生网络交友时，同时也产生了与之对应的安全问题。

许多人都经网络结识了全国各地有相同志趣、志向的朋友，但是，网络交友这一方式常被不法分子利用，以此为幌子实施诈骗、盗窃、绑架和敲诈等违法行动。

图 8-5　网络有陷阱，交友需谨慎

(一)网络交友的常见骗术

利用网络交友行骗的骗术主要包括：和网友见面过程中，伺机盗窃；和网友见面过程中，借用手机将手机骗走；在酒或饮料里下药迷晕对方，趁机抢劫；部分经营场所之中的人员可能以此为诱饵，欺骗网友高消费以谋利；编造多种理由向他人借钱骗钱；以给对方介绍工作或帮人找关系为由骗钱；声称网络交友实则玩弄感情甚至强奸；借口网络交友勒索、敲诈甚至实施绑架，骗吃骗喝或迫使他人参与传销活动。

(二)网络交友的注意事项

在虚拟的网络世界中，每个人都可以给自己设计多种身份和不同面貌，丑陋与善良往往结伴同行。因为沟通方式存在一定限制,所以人们的交流形式单一,可能不够真切,文字是交流的唯一方式,不过通常会掩盖个体本就应显露的素质,为那些居心叵测的人提供机会,所以,大学生在网络交友聊天过程中,应该基于慎重把握这一基本原则,不能够轻信他人。

第一,通过网络交友或在聊天室交流过程中,尽可能运用虚拟化的电邮、OICQ 和 ICQ 等形式,尽可能少用真实姓名,不可轻信对方将自己的电话和真实住址等信息告知对方。

第二,不可随便和网友会面,如果已经决定会面也要与信赖的朋友或同学一同前往,最好不要单独赴会,约会地点要尽可能安排在白天,挑选公共场所内人群汇聚的地方,避免选择隐蔽偏僻的场所,否则如果有危险也无法得到帮助。

第三,聊天室内与他人交流聊天过程中,不能随意点击打开不清楚来源的链接或文件,以免其中含有逻辑炸弹、聊天室炸弹或黑客软件,使得聊天室自动关闭,电脑系统崩溃或者有木马程序被植入电脑。

第四,对色情聊天以及负面宣传要主动拒绝。因为聊天室内有形形色色的人,当中也有很多好色之徒,他们运用网络特有的隐秘性和聊天方式,用语言挑逗那些单纯的大学生;他们可能在聊天室内传播色情网站网址,以便获取高点击率,如此行为将危害学生的身心健康。同时还会有部分人员、组织运用聊天室开展反动宣传,腐蚀、拉拢青年,大学生应该对上述问题有较高警惕。

有案可稽

大学生小冬是广东佛山人,在交友网站认识了广州某工地从事水电安装工作的张某后,成了无话不说的"好朋友"。随后小冬放假来到广州,与张某见面并在广州某酒店住了两晚。在此期间,张某多次向小冬提出了结婚要求,但是小冬认为双方了解不够,并未同意。

而令她意外的是,当她返回学校之后,张某竟然声称自己有小冬的裸照,并要挟她与自己结婚。小冬虽然很害怕,但是仍然试图说服张某,因此她声称家人不允许她外嫁到外地去,结果张某暴怒甚至威胁要把小冬的全家人杀死并与她同归于尽。小冬被逼无奈只好同意了张某的结婚要求。随后,小冬瞒着家人与张某领取了结婚证。

此后,张某原形毕露,经常给小冬打电话要钱给自己的母亲看病甚至还要求小冬给他钱买房。小冬不堪骚扰,不得不将实情告知了自己的母亲李女士,并得到了母亲的支持。没想到,恼羞成怒的张某不仅提出了 50 万元的赔偿要求,而且再次用小冬的裸照提出威胁,并在同年 3 月底把照片通过邮寄的方式寄给了李女士。

2012 年年底,小冬和母亲付诸法律,提出了撤销婚姻的请求,得到了法官支持。不过尽管此事告一段落,但是小冬的精神严重受损,且因其学业未能顺利完成而未能正常毕业,只得到了结业证。

二、网络购物

所谓网络购物即为利用网络对产品信息进行检索，经电子购物单提出请求，随后填写信用卡或个人支票账号。厂商邮购发货或将货品交给快递公司送货，对比传统购物方式，网络购物不仅方便、省时，而且快捷，价格便宜、品类齐全，优势相当明显。不过网购也有风险。当买方付款之后，商家可能不发货，购物网站还可能一夜之间消失得无影无踪。

延伸阅读

互联网日渐普及，所以网购优势也就会进一步凸显，还会日渐变成购物的重要形式。不过同时，网络购物带来的风险也日益突出，如因为假冒伪劣、网购诈骗、密码被盗、信息泄露等问题引发了越来越多消费者的重视。2015年1月23日，在国家工商行政管理总局发布的数据中，2014年全国网购投诉量五年最高，主要集中在合同、售后服务、质量等方面，分别占投诉总量的28.4％、22.7％、21.7％。

2015年1月，国家工商总局也公布了2014年下半年网络交易商品定向监测结果，并就网络交易平台内易发的违法违规问题，向社会发布了风险警示。监测共完成了92个批次的样品采样，其中有54个批次的样品为正品，正品率为58.7％，非正品率为41.3％。值得注意的是，据监测结果显示，手机行业正品率仅为28.57％；淘宝网正品率最低，仅为37.25％。

(一)网购诈骗的常见形式

网购诈骗的常见形式有：第一，运用"变脸"方法持续对消费者实施欺诈。部分虚假网购网站往往运行数月之后，就会换网站、机构名称、地址、电话、电邮等信息，仅仅保留网页内容，过去给网站汇款消费的人早就找不到这个网站了。第二，用极低定价、海关查没品作为诱饵骗取消费者的信任，消费者登录此类网站之后，能够看到多种产品，并且定价极低，甚至比市价还要低50％。第三，虚拟购物网站看似"正规"，不仅有机构名称、电话、地址，还有电邮和联系人，部分网站还有信用资质以及互联网信息服务备案号等。面对这种网站，自然会有客户受骗。第四，交易方法、形式比较单一。消费者只能汇款购买产品，同时收款人通常设定为个人而不是公司。订货方法多为先付款后发货。第五，榨取客户款项的手段几乎完全相同。如果消费者将首款汇出后，骗子一定会给客户打电话声称商品必须批量采购；或者货到之后除了余款之外，还要支付高额的税款或者押金等各类费用，以免消费者不仅收不到货而且不能退款。部分消费者可能因为已经汇出了一笔款项，心有不甘所以还会给商家汇款。

有案可稽

2013年4月，四川大学商学院大一学生安某在淘宝上购物后，收到QQ消息的加好友提示，便同意将其加为好友。对方自称是店家，声称货物有瑕疵，需核实信息以便退款，安某不假思索地配合"店家"。首先收到"验证是否为本人操作"的验证码（其本质是淘宝账号的修改密码验证码），得到验证码后的"店家"首先修改了安某的账号密码（导致安某不能登录淘宝账号），同时掌握了其用户信息，并通过所得到的信息，取得安某的信任；然后安某在"店家"的循循引诱下输入了银行账号，并在支付宝的备注里输入了银行密码，当"店家"询问其卡上余额时，安某微有纳闷，但仍未怀疑；当收到银行的验证信息"尾号为××的卡将支出××元"时，安某略有迟疑，在反问对方未成功和压力式"逼问"下，安某一烦躁便将验证码脱口而出。最后，安某的银行卡被扣除了 800 元，仅剩下 20 多块零头。

(二)网络购物的注意事项

网络购物内有多种骗局，大学生都要提高警惕，以免落入其中的陷阱。看到超低价产品，切忌贪便宜，不得购买定价明显不科学合理的商品。应该通过合法网站网购，所有网购网站应该有红盾标志和经营许可证，单击其标志能够查阅到所有经营者的信息，同时还要注意地址栏是否是工商部门专门网站。网购之前，必须要设法对经营者的身份进行核查，如有必要必须向消协或工商等多个部门咨询。尽可能货到付款或者使用支付宝，经网银转账或付款过程中，必须检查网址，检查其是否是真实的银行网址，部分钓鱼网站网址和银行网址之间差异很小。网购过程最好用专门的信用卡，线上付款之后，最好将信用卡密码及时修改避免密码被他人盗用，造成损失。在网购过程中，必须注意留存凭证（银行汇款凭证、聊天记录、短信记录、交易记录等）。假若网购过程中发现了欺诈行为，一定要报案，或投诉。

第三节　网瘾

网络是人类科学技术的产物。网络的诞生，为人类开启了沟通世界，创造文明的崭新窗口。网络给现代人的学习、生活、娱乐以及工作带来了便捷，显著提升了国人生活品质，青年人作为国家的新生力量，对网络这种高科技信息手段的接受和使用更超过成人，据统计，目前我国青年人是网络使用者中最庞大的群体，占上网总人数的 60% 以上。大多数的人能够适度合理地使用网络，通过网络获取知识、技能，进行娱乐、休闲等。但是也有少数人因无节制地使用网络，影响正常学习、生活和人际交往，从而出现身体健康受损、不能与社会外界正常交往等问题。这些问题即现在所说的"网络成瘾"问题。

一、网瘾的概念

网瘾又称网络成瘾征（IAD），学名为病理性网络使用（PIU）。目前网瘾已经得到了人们的认可，并将其纳入诊断体系。"网络成瘾"可以说是对网络的过分依赖，也就是对真实生活已经丧失兴趣；同时在网上操作的时间超出了限度，心理上得到一种特殊的满足。如果网络依恋已经失控，可能造成负面影响时，人们通常会将其视作一种心理障碍。

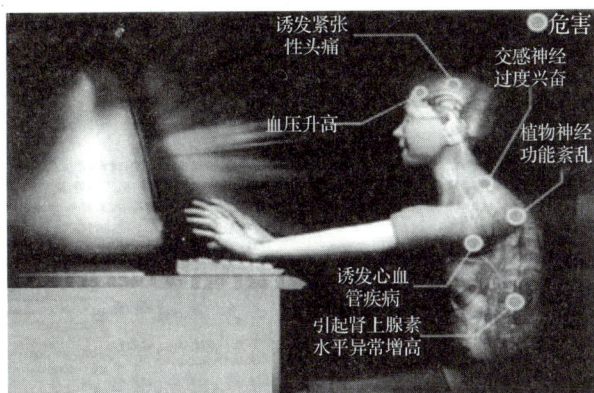

图 8-6   网瘾综合征贻害身体健康

网瘾的表现主要包括：上网过程中精神饱满，心潮澎湃，甚至难以自抑，甚至忘记了时间；沉浸在网络环境中，忽略了真实的人际交往，而且还会对网络形成依赖，将网络视作"知己"。

网瘾常常与心理方面的缺陷有关。刚进入大学的新生，由于中学时被管得太紧，进入大学后就有一种强烈的逆反心理，于是他们在网络上强烈地释放自己；有些好强的大学生总是希望自己永远比别人强，在现实生活中难以实现的东西总是想要在网络中寻求弥补；还有很多远离父母的同学，因为高中受应试教育的影响，很少接触社会，很少自主地进行人际交往，在登上大学这个具有丰富色彩的大舞台后总是感觉很棘手，往往在不知所措时便在网络中寻求某种途径进行倾诉。

二、形成网瘾的原因

(一)外部原因

大学生形成网瘾的外部原因主要有两点。第一，社会环境，如网吧产生、网络游戏逐步流行、同学从众或者攀比等；第二，家庭教育，包括家庭环境及教育方式等。

(二)内部原因

大学生形成网瘾的内部原因有两点。第一，满足感缺失，包括学业失败、孤独感、人际障碍等；第二，生理及人格，包括人格特征和生理特点等。

三、网瘾的危害

近年来，网瘾成为社会关注的焦点问题，一方面在于其人群大多为青少年，包括一部分大学生；另一方面在于其对身体、心理和精神危害极大。网瘾主要有下述几点危害。

第一，会诱发隐瞒、撒谎行为，盗用他人账号或者偷钱上网。

第二，会导致青少年的视力变差、生物钟发生紊乱甚至引起神经衰弱问题；导致青少年的睡眠周期被干扰，如果不上网可能会产生头痛、失眠、消化不良、厌食、恶心、体重下降以及注意力不集中等多种症状。

第三，品行存在障碍，可能导致孩子逃学、暴躁、出现攻击性行为，拒绝交际、部分学生可能陷入犯罪深渊。

第四，致使青少年的情绪出现障碍，无法快速适应环境。心理层面可能会出现无法长期集中注意力，记忆减弱，对其余活动没有兴趣，相对冷漠，没有兴致、没有时间感等症状。

第五，身患网瘾者因为上网时间较长，其大脑神经中枢可能长期兴奋，则必然会导致肾上腺素水平显著提高，交感神经兴奋过度，血压提高，还可能导致自主神经功能发生紊乱。另外，还可能引起胃肠神经官能症、心血管疾病甚至紧张性头痛。

第六，可能被欺骗，面对色情、赌博信息，发布反动言论、人身攻击甚至产生犯罪行为等多种垃圾信息，可能给青少年造成很大伤害。

第七，长时间沉溺在网络中，将严重伤害个体心理和生理健康，导致身体层面出现很多不良反应，如出现腰酸背痛甚至视觉疲劳等问题，逐步发展之后还可能诱发肩周炎、视网膜脱落甚至神经紊乱等疾病。另外，还有可能诱发精神分裂症、抑郁症等心理疾病，如果病情严重还可能出现伤人等恶性行为。

长时间使用计算机或者上网对大学生的身体健康也会造成很多伤害，如损害眼睛、颈椎、脊椎、腰部、背部、手指、手腕、下肢和皮肤等，甚至可能降低人体的免疫能力。因此，大学生应养成科学、健康地使用计算机的习惯，积极预防上网对生理健康带来的危害。

四、网瘾的表现

网络成瘾在不同人身上的表现不同，但也有其规律性和周期性。一般来说，接近成瘾期主要有下述表现。

第一，每天都要玩网络游戏。

第二，放学后立刻到网吧或者在家上网玩游戏至少半小时或 1 小时。

第三，回家吃晚饭时也要先玩一会儿游戏才能够做作业。

第四，每天如果没有上网就无法保持镇定，还可能心神不宁。

轻度成瘾期主要有下述表现。

第一，很喜欢上网聊天或者玩游戏。

第二，每天必须网上聊天或者打游戏至少 2 小时。

第三，如果当天没有上网必然会紧张、心烦、焦虑、敏感、无法集中注意力，还可能坐卧不安，甚至对很多事物丧失兴趣。

重度成瘾期主要有下述表现。

第一，把上网视作生活中最幸福、最重要的一件事。

第二，每天必须上网至少 5 小时。

第三，上网时十分精神，不知疲倦甚至不用吃喝；如果不上网还可能出现严重焦虑，甚至还会出现咽喉哽塞、干渴、颈背肌肉痛、头皮胀痛、肌肉抽动等病态生理问题。

有案可稽

2006年王某考入北京某大学，刚入学时，他对自己很有信心。可是第一年的学习并不如自己预期的理想，同时他还在同学的影响下接触了网络游戏，并且游戏技术突飞猛进，很快他发现在游戏中自己能够达到强烈的满足感和成就感。然而他却不再能像高中时代那样，从学习和交往中得到老师的认可、同学的"崇拜"了。因此他更深地投入到网络游戏中，并逐步产生了强烈的游戏渴求、冲动，并且和身边同学的交流也减少了，对于外部活动的热情逐步消退，性格也变得自卑、敏感，继而引发了诸多心理问题，还出现了通宵游戏甚至为此逃课的现象。在班主任和同学的劝告下，李某离开了网络游戏，但是很快出现了心烦易乱、身体不适、情绪激动、无法集中注意力的问题，甚至还出现了睡眠障碍，当他返回游戏后这些问题都突然消失了，结果网络和游戏变成了他逃避问题、解决情绪问题的一个途径。

五、网瘾的标准

如何判断自己是否患了网瘾呢？我们可以比照以下标准进行自我诊断。

第一，每天早晨起来后情绪低落，没有食欲，浑身疲乏无力，可是只要进入网络便精神抖擞，异常兴奋。

第二，上网时变得神思敏捷、口若悬河，并感到格外开心。可是只要离开网络便出现情绪低落，不愿说话，反应迟钝等症状。

第三，无法控制去上网的冲动，只有长时间的上网才能感到满足，从而失控，上网时间比预想的时间要长很多。

第四，每看到一个新网址就会心跳加快或心律不齐，希望尽快浏览网页。

第五，早晨一起来就有上网的欲望，只要一会儿不上网就手痒难耐，晚上上网经常有通宵的欲望。

第六，如果网线断开或因为其他原因无法上网时，就会陷入愤怒和焦躁情绪当中，可能会不由自主地持续敲击键盘。

第七，生活过程中可能常有不自主的键盘敲打动作，身体还可能会颤抖。

第八，对亲友、家人等可能会隐瞒其对网络的迷恋。

第九，可能由于网络迷恋面临失学、失去朋友甚至失业的危险。

如果有上述甚至更多表现，或已持续至少四年，则证明已经有了网瘾。

六、防止沉迷网络

要防止沉迷网络，需要个人、家庭和社会的共同努力，以更多地关注青少年的成长问题。青少年应该逐步培养健康科学的爱好和兴趣，会用网络获取信息、知识，培养创造创新能力；能够用好网络开展科研活动，能够用网络提高学习效率；树立起科学的休闲意识和态度，合理地安排自己的闲暇时间；热爱大自然，在自然中培养情趣，放松身心；主动参与对身心健康有益的公益活动和体育项目；参与学校组织的各种兴趣班和义工活动，给需要帮助的人提供帮助，参与下棋、游泳或者踢球等体育项目；遵从网络道德规范，不上不健康的网站；假若发觉自己对于网络过度依赖或过分喜欢游戏，则必须及时调整心理，或向心理医生提供专业咨询。

上网的正确方法如下。

第一，上网时应该约束自身行为，尤其是夜间上网要控制时间。

第二，一定要注意操作电脑的姿势。屏幕要和双眼水平或处在略低于双眼的位置，和眼睛之间的间距最好为 60 厘米。

第三，前臂敲击键盘时应该保持 90 度。光线应该柔和，不能调得太暗，手指应该正常敲击键盘，不可太快。

第四，平常要经常参与体育项目，丰富课后生活，如经常打球、唱歌或者参与社团活动等。

第五，在饮食上多吃富含维生素和蛋白质的食物，如胡萝卜、苦瓜、苦菜、动物的肝脏等。

第六，一旦出现网瘾不要紧张，要停止上网并合理休息，及时到医院接受心理和生理上的诊断。

第七，尽量选用辐射较低的显示器，或者使用防辐射器材，避免显示器的电磁辐射危害人体健康。

第八，注意计算机使用条件的卫生，尽量去有合法营业资格、有安全保障、照明条件好、空气流通的网吧，在家和宿舍上网也要经常通风、换气。

总之，网络是一把双刃剑，它在给我们带来巨大便利的同时，也给大学生的心理和生理带来了一定影响。

专家指出，大学时代是人的个性、心理形成和发展的重要时期，又叫"心理断乳期"。处于此阶段的大学生心理和生理问题多而复杂，所以，要想从根本上消除网络对青少年的负面影响，首先要从解决大学生的心理问题出发。

一旦出现这样的问题，千万不要着急，应及时告诉老师和家长。家长、老师也不要怪罪学生，而应该给予他们宽容和理解。这种症状不是短时间可以消除的，这需要持久的耐心，因此，老师和家长不要长时间压制他们的上网欲望，应给予他们一段时间的缓解和疏通，通过各种活动转移注意力，及时排解不良症状，还可以通过心理医生对其进行系统的心理治疗。

第四节　网络犯罪危机与安全

近年因为国内经济形势一片大好，网络覆盖率逐步提高，网络变得非常普及，运用网络实施犯罪的情况变得非常严重，网络犯罪如今已经变成了不容忽略的新犯罪趋势。由于电脑网络运用变得更加广泛普遍，我国网络违法犯罪案件逐步增多。在任何网站检索"网络犯罪"关键词都可能得到数百甚至数千条新闻。

一、网络犯罪的概念

网络犯罪也就是主要利用网络技术和相关知识，以电脑或网络为主要对象实施的犯罪行动。

二、网络犯罪的种类

(一)网络诱发的大学生性犯罪

大学生性犯罪多数源自网络色情信息诱惑和刺激，经常观察色情影片或图片可能致使大学生有太大性欲，如果其性欲未能被满足，可能诱发其病态的性犯罪心理。根据相应资料，目前网络上已有超过 100 个色情软件，全球每天新增 2 万多个黄色网站，每天有 2 万多张色情图片进入，网络中存在大量色情信息，再者由于大学生心理、生理发育阶段的特殊情况，假若引导不足，极易诱使大学生嫖娼、卖淫或者强奸，从而走上犯罪道路。

📲 延伸阅读

在各类网络犯罪之内，网络性犯罪增长速度最快。美国司法部曾经提交了一份报告，指出曼哈顿成立的"性犯罪侦办小组"经办的所有案件之内，网络性犯罪占比达到了 20%；洛杉矶警局成立的"性犯罪与威胁评估小组"经办的所有案件之内，网络性犯罪占比同样是 20%。针对这一现象，美国中情局前反恐怖专家、现任"环球一体化公司"预防网络犯罪专家的特里·古代蒂斯说："现在，犯罪分子已经不再潜伏在你家门口，或者在你上下班时跟踪引诱你，而是在你待在家里上网发电子邮件的时候或者待在网上聊天室里引诱你。这些犯罪分子能通过网络把你的情况搞得一清二楚。"

上述言论绝非耸人听闻，美国马萨诸塞州犯罪调查局调查官科特·施瓦茨就曾经列举了下述经典案例：本州内有妇女自认为网上十分安全，所以将其真实名字、地址、职位均告知了网络上认识的陌生人，还开玩笑称自己有特殊"性趣"。没想到几天之后就有一名有强奸前科的男子上门试图将其强奸！

警方还指出，与传统罪犯相比，网络性罪犯的组成过于复杂，男性、女性、青年、老人、失业者、企业老板等都有可能是网络罪犯。在得克萨斯近几天逮捕的网络性犯罪分子中有一个是幼儿园的老师，一个是美国边防警官，一个是互联网公司总管。其中一位体面的总管是迪斯尼公司互联网站的总裁帕特里克·劳顿。这位衣冠楚楚的老板在互联网上要跟一个 13 岁的女孩发生性关系。当然，当这家伙赶到约会现场时，等着他的是美国网络性犯罪调查组的警官。

根据美国联邦调查局实施的关于网络性犯罪分子的调查，上述犯罪分子可能来自各国，他们的背景不同，差异很大，当中年龄介于 25～55 岁的男性最多，很容易引起他人关注，此类群体通常有较好的经济基础，从事的职业又十分不同。"全球一体化"公司对此课题所得出的结果也证明，网络性犯罪分子的组成结果非常复杂，各地、从事各种行业的人都有可能，很难说哪一类人最容易犯下这一罪行。此项调查的负责人古代蒂斯指出，从传统眼光看，很多人都认为犯下此罪行的人必然是没有工作和家庭的男人，然而事实上多数人都是教育背景较好，任职总经理或承担着更高职位，且日常生活过程中完全正常的人。

（二）网络引发的大学生暴力犯罪

暴力犯罪主要来源于网络游戏，网络游戏中的大部分内容为打杀，倘若胜利就可以获得败方的财产，这种胜利感可以满足现实生活中的被压抑和无成就的状态。在网络游戏中胜利者不仅占有失败者的财产，而且不用对失败者负任何责任。现有超过四千万网游玩家，在这当中，不足 25 岁的占比 80％。而且内含暴力内容的游戏已经得到了青少年的更多认可，暴力游戏诱发的青少年犯罪案件快速增多，犯罪率逐年提高。

（三）网络侵权罪

网络世界之内，传统道德约束力逐步下降，法律权威性将被逐步弱化，网络侵权行为在大量上演。在真实生活中，少数遵守法律、规则和法制的大学生变成网民后可能目无法纪。在网络世界中，传统社会舆论、信念和习惯将丧失对大学生的所有约束。

有案可稽

2011 年 10 月 20 日，重庆某大学本科生皮某在百度重交吧以"我擦，针刺事情竟然闹到重庆了"为题发帖，之后得到了很多网友的持续关注。"针刺"信息快速在校内散播，并且在社会中引起了恶劣影响。后来皮某说，他和母亲打电话时，母亲说听说永川有许多练习法轮功者用毒针扎小孩，此后他并未对此信息进行核实，在没有确认信息真实性的状况下，将此新闻发布在了网络上。

皮某主观上是想提示同窗们注重安全，但客观上违背了国家的相关法律法规。根据《中华人民共和国治安管理处罚法》第二十五条第一款规定：散布谣言，谎报险情、疫情、警情或者以其他方法故意扰乱公共秩序的，处五日以上十日以下拘留，可以并处五百元以下罚款；情节就轻的，处五日以下拘留或者五百元以下罚款。鉴于皮某认识到本人违法行为的本质，警方依法对其做出治安拘留 3 日的处分。

（四）网上诈骗罪

网上诈骗是指通过伪造信用卡、制作假票据、篡改电脑程序等手段来欺骗和诈骗财物的犯罪行为。因为网络自身存在的隐蔽性和虚拟性，将致使大学生的法制观念和道德约束力量被弱化，诱发诈骗犯罪心理。网络诈骗这种高科技事件对我们这些刚刚步入大学殿堂的青少年来说，极有可能成为被害者，因此大家要学会用"黑色的眼睛发现社会的黑暗"，永远记住一句俗语"天上不会掉馅饼"。

三、网络犯罪的原因

随着网络犯罪率的不断攀升，北京大学教授储槐植提出了"犯罪场"理论，还有许多专家给出了"网络犯罪场"这一全新概念。"犯罪场"也就是潜在罪犯和相关背景要素之间相互影响、作用最后诱发犯罪的机制。大学生在网络犯罪场内身处网络环境等多种要素之中，常常与网络接触获取信息，如果可能导致犯罪的信息程度、规模达到特定程度时，将导致未成年人实施犯罪。这一机制发生影响、作用的机制主要有模仿、暗示、激发以及教唆等。

暗示也就是针对不良信息刺激给出的接受反应。如果大学生从网络中接触到了很多不良信息，深受信息刺激过程的影响，极易不加辨别地将信息全部接受，因此会形成暗示效应，最终将诱使大学生采取同类行为。

模仿也就是面对客观示范状况给出的相接近的反应。大学生长时间沉浸在网络中，必然会迷失自我，导致现实和模拟之间的界限变得模糊，甚至会引起角色错位问题，从而产生模仿网络角色行为的冲动。

教唆、激发也就是因为网络信息严重脱序，没有合理的评估定性机制。青少年深处此环境之内，如果网络内有许多可能刺激犯罪行为的信息时，必然会导致青年内心潜在的犯罪意识形成共振反应，结果会诱使大学生实施犯罪行为。

(一)大学生价值观念重树的必然性

价值观是对个体行为有驱动作用的关键要素，因为国内经济形势逐步发展，现代青年也会追求社会时髦，如"非主流"等。时髦思想的侵入让当代青年不免有了颓废思想，意识上不求上进。

第一，从自身认知以及社会认识改变分析，由于大学生数量整体增多，社会占比提高，失业成为大学生普遍面临的问题，当代大学生的自我预期下降，因此更容易出现颓废消极的心理。因为深受市场经济影响，物质利益如今已经变成了现实生活当中的重头戏，很多大学生都错误地将物质利益作为个人得失评价的主要标准，这必然会导致许多大学生产生盗窃、抢劫甚至诈骗等心理。部分大学生还可能为追求经济利益，放弃了基本道德，如当前社会出现了女大学生傍大款或者卖淫的现象。

第二，面对社会当前新浪潮时，在整个网络世界中，外来思想不断冲击着大学生的头脑，"非主流"等个人倾向严重的颓废思想不断入侵，导致大学生价值观念呈现出个性化、个人化等突出倾向。这一倾向也就是因为不认可个人的合理收益，否定个人价值，相对比较积极，可是假若无法把握好"度"，就极易身陷个人主义泥沼，结果也会诱发犯罪问题。

(二)大学生心理发展还不够成熟

大学生恰处青春期内，心理逐步过渡成熟，心理会有较大起伏，很容易冲动，不具备较好的自控能力，工作考虑不足；而且大学生本身没有丰富的人生经验，但是社会相对复杂，如果没有正确引导，必然会导致其误入歧途还可能犯罪。

新时代的大学生由于从小都是在一种比较安逸的环境下长大，父母关怀过度，自身很少经受挫折，因此当遇到困难的时候自身成熟能力就会比较差，所以很容易走极端。

(三)社会文化的影响

网络是一个没有国界、绝对自由的大空间，因此在这个高科技大媒体中存在着各种各样健康与不健康、正确与错误的思想文化，而那些反面的思想文化恰恰冲击着我们这些不成熟的青少年朋友。西方文化等非主流思想的传入是大学生网络犯罪的一大主因。社会主流文化是正面、积极的，相对于大学生来说，已有正面积极引导作用，不过诸如暴力、色情、享乐、荒谬和西方文化之内宣导的极端个人主义、私有化、文化商业化影响的文化糟粕，产生了很坏的社会影响，导致大学生步入犯罪之路。

(四)家庭因素的影响

现代家庭的不和谐容易造成孩子心理调节能力不够，因为受家庭关爱不够的孩子总是会去网络上寻求一片无瑕的快乐天堂，受网络信息的刺激和诱惑进而走向犯罪道路。根据国内青少年研究会对少管所、八省市监狱、工读学校以及劳动教养所等地超过两千人的调研，结果显示，在所有有犯罪行为的青少年中，父母分居、离异、丧偶或者再婚的占比为24.1%。此外，父母过度溺爱孩子，部分父母自己省吃俭用却要给孩子创造舒适条件，把孩子视作"掌上明珠"，必然极易导致大学生的挥霍无度、好逸恶劳，极易诱发犯罪问题。

四、网络犯罪的预防

(一)注重自我心理素质培养

大学生网络犯罪的根源在于心理，针对这一特性，我们给大学生提供三条建议：第一，学会情绪控制，提高应变能力。能够正确处理理想和现实之间的矛盾，调试自我，做事之前能够理智思考；第二，能够构建和谐社交关系，形成自信。对生活充满自信，与他人沟通比较轻松，心理愉快；第三，能够正确处理好性和恋爱的关系问题。严肃看待爱情，能够正确看待恋爱，情绪和心情健康、稳定。

(二)摆正位置，明确角色，回归现实

能够有效认识网络世界特有的虚拟性、危险性以及游戏性，对于网络恋情要少一点沉醉，经常保持较高警惕，不将网络视作逃避现实以及情绪宣泄的工具，网络生活不过是现实生活中的一部分，不能完全取代真实生活，真实生活过程中，必须建立正确的道德观、人生观以及世界观，不管遭遇何问题，都能够积极面对并将其解决，仅仅依赖虚拟网络显然是完全无用的；必须安全、正确、科学上网，不要沉迷于网络聊天和游戏，更不要浏览内容不健康的网站，应该多搜集部分"法律网站"或"科技、教育网站"相关的信息、内容，这些都能够帮助青少年建立高尚的情操和正确科学的道德观、人生观以及价值观，从而提高人们抵制不良诱惑的能力。

(三)遵守法律，增强意识

《中华人民共和国刑法》虽然有关于网络犯罪的处理规定，但是随着社会经济的发展，我国应当大力完善法律制度。在大学校园里，学校应针对大学生中不懂法、不知法甚至是法盲的同学进行法律教育，强化他们的法律意识，让大家懂得如何维护自己的权利，怎样去履行自己的义务，如何同网络和现实生活中的不法行为做斗争。

自觉遵守《全国青少年网络公约》中的规定，要善于网上学习，不浏览不良信息；要诚实友好，不侮辱欺诈他人；要增强自护意识，不随意约会网友；要维护网络安全，不破坏网络秩序；要追求身心健康，不沉溺于虚拟时空；要树立自尊、自律、自强的意识，提高明辨是非、保护自我的实力，自觉抵制不良行为的违法行为引诱和侵害。

思考回顾

1. 什么样的信息是网络不良信息？包括哪些种类？
2. 网络不良信息有什么危害？
3. 如何自觉抵制网络不良信息？
4. 在使用网络交友和购物过程中应注意哪些事项？
5. 什么是网瘾综合征？请简述其成因和危害。
6. 网络犯罪有哪些种类？大学生该如何预防？

第九章 大学生的实践与外出安全

　　随着高校素质教育的深入实施，社会实践已经变成当代大学生拓宽视野、增强自身能力、丰富认知、融入社会的关键手段，并且大学生的社会实践机会也在逐年增多。《教育部等部门关于进一步加强高校实践育人工作的若干意见》提出，"坚持教育与生产劳动和社会实践相结合，是党的教育方针的重要内容。坚持理论学习、创新思维与社会实践相统一，坚持向实践学习、向人民群众学习，是大学生成长成才的必由之路。进一步加强高校实践育人工作，对于不断增强学生服务国家服务人民的社会责任感、勇于探索的创新精神、善于解决问题的实践能力，具有不可替代的重要作用；对于坚定学生在中国共产党领导下，走中国特色社会主义道路，为实现中华民族伟大复兴而奋斗，自觉成为中国特色社会主义合格建设者和可靠接班人，具有极其重要的意义；对于深化教育教学改革、提高人才培养质量，服务于加快转变经济发展方式、建设创新型国家和人力资源强国，具有重要而深远的意义。"

　　高校实践育人工作得到了国家有关部门的重视，且内容不断丰富，形式不断拓展，取得了很大成绩，积累了宝贵经验。但在参加实践的过程中，仍然存在着一些安全隐患，需要广大参加实践的师生予以高度重视。毕竟，安全是社会实践活动的底线，只有确保了安全，活动的其他意义才能得以实现。因此，高校要在实践活动过程中制定安全预案，大力加强对学生的安全教育和安全管理，确保实践育人工作安全有序。大学生要在习近平新时代中国特色社会主义思想的指引下，以更宽广的视野审视马克思主义在当代中国发展的现实基础和实践需要。在外出参与实践活动的过程中，仍然存在着一些安全隐患，这需要广大参加实践的师生予以高度重视。

第一节 社会实践的安全与注意事项

　　高等教育必须为社会主义现代化建设服务，与生产劳动相结合。高等教育的任务是培养具有创新精神和实践能力的高级专门人才。社会实践既是专业教学的实践环节，也是提高综合素质的重要环节。通过社会实践，学生将专业知识和技能与生产实际结合起来，既掌握了本专业必要的基本技能、方法和相关知识，又具有了从事本专业实际工作和研究工作的初步能力，从而提高了自身的实践能力和就业能力。随着高等教育质量观和人才培养模式的转变，各高校无不强调知识、能力与素质综合发展，无不重视创新精神和实践能力的培养，将社会需求与学生能力培养相结合。近年来，大学生在社会实践过程中因各种原因发生的安全事故呈上升趋势，所以加强社会实践安全刻不容缓。

　　总体来说，实践中的安全意识是由安全观、集体观和荣誉观共同构成的。安全观包括在实践中对实践情境和事件潜在危险的感知与把握；集体观包括在实践活动中保持良好的集体意识，积极沟通、互助友爱、力避独行；荣誉观包括在实践中通过对个人尊严、学校荣誉等方面的认知践行安全责任，确保活动安全进行。

一、实践过程的安全事项

　　实践之前应该接受相关培训，仔细阅读《学生伤害事故处理办法》和外出活动相关安全资料或书籍，采取有效的预防措施。

（一）交通安全

　　应该乘坐正规有安全保障的通行工具，抵制拉客，遵守安全乘车的相关规定，服从相关人员的管理。

（二）财物安全

　　外出实践过程中最好不要携带太多现金，只要在外衣口袋中留下小额零用钱，通常无需将行李交给陌生人代为看管；如果在船上或者车上过夜，应该将贵重物品放在贴身处；假若被盗，要尽快报案同时与公安部门配合侦破工作。

（三）投宿安全

　　住宿要选择有正规营业执照、管理比较规范的招待所或旅馆，可将贵重物品交托给服务台保管，夜间不可独自出门，睡觉时要锁好门窗，不可和陌生人同睡在同一房间内，入住后要着重检查安全设施并及时了解安全通道位置。

（四）交友安全

　　在旅途过程中，不随意接受陌生人的饮料、食物，或轻易答应陌生人提出的约会邀请；男女配合工作过程中要把握好尺度，尽可能和同伴同行外出；熟悉当地民众特别是少数民族的语言、风俗与习惯，避免与当地人发生冲突。

（五）野外安全

　　实践过程中应该准备合适的鞋；下雨天路比较滑，应该注意安全，如果遭遇较大风雨等特殊天气条件时，应该及时躲避；要避免在野外游泳洗澡，以免发生意外。

图 9-1　外出实践，莫丢安全

二、行装准备

在进行社会实践之前，要认真预想实践全过程可能需要的物品，带足必备用品。一般来说，大学生社会实践的行装包括学习、生活、财务、证件四类。学习类包括记录笔本、实习器材、图件文档等；生活类包括防暑防寒、防咬防伤以及各类常见病应急药品，还有雨具、登山衣帽等野外用品和通信设备、充电器等；财务类包括实践行程中所必需的钱财物资；证件类包括身份证、学生证、交通车船票以及活动门票等。

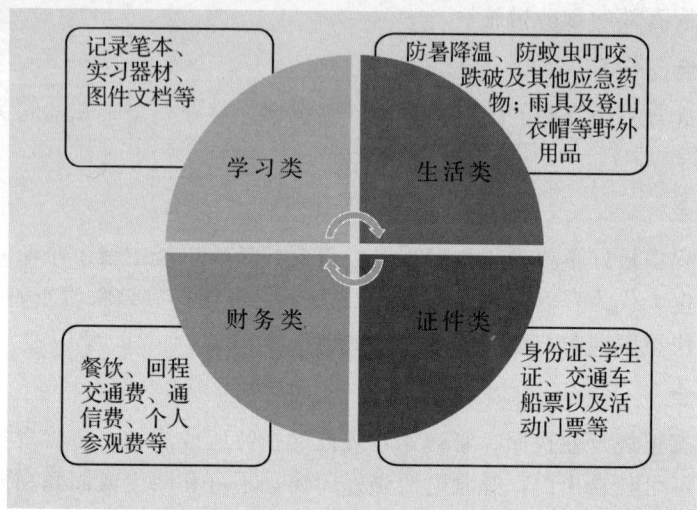

图 9-2　外出实践的行装准备

三、意外伤害的处理

实践时，假若出现了意外伤害事故，应该沉着冷静，客观分析现场情况，不能意气用事，并且还要配合当地相关部门对事故进行处理，在第一时间将实际情况告知给老师、学校以及家长，便于学校妥善、及时处理。

四、自身防范准备

在实践的最初阶段应该认真上课，熟悉安全事故的不同类型，负责团队安全的人员要认真参与组织实践的安全培训和教育；学习《学生伤害事故处理办法》、关于社会实践的各类培训资料，熟悉处理事故的常见程序；遵从国家法规法律和社会公德，不做任何违反法律和纪律、可能对学校形象造成损害的事，主动遵守相关单位制度规章；主动保护自我以及同伴的生命及财产安全，能够勇敢指出身边同学在实践过程中的不安全行为；保持手机畅通，能够定时联系学校和家长；假若有突发事件发生，应该及时联系学院、学校和指导老师。

有案可稽

2007年时年21岁的沈某就读于人民大学国际关系学院大二。4月29日上午8时，作为本校陶行知研究会成员，沈某与十多名队友一同到山西省永济市支教，并下榻于本地某旅馆中。

晚上8时35分，队员们送支教学校校长下楼，沈某与李某等人在二楼等待。等候了一段时间之后，他们发现楼道左侧有一个阳台，因此打算从阳台观望，结果才接近阳台，就发生了坠落事故。沈某不幸跌落，掉在了旅馆大堂椅子上，砸断了靠背，同时头部触地。沈某立即被送往医院接受抢救治疗，在顽强支撑了13天后，沈某的心脏停止了跳动。

校方表示，事情发生后，学校在对沈某进行抢救并安抚其家属的同时，对此事件进行了讨论，觉得学生在参加社会实践时，前期必须做好充分准备，并加强各成员之间的自我保护意识。学校在对活动审批时，也要提高标准，严格避免此类事件的发生。

而在出发之前，除学校给学生上的保险外，陶行知研究会并未给各志愿者加上保险，为此，事件发生后，陶行知研究会下乡队员安全突发事故应急预案也被制订出来。陶行知研究会有关负责人称，以后此类活动将严格按照预案要求执行。

五、疾病防治

(一)水土不服

部分学生进入实践地点之后，可能无法很快适应新环境，还可能出现不适症状，一般经历一段时间后才能够慢慢适应环境。

(二)中暑

天气炎热，长时间暴露在阳光下，可能会引起中暑。一旦有此症状出现，应该立即在阴凉地方休息降温，在人中穴、太阳穴这两个穴位处涂抹清凉油，或口服风油精。如果出现了严重的症状，还应该尽快送去医院进行救治。

(三)抽筋

如果腿部抽筋，应该立刻坐下休息，同时用手指用力捏住大脚趾，将脚部尽量伸直，轻柔按摩，尽量缩短行程。

(四)酸过多症

这一病症出现的主因是疲劳过度，所以要多吃饭或多饮酸性饮料。

(五)传染病

如果在不熟悉的地方实践，要注意传染病(如病毒性肝炎)的预防，尽量少用或不用公共浴巾、毛巾、餐具、茶具等，不要饮用生水。

(六)风寒

因为长时间的路途辛劳，外出实践的学生的抵抗力可能下降，因此当气候突变或快速发生变化时，学生极易感染风寒。特别要注意避免被雨淋湿，如果有风寒症状应该尽快服药或到医院接受治疗。

(七)晕船晕车

容易晕船或者晕车的人，应该提前服药预防，尽量坐在通风较好(如靠窗)的位置上。

延伸阅读

实践时，如果出现水土不服将导致体力下降，影响活动，还可能破坏美好的心情。水土不服的根本原因是人体在适应新的地势、气候、食物和水等诸多条件时出现的失调反应。这种现象在人初到陌生地时，常会出现，通常坚持几天就会消退。如果病情加重，只需少量服用镇静或抗过敏药物、藿香正气水等就能够消除症状。

另外，在实践过程中一定要注意卫生，尽可能少吃小摊贩售卖的食物，尽量保持家中生活就寝的时间规律，这样很快就能够克服水土不服的问题。

六、当地交往安全

在策划实践活动时，应该提前和实践地联系，得到对方许可和支持之后才能够前往实践；前期与实践单位联络时，应该有礼貌，并运用合适的语言沟通；接触当地居民时，应该真诚，重视礼节，尊重当地习惯和风俗，出发实践之前最好从网上了解实践地点的风俗、习惯等信息，避免不合适的言行；准备离开实践地点时，应该向实践单位和相关人员表示感谢，将所用物品归还，在有条件的情况下，还可以将本校文化纪念品作为送别礼物交给相应人员；学生返回学校之后，可以用信件、传真、电话等形式感谢实践过程中帮助、支持过我们的个人、机构以及相关单位，同时及时反馈实践成果。

七、整理和保存资料

实践所用材料对于后期撰写实践总结、报告、转化成果时，必然有较大帮助，假若遗失必会导致诸多不便，所以同学们在实践时，对于整理资料以及保存资料，应该关注下述几点问题。

第一，每天实践过程中所获得的访谈记录、数据、心得和有意义的事件记录等材料，可以及时汇集整理，确保活动完整连贯，避免出现因时间过去太久而将重要信息遗漏的问题。

第二，部分书面材料(如媒体报道、笔记手稿等)应该妥善保管，将统一将其纳入特定文件袋或者档案袋内，以免散失。

第三，电子资料应该留存备份，以免由于存储介质被破坏而丢失资料。

第四，实践过程中使用的发票以及车票等各类票据应该妥善留存，便于后期报销。

八、信息反馈

信息反馈十分必要，从大家走出校园到最后返回过程中，应该至少注意下述两点问题。

第一，实践团队抵达目的地时，应该向负责的教师或学校相关负责人反馈信息，结束实践活动之后应该及时按照要求反馈信息。

第二，要保证手机处于畅通状态，并能保证和学校、家长以及指导教师的联络，及时将团队状况以及实践情况汇报给相关教师。

第二节　外出旅行的安全与注意事项

一、安全旅游

(一)旅游安全

通常来讲，旅游安全也就是旅游过程中并未出现或较少出现安全事故的条件，也就是说在旅途中，出行者能够遵从各项安全规定，能够具有安全意识，不会由于粗心大意导致出现安全事故。

(二)大学生旅游过程中的常见安全事故

旅游过程中可能出现的常见安全事故有人身、财产安全事故两类。其中第一类有伤亡、生病、火灾、交通或治安事故等。本文着重介绍旅游过程中发生的人身伤亡事故。在旅游过程中，发生人身伤亡事故的风险很高，特别是在浏览风景时，尤其是江河湖海时，常有很大危险，极易引起人身伤亡事故，概括来讲，主要有下述几种人身安全事故。

1. 攀登失足

假若在旅行过程中只关心风景，不注意危险，则极有可能导致人身伤亡事故。

有案可稽

某高校的十多位学生相约距离学校很近的一座山攀玩。其中一位姓刘的同学体力较好，过去又有登山经验，因此在前面开路。不过爬到半山腰时大家发现山势太陡，因此劝阻刘某不要继续攀爬。可是刘某并未听从其他同学的劝告，仍然继续爬山。不久之后，其他同学发现前方没有动静，大声呼喊刘某也没有回应，于是判断他有可能发生了事故，因此立刻将情况汇报给了学校相关负责人。随后，学校很快组织附近村民搜索，第二天才在山下找到了掉下山崖的刘某尸体。

2. 山路拥挤

旅游名山多数因险、雄、奇出名，如黄山、华山和庐山等都是十分著名的景点，到上述名山旅行的人很多，山路比较拥挤，所以极易发生安全事故。

图 9-3 拥挤的华山山路

3. 林中迷路

进入原始森林进行探险如今已成为一种颇为时尚的旅游行为，如果游人不听从指挥擅自行动，那么在原始森林或者山林中可能迷路甚至导致人身伤亡。

 有案可稽

有一名日本学生在中国留学，他和同学们一起进入湖北省神农架原始森林旅行，当大家走到"板壁岩"(著名景点)时，该学生由于好奇而脱离了规定路线，进入了森林，结果在森林中迷了路，随后警民进山搜索了三天三夜都没有找到他。

4. 溺水伤亡

在海滩玩耍戏水或者搏击风浪显然是一件相当愉快的事情，因此大学生颇为向往，假若不识水性，或者没有安全意识就很可能发生悲剧。

图 9-4 预防溺水，请勿野浴

(三)旅游安全事故的预防

1. 增强安全意识

旅游过程中可能引起安全事故的主因很多，且十分复杂，可是尽管事故难以提前预知，不过假若能够增强事故安全意识，不做不利于安全的事，就能够避免诸多安全事故。

2. 提前做好充分准备

出发之前应该提前做好充分准备，制定最佳路线，选择最好的交通工具，正确估计自己的健康状况，不能带病旅游。

3. 服从导游安排

游览过程中应该严守景区提出的关于安全的各种规定，服从导游安排，认真阅读路上见到的所有警示牌。不可独自出行活动，如果与他人分开活动，应该按照时间要求及时到集合点集合。

(四)旅游安全事故的处理

1. 自救

假若出现事故，自身不可惊慌，应该先搞清楚所在环境和自己的伤情，随后积极自救，必须有战胜困难和走出困境的信心。

2. 求救

有时仅凭自己一个人的力量不能走出困境，还有时伤势很重无法活动就必须等待救援。在此过程中应该坚定信念、保持体力，及时发出信号求救。譬如，可以用随身携带的打火机、手电筒、手机发出信号，或者敲击身边的石头发出声音，舞动有鲜艳色彩的衣物等引起外部关注。

图 9-5　野外求救不能靠吼

二、自助游旅游注意事项

(一)和家人提前做好沟通

出行之前应该将行程公布在网络上和朋友进行分享，同时还要和家人分享自己的出行计划。此外应该复印一份保单留给自己的家人，以便出现紧急情况时，家人凭借保单到保险公司寻求支持。

（二）掌握求生常识

很多人存有侥幸心理，认为灾难是小概率事件，厄运不会发生在自己头上。因此，当灾难来临时，很多人都不知道该做些什么。当灾难发生时，懂得求生常识和技巧者显然比一无所知者更有可能生还。所以，应该学习必要的求生常识。

（三）保险

旅行者通常会忽视保险。甚至还有很多人认为没有必要购买保险。当然，经验丰富者发生危险的概率较低，但任何人都无法保证绝对不会发生任何事故。

（四）紧急联系电话

随身携带紧急联系电话，若有可能可以设置为快速拨号或单键拨号，如果出现事故即可迅速找到合适的组织和人员。譬如，一定要记录旅游地点的紧急报警电话，假若实在不清楚，可拨打全球通用的112急救电话。事实上，就算手机没有信号也能够拨通急救电话号码，所以出行时很有必要携带移动电话。除了本地急救电话之外，如果出国旅游还要获得旅游地点领事馆的地址和电话，当丢失护照，或出现安全事故时，即可与领事馆联系。必须提醒的是，最好提前复印好护照基本页，这样即便护照丢失也能够作为辅助文件，证明自己的身份。最后应该将SOS联系电话、保险公司的联系电话以及英文报警热线电话记录下来，诸如此类，把有用的电话通通收集打印出来带在身上，有备无患。

（五）紧急清单

如果遭遇紧急情况且已有救护车前来救助后，如果有一份和护照放在一起的紧急清单，那么，这份紧急清单可能会救你一命。这一紧急清单内应该包括能够帮助急救人员快速了解你的情况。通常而言，这一份清单中应该包括下述几项内容。

第一，个人基础信息：包括性别、姓名、年龄、身份证号、护照号。

第二，简单病史：必须写清楚自己的病史，血型、常用药以及过敏史。此外还需写清楚保险状况和保险公司名称、电话、投保保单号、国际SOS联系电话以及SOS客户号等。

第三，紧急联系人：建议找一个熟悉英文或者最少懂英文的人作为自己的紧急联系人便于后期沟通。可以找自己的懂英语的同学或朋友，跟他说清楚情况并叮嘱他在你旅行期间不要关机。

三、旅游中的人身安全

人身安全的主要威胁源于两方面：人为（包括旅行者自身和他人）因素及自然因素。

（一）人为因素引发的安全问题

1. 冒险、探奇

因为探奇冒险导致的意外事故多见于青壮年旅行者身上。因此在冒险探奇之前应该对自己的设施、装备、身体条件等谨慎决策。

有案可稽

2010年12月12日17时30分，罗先生接到了外甥发给自己的求救短信。原来外甥和同伴一行18名复旦在校大学生进入黄山风景区中某个尚未开发的山区内探险，因为缺少向导和设备，导致出行路线偏离原定路线被困山中。

罗先生很快与警方取得联系，上海、安徽两地警察联合行动，紧急派出200人上山搜救。次日2时37分在谷寺一号区域找到了被困大学生。当时景区内雨雾连绵，气温低至4摄氏度，为避免发生危险，全组人员决定迅速离开这一区域。可是下撤时，年仅24岁的警察张某因为路滑坠入悬崖。"我来照路，你们跟我走。"这是张某说的最后一句话。

事后，复旦大学学生在论坛上不仅没有哀悼、反省，反而热议学校的公关问题，甚至有人提出"警察的职责就是服务纳税人""警察找到队伍后，应该原地休息，不应该带领队伍下山，否则张某也不会坠崖""景区不应该设置危险区，怎么没有禁止爬雪山"等说辞，引起了人们强烈的谴责。

分析此事件可知，这一旅行设计本就有诸多风险，从组织此次活动的复旦大学登协的活动公告和以往经历，可以发现：组织者自己没有走过这条路线，明知此行危险，却没有请向导，只想靠GPS设备和指南针，而且允许新人加入，明知天气状况甚至希望按照预报所说下雪……这次悲剧的主要原因是，这支队伍以旅游的心态参与了户外运动，出发前没有充分的准备，未能以对生命负责的态度组织参加活动。他们的无序行为不仅使自己身陷险地，更给其他人、其他行业带来了危险和麻烦。

2. 旅游中走失

旅游者走失通常会发生在自由活动或者游览活动当中。游览过程中，旅游者要关注导游通报的日程、用餐地点地址和名称、抵达各个景点的时间和逗留时间。在外出活动过程中，旅游者应该先将自己要去的地方和计划以及出入时间告知领队或者导游，并且出行后应该佩戴酒店店徽，牢牢记住酒店电话、地址，如果不小心走失也能够快速找到酒店，或者联系到导游。

3. 预防治安事故

当今社会仍然有骚扰、抢劫、偷窃、行凶和诈骗等治安事件发生，所以必须要有一定的思想准备并提前采取措施进行防范。

4. 预防火灾

为避免发生火灾，旅游者要着重关注下述几点。

第一，在客房中吸烟之后必须熄灭烟头，不能乱扔。因为饭店地面通常都铺有地毯，极易着火。

第二，使用客房中的电器必须保证科学，如果烧坏电器也可能引发火灾。

第三，切忌自带大功率电器，否则可能导致酒店电压超出负荷，引发火灾。

第四，进入酒店之后要为火灾提前做好一定准备，如熟悉楼层的安全出口、太平门以及安全楼梯的位置；认真阅读客房门后的安全逃生线路图。

如果遭遇火灾应该注意下述几点。

第一，必须保持镇定，如果有导游来提供支持、援助，应该与之配合，接受导游指挥。

第二，不能使用电梯，应该选择安全楼梯逃生。

第三，假若被浓烟、大火包围，可以用脸紧贴墙根、墙壁或将毛巾打湿后捂住脸并沿着墙头爬出，或开启没有燃烧位置的窗户，借机逃生。

第四，假若被困于浓烟和大火之中，火势尚未蔓延到卫生间，可以在卫生间内使用湿毛巾将口鼻捂住等待外部救援。

第五，如果有救护人员前来，应该大声呼救或同时晃动有鲜艳色彩的衣物，并听从救援人员的指挥。

(二)自然因素导致的问题

1. 中毒

第一，要尽量避免饮食中毒，不吃不干净或者腐烂的食物，此外，如果饮用了遭到污染的水就可能中毒；第二，在自然环境中旅游时，有许多植物都有毒，尤其是南方热带森林中有许多有毒植物，如果不注意可能遭到侵害。外出旅行者最好不要进入没有被开发的原始森林之中。

2. 动物伤害

在旅游过程中，也很有可能遇见蛇。被蛇咬伤也是最常出现的意外伤害。为避免被蛇咬伤，在密林和长有深草的地区旅行时，应该穿上长袜、长裤，头戴遮阳帽或者草帽，手中应该拿拐杖或竹竿，便于抽打草丛以驱赶蛇虫。旅游过程中，如果遭遇蛇，应该沉着应对，不可惊慌失措或跑动，最好置之不理，只要不主动伤害它，蛇会自然离开，旅行者就不会被咬伤。如果不小心被蛇咬伤，应该保持冷静，切忌剧烈运动，应该积极采取措施处置。为此应该先将伤口上方的肢体扎紧，切忌用嘴吸取毒液，否则毒液可能进入口中引起中毒。随后还可以用手用力挤压伤口，同时用清水清洗，在伤口上涂抹蛇药粉，之后快速到医院接受治疗。除了蛇之外的猛兽很少在旅游景区遇见，即便偶然遭遇也无须惊慌，只需避开即可，通常来说猛兽基本不会主动袭击人。

四、旅游保健

旅游过程有益于身心健康，同时为促进健康，在旅行过程中应该关注的重要问题就是防病。所以旅游之前应该提前准备好，旅游过程中应该积极做好自我保健，以免出现意外事故或伤害，同时要学会防治常见病和小毛病，遭遇事故时应该遇事不慌、处乱不惊。

(一)旅游之前应该提前做好健康检查

如果患者有下述状况应该暂停旅行：罹患急性病尚未完全痊愈者；罹患严重肝、心血管、肾、肺疾病者；处于炎症或传染病发作期者；罹患慢性疾病且处在活动期或者急性发作期者；各种原因导致贫血严重者；近期出现脑血管意外病情且病情并未稳定者；接受大手术之后还处于恢复阶段者。

(二)旅游前需要准备的药品

第一，抗生素类，如乙酰螺旋霉素等，还可以准备治疗肠道感染的黄连素片。

第二，抗病毒药物，如治疗感冒咳嗽的板蓝根等药物。

第三，镇痛、退热药，如去痛片和阿司匹林等药物。

第四，治疗消化系统疾病的，如痢特灵和胃舒平等药物。

第五，治疗呼吸系统疾病的，如银翘解毒丸、速效伤风胶囊、西瓜霜含片以及草珊瑚含片等药物。

第六，治疗安眠镇静的，如安定等药物。

第七，治疗心脏血管疾病的，如心痛定和硝酸甘油等药物。

第八，防晕的，如晕海宁、乘晕宁等药物。

第九，抗过敏的，如息斯敏、扑尔敏等药物。

第十，有防暑功效的清凉油和藿香正气丸等药物。

第十一，外伤药，如云南白药、正红花油、绷带以及碘酒等药物。

延伸阅读

从医学保健的角度看：人体双足是气血运行、贯通脏腑和内外、上下经络的关键起始部位。人体内有很多联通全身关键穴位均集中于足部。我国有民谣云："春天洗脚，外阳固脱；夏天洗脚，暑热乃除；秋天洗脚，肺润肠濡；冬天洗脚，丹田温灼。"可以说，古人的说法非常有道理。

尤其是登山活动，上、下山四处奔波，返回住处之后，用热水泡脚能够刺激神经反射，促使自主神经和内分泌系统功能，加速体内血液循环，不但有益于疲劳消除，还能够安眠健身、舒肝明目。

洗脚也有专业方法，通常最好使用 40 摄氏度～50 摄氏度的热水，水量以淹没脚踝为宜。双脚泡在热水内 10 分钟，轻轻用手对足底进行按摩，反复多次必然会有出乎意料的舒适感。

五、旅游中的意外伤害及应急处理

（一）溺水抢救

如果旅游时有人溺水，不要慌张。如果会游泳并确保自身安全的情况下，沉着冷静地快速将鞋袜和厚重衣物脱掉之后再入水救人；如果不会游泳，一方面要大声呼救，另一方面要寻找竹竿、木板用其帮助溺水者。待溺水者得救上岸之后，应该即刻采取急救措施（如人工呼吸）进行急救。

（二）骨折急救

如果伤员发生休克应该尽快使其平卧，骨折位置应该注意防凉保暖，同时给伤员吃镇静药或者止痛药。如果发生了开放性骨折，要先止血。如果脊椎骨折，不可搬动伤员，以免对脊椎造成损伤导致瘫痪。如果四肢骨折则为避免对周边血管、肌肉以及神经造成损害、骨折端错位，不可强行复位，应该使用竹板或者木板作为固定伤肢的用具固定伤肢。

(三)踝关节扭伤的治疗

如果旅行者的踝关节扭伤，应该将患肢抬高后使用冷毛巾或者冰袋冷敷，尽量缓解疼痛，减少皮下出血，随后在患处粘贴上活血散瘀药。旅途过程中如果没有任何药物及胶布，还可用一只手紧握扭伤的一侧脚踝，同时另一只手将脚趾抓住从外往内摇晃，尽可能让脚趾往下弯曲，随后尽量将脚尖上弯，如此重复数次，必有好转。假若扭伤严重则韧带被撕裂，同时踝关节并不稳定时，不可乱揉乱按，必须尽快送去医院接受治疗。

(四)小腿抽筋的防治

预防治疗小腿抽筋的方法很简单，睡前、活动前后只需要对患者腿肚肌肉进行必要的按摩即可。一般来讲，抽筋者游泳之前应该捣烂生姜，随后用姜涂抹腿上，充分有效按摩，即可达到较好的效果。尽管当前可用的治疗方法很多，具体有扳脚法：取坐姿，一手压迫腿肚，另外一只手应该狠抓足趾往后扳脚，导致足部背曲，随后活动脚面，能够快速缓解小腿抽筋问题。如果游泳过程中出现抽筋，可向前蹬大腿，用手用力将拇指扳向，反复多次处理，直到症状全部消失为止。

(五)外伤止血法

如果旅途时不小心受外伤出血应该尽快止血。可用的止血办法有很多，如果出血伤口较小，伤口中没有异物则可用局部按压法，即直接用纱布、手帕等直接覆盖伤口之后用力压住，将伤肢抬高高过心脏部位，即可迅速止血。如果稍稍用手掌用力拍打跟腱数次，也能够使得小外伤止血。假若使用药物止血，最好使用云南白药。假若四肢有大伤口则可使用手帕、止血带或者围巾等，用力捆绑伤口位置接近心脏的位置，每间隔1小时可松开数分钟随后绑扎，在止血过程中应该保证伤肢比心脏更高。

六、徒步旅游安全

徒步旅游过程中会接触更多范围，沿途能够学习、观察到很多有用的东西，在增进知识的同时还可以锻炼身体。旅途过程中应该注意走路技巧和技术。大步走比小步走更好，不但能够节约体力同时有益于休息。行走姿态最好选择身体自然前倾，手不可两侧摇摆，应该前后摇摆。行走过程中，最好足跟着地，随后用足跟将重心移动至前脚掌。走路穿着的鞋子十分重要，必须保证轻便，合脚，鞋底最好不要太薄，应该挑选平坦道路行走。行进过程中需要休息时，应该将鞋带松开，垫高脚部，能够推动血液循环。睡前可以用热水洗脚，加速疲劳恢复。足部如果有泡，可以用消毒之后的缝衣针挑开水泡，将积液完全释放出来，然后用消毒药水涂抹创口及周围，随后要尽量杜绝感染。

➦ 延伸阅读

独自旅行者，如果没有丰富的经验，可以至少给自己设定几个基本原则。如果陌生人向自己提出帮助的要求且自己缺乏判别能力无法分清真伪时，"原则"是最好的护身符。原则通常包括：不围观打架和事故现场，不因为好奇聚众，不可参加他人的"游戏"、赌博，不给他人调节"纠纷"，不能贪便宜，不可触摸自己不熟悉、不了解的东西或别人的东西，不从地上捡项链、钻戒、钱币、宝石、奇特闪光的物品，不救助"乞丐"、不道听途说……

在除了遵从上述基础原则之外，还可以根据现场状况，相机行事。如此就能够有效预防坏人，避免被诱骗、盗窃、误伤，从而尽可能保证旅行安全。

七、骑自行车旅游安全

如果对工作没有妨碍时，可以选择骑行运动，增强体质，增广见闻，欣赏祖国美丽风景。在出行之前应该对自行车进行保养，检查车胎和前轴、中轴、后轴、锁、闸、铃。最好随车携带简单修理工具和小型打气筒。每天结束旅行之后，应该对车辆进行仔细检查，如果发现问题应该立刻处理。旅游者每天骑行最多不要超过 100 千米，应该适当安排休息、游览，才能够保证精力旺盛。如果逆风前进最好下车推行。骑车过程要控制好速度，在岔路口、上下坡或者桥堍时，应该特别注意安全问题。

八、野外帐篷宿营安全

第一，要选择方便安全的营地，宿营地最好选定于林中空地或者树林边、河边山岗上或者地面小山丘顶。

一是选择可以有效防塌方、洪水、雷电、潮湿、防虫害和防火的地点。

二是不要在山岩脚、冲积丘上、悬崖下等可能出现雪崩的地点安扎帐篷。

三是不能在干枯的灌木丛林区、针叶区内安扎帐篷，如果失火可能火势很快蔓延。

四是附近有水源。

第二，如果水源是新开辟的，应该对水源进行净化或者消毒处理才能利用。污水不可乱泼，要科学排放，以免影响环境，或者滋生蚊蝇。处理污水的设备或排水沟应该设置在宿营地点的下风位置，同时要保持合适距离，以便远离臭气。

第三，应该焚烧垃圾或深埋处理，不可将垃圾随意弃置在宿营地点。

第四，厕所应该设立于宿营地下风侧，可以邀请农民淘粪坑处理粪便或者自行挖坑将其妥善掩埋。

第五，应该对篝火进行检查，确保已经完全扑灭才能够上路。

九、旅游入住饭店的注意事项

第一，安全性最高的楼层为第四层或第五层，一方面，这些楼层窃贼很难闯入；另一方面，如果发生火灾，人员也更加容易逃脱。部分城市的消防设施可能不能达到较高楼层。

第二，假如有人以酒店提供免费服务或礼物的名义要求进入房间，应该给前台打电话确认之后才能将门打开。

第三，应该妥善保护好个人信息，以免被绑架、骚扰或者被盗。

第四，旅游人员应该妥善保管房间钥匙，如果不慎遗失钥匙应该尽快告知酒店前台工作人员，不能私自把钥匙借给没有在酒店登记的朋友。

第五，如果在旅行过程中接到骚扰电话应该立刻向值班经理投诉，总台会找出主叫方。

十、旅途饮食安全

旅游过程中不应贪图当地风味特色菜肴，应该按时用餐，避免饱一顿饥一顿；多吃果蔬，多喝白开水或者绿茶；少吃油腻、生冷食品，切忌吃毛蚶和生鱼片等菜肴；不要吃太多海鲜，可以适当吃蒜、饮酒，如果肠胃不好尤其要谨慎；不习惯本地菜肴和调料时，宁可少吃甚至不吃，避免因发生肠胃疾病，从而对整个旅程造成影响；如果就餐的饭店卫生条件不好，最好用一次性卫生碗具和杯筷，饭前饭后都要勤洗手。

十一、旅游中的财产安全

旅途物品应该保证少而精，必备物品带齐，不带违禁物品。

(一)禁带物品

飞机上不允许携带的物品主要有：可燃液体、压缩气体、腐蚀液体、易燃液体和固体、毒品、氧化剂、易聚合物质、磁性物质、放射性物质、有害或有刺激性物质以及可能损坏飞机结构或具有不适宜运输的物品、火器、刀剑和其他类似物品、动物等国家有关法律、政府规章和命令规定运输过程中禁止出入境或过境的物品。

火车、轮船上不准携带的物品主要有：易燃、易爆、有毒、放射性等危险物品和政府限制运输的物品，可能对公共卫生造成不利影响的动物、物品和会对车辆造成污染的物品。

(二)财物的携带安全

为确保携带的现金安全，旅游者每天应该将当天需要使用的少量现金存放在容易拿取的位置(如外衣口袋)，将多数现金贴身存放。不可向他人提及现金存放的位置。如此存放能够分散风险，即便被盗，通常也只会丢失外衣口袋中的小额现金，此外外出时也可以携带信用卡或旅行支票支付各项费用，少用现金。

如果携带有贵重物品，无须将其与普通物品一同托运，应该随身携带。酒店入住之后，不可将贵重物品留存于客房之中。游览过程中应该将贵重物品存入酒店专门设置的存放贵重物品的区域或房间内的小保险箱中。

(三)财物丢失的应急处理

丢失身份证：当地旅行社对此情况进行核实之后，就能够开具情况证明，旅行者凭此证明去本地公安机关报失，信息将被核实之后，就能够开出身份证明，机场安检员就能够批准放行。

丢失财物：如果丢失了财物，应该第一时间向领队或者导游求助，告知其遗失物品的外形、价值、特点，回忆可能遗失的地点和时间段，同时配合相关人员寻找丢失的财物。

➤ 延伸阅读

尽管旅行不是男性的专属权利，可是通常情况下独自旅游的女性确实非常少。实际上，女性也能够单独旅行，单独旅行能够给人们带来一同旅行没有的美好孤独体验。你既能够观赏到充满魅力的美景，还能够整理好自己的思绪。不过在独自旅行时，应该至少注意下述问题。

女性独自出行应该避免钱财外露，不可过分打扮，不应佩戴过多珠宝首饰，否则不但会给人以暴发户的即视感和轻浮的印象，还很容易惹来小偷、劫匪，给旅行带来诸多烦恼。

女性一人单独出行，必然需要得到其他人的帮助。如果有陌生人主动要求提供帮助时，即使对方也是女性，也不可放松警惕。尤其在车站等人群密集的区域更是不法之徒基于混迹藏匿的地区，所以独自出行的女性务必保护自我并保护好所带物品。

当和陌生人聊天时，应该强化自我保护意识：不能主动像陌生人吐露自己的真实情况，应该注意对方的眼神以及潜台词，如果对方对你的某个方面十分感兴趣，他一定会就此问题提出许多相关问题。

如果需要乘坐长途汽车，应尽量早早排队，先上车。对于旅行者来说，坐在司机旁边相对是最好的选择。这一座位比较宽敞，方便照管物品；而且这一位置比较独立，和其他人的接触较少，因此对于独行女性而言，显然更加安全。

到景区游玩游览时，可以临时找几个人同伴而行。尤其在高山、密林、急泉等僻远之地，女性尤其不可盲目独行，可以在本地报名旅行团出游，尽管此类服务有偿，可是通常一个旅行团总有许多同伴，因此个人安全必有更好的保障。

无论去什么地方游览，都要保证入乡随俗。部分庙宇或者清真寺不接待女访客，如果没有得到管理者的允许，不能私自闯入；部分地区或国家并不喜欢穿着比较暴露的女性进入景区，旅行外出过程中应该对此表示尊重，避免给自己造成不便或惹来非议。

十二、旅游问路注意事项

旅游外出期间难免需要问路，问路应该注意下述事项。

(一)讲礼貌

问路过程中应该保持微笑，用谦和的语气，选择合适的称呼向他人寻求帮助。

(二)挑选合适的对象

问路最好选择本地人，并且通常优先选择异性、老年人、情侣、民警以及学生。需要注意的是，通常不要选择行色匆匆、低头沉思或者面容冷阴者，以及紧紧依偎的恋人问路。

(三)应该记清位置以及特征

听取让人介绍路径时，应该抓住关键信息，如典型标志、地名以及基础特点等。如果找到人问路之后，仍然没有明确目标情况，不妨向更多的人问路，用自己的知识、经验加以判断，最终达到问路的目的。

十三、旅游购物注意事项

因为国内的旅游市场还并不规范，所以旅游购物可能常常遭遇陷阱。为避免上当受骗，旅游购物过程中要力戒下述四种心理和行为：第一，随意开口；第二，以假作真；第三，贪便宜；第四，冲动。

十四、旅游保险知识

旅游活动内容十分丰富，能够给人不同的体验，不过既然是活动而且还常有户外活动，则总有一定的风险，所以旅游之前最好购买相应保险。当前国内保险公司提供的适于旅游活动的保险产品有下述三大类。

(一)旅客车船意外伤害保险

所有乘坐轮船、长途客车者，从其验票进站或中途登船(上车)，一直到最终下船、下车期间的意外伤害都能够得到保险金赔偿，保费总额为标价的 5%。

(二)旅客人身意外伤害保险

在其保障期内，被保险人如果由于意外伤害而导致伤残或者失去了某些身体机能，将得到部分、半数或者全部保障金额。

(三)旅客住宿人身保险

被保险生效时间为 15 天，保障的是住宿当天的零点起至满期(超过 15 天后可以续保)过程中的所有人身、财产伤害和毁损赔付。

思考回顾

1. 大学生参加实践之前需要准备哪些行装？
2. 社会实践过程中需要注意哪些方面的安全？
3. 旅途遇险如何进行求救？
4. 简述你在旅行之前会做哪些方面的安全准备？

第十章　预防大学生犯罪

大学生常被人们称作"天之骄子""栋梁之材"，大学生是祖国建设的希望和未来。然而，少数大学生却因为贪图享乐、谋求私利、一时意气或性格缺陷而无视法律，最终坠入犯罪的深渊，断送了自己的美好前程，实在令人扼腕。虽说大学生犯罪不多，可是其发展趋势理应得到各界关注。随着社会的发展，高校将会是各种矛盾、各种热点问题的集散地，而大学生犯罪问题也现实地摆在我们面前，因此预防大学生犯罪越来越成为大学生教育与自我成长过程中的必需课程。

习近平提出，要坚持总体国家安全观，有效维护国家安全。十九大报告中明确要求："加强国家安全教育，增强全党全国人民国家安全意识，推动全社会形成维护国家安全的强大合力。"当前国家安全涵盖的内容越来越宽广，传统安全威胁和非传统安全威胁相互交织，国家安全的内涵和外延在不断地发生演化。国家安全的内涵不局限于政治安全和军事安全，国家安全还逐渐形成了包括经济安全、文化安全、生态安全、信息安全等新产生的内容。像网络安全、文化安全、金融安全等，都与学生的生活和未来的工作息息相关，越来越需要全体大学生的共同参与。

第一节　大学生应成为遵纪守法的楷模

一、法律的含义与基本要求

遵纪守法是公民应该履行的基本责任和应尽的义务。纪律也就是在特定社会组织内，成员应该遵守的特定行为准则。只要有人群，就有集体活动，也就会有纪律。社会发展的越完善，就越会有各种纪律。法也就是法律，有"正直""公平""规矩""准绳"以及"尺度"等诸多内涵。法是社会统一的政治规范，是国家统一颁行或者认定并强制要求所有公民遵守执行的所有行为规范。

全体公民都要遵守法律，无论任何人、组织或者团体都不得违反法律。纪律仅在特定组织之内实施。法律制裁与纪律处分不可相互替代，违纪行为不能等同于违法犯罪，政纪或者党纪处分也不能取代法律制裁。

社会主义法律和纪律体现和保护的是全民也就是全部社会成员的利益。所以，当代大学生必须遵纪守法，达到下述基本要求：第一，增强法律和法制意识观念，不仅要知法、懂法，同时还要守法，更要护法。第二，严格遵守纪律和法律规定，不违反纪律和法律规定，将所有法律条文都作为自觉遵守的行动规范，主动坚持守法、守纪律。第三，自觉遵守公共秩序并主动维护公共秩序。第四，坚决抵抗所有违纪违法的行为。

二、道德基础与法律规范

道德是特别的行为规范，也是能够有效调节人、自然、社会之间关系的必要准则，是能够对人们行为的是非、善恶进行判定的标准。道德的调节作用不是强制实现的，是依赖于人类信念以及舆论实现的。在市民当中进行道德教育，能够提升市民的认知和觉悟，改进家庭和邻里关系，培养高尚情操，有效抵制腐朽思想的侵蚀，这对维护整体稳定，推动文明建设发展有较大作用。

法制和道德之间既有联系也有差异。其中法律规范是国家专门立法机关和得到立法授权的机关制定，强制要求相关人员执行的规范。道德则是社会逐步培养起来的无形的约定，包括"民约"和"公约"，是机关、群众团体和单位根据需求制定的有特定约束力的制度规范，与法律规范相比，没有强制性，也不够权威。法制和道德之间存在下述联系：两者均为行为规范。其中法律是人类行为的基本准则，如果不执行此规范将对他人、集体或者国家利益造成很大影响。因此，法律是刚性规范，而道德是与之相对的软性规范。提升个人道德素质应该得到强制法律规范。当前，世界上有许多国家都在制定和道德之间有密切联系的"道德法律"。譬如，部分国家规定如果公民的某些道德品行存在污点，则"终身不可从事教师职业"。部分国家为了提高社会公德水准也会设立严厉的罚款律法。

所以提升社会公德素质水平就要制定严格的法律，尤其是大学生更要遵纪守法，从而提高个人的公德素质水平。

党的十四届六中全会提出：社会主义道德建设要以为人民服务为核心，以集体主义为原则，以爱祖国、爱人民、爱劳动、爱科学、爱社会主义为基本要求，开展社会公德、职业道德、家庭美德教育，在全社会形成团结互助、平等友爱、共同前进的人际关系。在改革开放、发展社会主义市场经济的形势下，加强思想道德、社会公德、职业道德、家庭美德建设，是提高全民族素质的一项基础性工程。

其中爱国主义有深刻内涵，爱国主义不但是政治原则，同时还是道德规范。爱国主义体现的是个体和民族、国家之间的关系准则。爱国与否从来都是评价个体思想品德的关键标准。当代大学生应该如何爱国呢？第一，要了解我国的历史和当前情况，正确认识我国的文化、传统、斗争史，自觉地将中华振兴作为自己的责任，主动报效祖国。第二，将爱国热情转化为实实在在的报国行动，重视国家和民族利益、强调团结，做好自己的工作，为维护国家和民族利益、整体尊严做出贡献。第三，树立民族自信心、自尊心以及自豪感，团结奋斗，积极振兴祖国，不可崇洋媚外，更不能妄自菲薄。千万不要认为"外国的月亮比中国圆"，在和外国人的交往中，应该讲人格、国格，坚决反对可能对国家、民族利益和尊严造成负面影响的错误言行。

热爱人民，为人民服务，对人民有真挚深厚的情感，坚信人民群众是创造历史的主体，清晰地认识到这一点是社会主义人际关系的根本特点。爱人民的具体内容主要包括：第一，努力服务人民，保障人民利益，对人民负责；第二，保障人民当家做主的权利，发挥民众的社会主义建设热情；第三，应该和所有可能损害人民利益的行为做斗争，敢于见义勇为，为人民伸张正义。

图 10-1　大学莫忽视道德与法律学习

三、自觉同违反犯罪行为做斗争

现代大学生不但必须自觉遵守国家纪律和法律，而且在遵纪守法的同时还要主动抵制那些违反党纪国法的行为，以及对人民、社会以及国家利益造成损害的行为。任何行为，只要违背了党纪国法都会侵害人民、党和国家整体利益。维护党、国家和人民的利益，是大学生尤其是大学生共产党员的责任，大学生应该勇敢抵制违法乱纪的行为，并主动和坏人坏事斗争。如果有人民、党和国家利益遭受侵犯，就要挺身而出，勇敢斗争。

有些大学生认为只要管好自己的行为，遵守法律和纪律就可以了，不应该去管其他人是否违法乱纪。这一思想显然非常错误。诚然，当代大学生应该提倡自律，自觉抵制西方腐朽思想，遵纪守法，可是作为社会主义大学生，还应该秉持着全心全意为人民服务的宗旨，不但要自觉遵守国家法律和党纪，同时更要坚决与所有违背国法和党纪的行为做斗争。假若仅仅自满于洁身自好，并不关心他人是否对人民、社会、国家造成了危害，即便发现了违法乱纪，损害人民、社会和国家利益的行为也袖手旁观，甚至任其泛滥，显然有违全心全意为人民服务的宗旨。守法不违法是公民的最低行为要求，如果大学生也将自己的行为标准设定在最低标准上，只要求自己不违法乱纪，却不制止、揭发违法犯罪，当发现群众财产生命受害时不能挺身而出伸张正义，那么就不足以成为一名合格的现代大学生。

第二节　大学生犯罪现状

目前大学生犯罪现象有逐步恶化的趋势，给全社会造成了很大损失。怎样才能够预防和减少大学生犯罪，如今已经变成了全社会都应该正视并设法解决的问题。本节概括了大学生的犯罪现状，将其划分成几个主要类型，深入揭示了犯罪产生的根源，寻求减少此类犯罪案件的有效方法和途径，设法构建健康、和谐、安全的大学校园，维护全社会的团结安定。

近年来高校在校生犯罪现象有逐步恶化的趋势，怎样才能够减少此类案件发生，并防患于未然，这是教育工作者乃至全社会人员都应该关注和思考的问题。分析现有在校大学生犯罪的类型，找出犯罪诱因和根源，对于建立和谐大学校园，维持社会团结安定意义重大。

📣 延伸阅读

北京市公安局海淀分局曾对在押的大学生嫌犯开展过问卷调查，所有参与此次调查的大学生嫌犯中有 36％来自知名高等院校，所学专业包括法律、国贸、计算机等多个专业，许多人还曾得到过奖学金和其他各种荣誉。其中由于贪慕虚荣导致犯罪的占比达到 33％。

一、当前在校大学生犯罪的主要类型

调查发现，在校大学生犯罪主要有伤害型、财产型两大类，常见罪名包括故意伤害罪和盗窃罪。不过同时也有许多新案件发生，因此大学生犯罪与之前相比，变得更加多样，而且有显著的智能化发展趋势，大学生犯罪的手段具有高技术、高智能、高危害、高隐蔽性四大特征。

(一)贪慕虚荣，心理失衡导致盗窃犯罪

调查发现在校女大学生的常见犯罪行为是盗窃行为。其中只有部分学生家庭经济条件十分窘迫，多数学生是受到虚荣心趋势和外界攀比之风、贪图享乐等不良习气影响才走上了犯罪道路。这些大学生最经常偷盗的物品是手机、平板电脑、信用卡等物品。通常涉案金额较小，案发地点主要集中在图书馆、自习室以及宿舍这几个学生长期逗留的区域，嫌犯主要在人少或无人时下手。此外，开学初期也是高校内侵财类型案件的高发阶段，许多嫌犯在此期间多次盗窃，在校大学生犯罪偷盗的对象大部分都是自己的同学，而且越是熟人越容易成为其盗取对象。

✎ 有案可稽

来自江苏农村的朱某考取上海某大学之后，宿舍同学的生活日用都十分高档、时髦甚至非常奢侈，但是自己却只能用家里寄来的一点点零花钱。最初她只是非常羡慕同学，后来变得越来越失落，最终在宿舍无人时，或者学校放假期间，盗取同学的信用卡、存折等，取款给自己购买手表和手机等用品，案发之后朱某被判处 5 个月拘役。

(二)因爱生恨，校园恋情引发暴力犯罪

大学自有浪漫气息，学生们接触频繁继而产生好感并建立恋爱关系。不过，部分大学生没有正确的恋爱观念，不会正确处理恋爱关系，可能因爱生恨犯下伤害、猥亵妇女甚至强奸罪。

有案可稽

崔某原本是山西省乡宁县人，高考后进入山西省金融学院学习，后和同校郭某建立了恋爱关系。可是两人因为各种原因常发生矛盾。2005年3月份郭某在超市找了一份兼职工作，并与崔某正式提出分手。2005年9月8日晚8时左右，崔某到郭某工作的超市找她，可是郭某声称自己的新男友会来接她，请崔某离开。崔某随后购买了一把折叠水果刀。接着，他返回超市，看到两名男子与郭某对话，并因此与郭某发生口角。崔某在郭某下班之后，在存放自行车的车棚处等郭某，要求郭某与他一起回校，但是被郭某拒绝。崔某拿出刚买的水果刀，狠狠地往郭某腹部连刺两刀，导致郭某死亡。2006年5月，太原市中级人民法院一审认定崔某犯故意杀人罪，判处死刑，缓期两年执行，并处各项赔偿20万元。

(三)情绪失控，心理疾病诱发故意犯罪。

高校扩招，大学生增多，失业现象普遍，大学生自身预期下降，对于前途没有清晰认知和规划，思想颓废消极，有些还引发了心理疾病，甚至因为不能控制情绪而失足犯罪。如今时代还在逐步发展变化，社会思想也在进一步改变，年轻一代的思想与过去青年的想法明显不同。有些案件都是在校大学生心理迷乱，没有及时有效控制自己的情绪导致的犯罪。在校大学生的思想受多种因素影响，有的大学生自私自利，同时状态颓废、萎靡，当此状态逐步恶化后，就可能导致犯罪。两年前国家相关机构面向国内17.6万名在校大学生展开了抽样调查，结果发现在校大学生中存在心理疾病的占比超过了20%。情绪不稳、心理迷乱是当前在校大学生常见的心理疾病，是导致其犯罪的重要诱因。

有案可稽

2004年2月13日至15日，云南大学生化学院的学生马某在宿舍内三天连杀四名同学。一个月之后，逃亡至海南三亚的马某被公安机关逮捕，并被法院判处死刑。

马某，在广西的家中可以说是举族的骄傲。他以优异的成绩考取省重点高中宾阳中学；在高中同样成绩优异，曾获得全国奥林匹克物理竞赛二等奖，被预评为"省三好学生"，并顺利考入云南大学。或许在外人眼中，他的前途一片光明。然而，他却因为日常闲言琐事大开杀戒，在杀害同学的同时，也将自己送上了绝路。

此案发生之后，一些社会公众，包括媒体，对马某表现出了同情，或者把马某当作表达意见与情绪的工具，试图把其杀人动机归结于他的贫困和受到的"歧视"，即因此而对社会产生了仇恨。而实际上，被杀的四名学生，也都是来自农村的贫困生，平日里对马某不错，与其没有任何过节，甚至算是马某不多的朋友，但仅仅因为一句教训或碰巧路过，就惨遭杀害，令人悲愤万分。

最终导致马某实施犯罪的心理因素是其压抑和冲动情绪、扭曲的人生观，以及对于生命意义和价值的漠视、高度关注自我的性格缺陷。在临刑前，马某以"忏悔"为题写了一封信，他在信中说道："两个月前我的身份是一名重点大学的大学生。一名即将进入社会展示自己才能的毕业生，家人和国家都对我寄予厚望，而我本人又何尝不是满腔热血地想为祖国的现代化建设做出一份贡献，实现自己的人生价值……就因为一次打牌吵架，我决定了走上这条路。现在我以一个旁观者的身份看，这是多么荒谬，多么无知啊！这是多么悲哀，多么残酷啊！难道生命就这么脆弱？不是的……后悔啊，但木已成舟，我是无力挽回的了。我想对整个社会说声对不起，想对那四名同学的亲人朋友说声对不起，但你们会接受吗？对于这么一个恶魔，你们会接受吗？……"然而此时的后悔莫及，既不能挽回四条鲜活的生命，也不能抹杀马某因其扭曲的心理而铸成的罪孽。

二、当前在校大学生犯罪的主要原因

当前国内教育体系的重心依旧是学历教育，还没有完全转向素质教育。尽管素质教育已经在国内倡导多年，"重学历、轻素质"的状况已有明显改观，可是还并未达到理想状态。最近数年我国大学一直在扩招，在校生规模持续扩大，大学生素质整体下降，而且良莠不齐。有些大学生缺乏远大理想，内心空虚、颓废，爱慕虚荣，追求物质享受，缺乏自控力，无法正确面对困难、挫折，虽然渴望成功却又不敢直面竞争，为梦想努力。国内教育从中小学阶段开始就不重视普法教育，大学也只开设了一门"法律基础理论"课程，因此大学生普遍不具备法制观念，对法律威严认知不足，才会以身试法。

(一)思想道德原因

1. 不良文化受影响，道德失范违法犯罪

从当前的社会大环境分析，学生从小便接触到了很多电子产品。利用网络，学生在各平台上获取了各种信息，有些信息是积极有效健康的，对学生的成长有促进作用，而有些不良信息则对学生的道德观、人生观造成了巨大冲击，对其言行产生了潜移默化的影响。部分学生长期沉浸其中，因此，当他们脱离"高压管理"的中学阶段，走入管理松散提倡自由的大学之后，就会变得思想松懈缺乏管束，结果就有可能误入歧途。尽管大部分犯罪的大学生在案发之后都十分悔恨，但是即便如此也无法抹去自己的罪行。大学生的自制力较弱，遭受不良文化冲击后，极易接受拜金主义、个人主义和享受主义思想，并受到黄赌毒侵害，再加上本身无力辨别不良行为、现象，出于好奇和猎奇心理跃跃欲试，结果就可能导致犯罪。此外，大学生的自我意识在逐步增强，因此非常重视是否能够获得同伴赞赏和承认，而且他们将同伴的赞赏和认可看的比父母和老师的评价、认可更加重要，再加上言情、武侠小说以及影视剧作中人物的负面影响，也可能逐步走上犯罪之路。

有案可稽

小王是刚从合肥一所高校毕业的大学生，喜欢看警匪片，于是他心里便有尝试抢劫犯罪的"冲动"。为寻求刺激，在第一次抢劫成功后，他自称很有"快感"，便一发不可收拾。此后，他变身为夜晚道路上的一个"幽灵"，疯狂抢劫作案26起，直至被警方抓获。未来，年仅23岁的小王要为他的"快感"付出沉重的代价。

2. 追求享受高消费，金钱有限不惜犯罪

高校附近往往有大量游戏厅、餐馆和网吧，其中消费者主要是大学生，而教室内却常常空空如也，可见许多大学生在校时，将其主要精力投入在了享受、娱乐当中，并未投入学习当中。部分在校大学生追求高消费，喜欢穿名牌、用高档手机和名牌笔记本电脑，并将其视作一种时髦。尽管市场经济条件下，物质金钱的确十分重要，人们的幸福和满足感与物质、金钱有一定关系，可是大学生本身毕竟没有独立经济来源，生活全靠父母提供的生活费，因为金钱有限但是物质欲望较高，再加上家庭经济条件较好同学的对比刺激，就会导致不少大学生出于虚荣心盲目攀比，并试图通过违法犯罪快速谋利。有调查发现，当前国内在校大学生犯罪中近七成均为盗窃案。这些犯罪的在校大学生为得到高消费享受而偷盗、实施诈骗、抢劫等违法活动；还有些大学生甚至还为此选择了出卖自己的肉体和灵魂。

图 10-2　大学生莫要见钱眼开

（二）心理障碍原因

1. 不良情绪占主导，无法释放导致犯罪

统计数据证明，焦虑、抑郁和恐怖情绪是国内当前在校大学生的主要心理障碍，有此问题的学生占比高达 16%。世界卫生组织也有调查证明，在所有罹患心理疾病的学生中，得到合理治疗的人数占比只有 15%。北大精神卫生研究所研究员王玉凤也发现，在校大学生中存在心理障碍的人员占比约为 20%，最常见的心理疾病有神经衰弱、焦虑不安和强迫症等，这些心理问题将直接导致学生的不良情绪情感体验。如果消极情绪情感体验逐步积累到某个程度，行为人的情绪就会爆发，形成犯罪动机甚至实施犯罪。而大学生之所以会有如此多的不良情绪，而且不良情绪居于主导，主因有两个，第一是社会、家庭环境的过度保护，第二是自身不具备较强的心理调适能力。市场经济背景中，竞争法则是核心法则，在优胜劣汰机制的作用下，弱者和强者之间的收入差距日渐拉大，人们越来越意识到知识的重要性，在校大学生成为家庭乃至全社会都十分关注的对象，人们对大学生常常有较

层"这一现实，由于经济与心理的压力过大，导致这些大学生产生了不良行为，甚至还有一些大学生放弃了学业从事了能"赚钱"的行当，如抢劫、偷窃或卖淫等。最终，这些大学生走上了不归路。

✎ 有案可稽

"宾馆有人卖淫，你们管不管？"2014年2月21日中午，扬州警方接到了奇怪的卖淫举报电话，对方宣称有人在某快捷酒店房间内卖淫。警方立刻组织警力到现场检查，结果在酒店房间现场抓获两名嫌疑人。

其中鲁小姐自称与对方不认识，是自己"一时糊涂"。鲁小姐介绍自己在春节时，通过微信认识了另外一名女子黄某。知道自己的经济条件面临危机时，黄某就向她提出了"兼职赚钱"的建议。

几天之后，黄某微信通知鲁小姐来这个快捷酒店中做"兼职"。于是，一心想赚钱度过经济危机的鲁小姐，就在酒店房间和对方发生了关系。可是交易刚结束，从天而降的民警，就将其现场抓获。

警方根据鲁小姐提供的线索很快将黄某抓获归案。没想到，这个黄某竟然在某高校上学。黄某虽然是一名学生，可是向往奢侈的消费，因此频繁利用微信招揽卖淫女，并牵线搭桥介绍招嫖人员。每次交易黄某都可以拿到500元左右抽头费，最终黄某被判两年有期徒刑缓刑两年，同时处于罚金。

3. 学校教育有偏颇，放松管理诱发犯罪

大多数高校虽然设立了思想教育课程或法律课程，但模式单一化，无法激发学生的学习兴趣，从而导致高校设立的这些课程并没有起到很好的效果，随着高校招生人数的不断增多，大学生素质存在很大差异，部分高校没有足够重视大学生管理，而过于注重大学生知识学习，忽视了大学生思想教育的重要性。此外，高校管理机制也存在很大的局限性，一些大学生整天夜不归宿，甚至逃课现象常见，等等。由于高校疏于管理，导致大学生走上了错误的道路，自我控制能力不断下降，最后误入歧途。

第三节 大学生犯罪的对策与预防建议

针对高校大学生的犯罪问题，社会各界都要加以重视，同时还需要为大学生提供帮助，才能更好地解决这一问题。首先要采取预防措施，了解大学生犯罪的根本原因，将多种治理措施相结合，创造良好的发展环境，只有这样，才能促进大学生的全面发展，才是真正的治本。

延伸阅读

在犯罪高发的美国，安全问题受到各界的重视，《美国新闻和世界导报》在对百余所美国大学调查后公布了犯罪率最高的 25 所美国大学。在这份调查中，美国名校杜克大学、加州大学伯克利分校、洛杉矶分校等赫然上榜。

根据联邦调查局 2008 年至 2011 年的犯罪数据统计，在学生人数超过一万名的大学中，根据暴力犯罪及财产相关犯罪的数据，罗列出了美国最危险大学校园前 25 名。其中，暴力犯罪包括谋杀、强奸、抢劫和人身攻击，而财产相关犯罪主要是指入室盗窃、汽车盗窃和纵火等。这份榜单敲响了警钟，让每个留美学子及家人都可以时刻记住留学安全。

一、加强大学生思想教育，切实提高在校大学生道德素质

预防大学生犯罪，首先要治本。而只有加强思想道德教育才能从根本上解决这一问题。2005 年，胡锦涛在重要会议上就提出要采取多种措施加强大学生思想政治教育，为大学生创造良好的发展环境，为祖国的发展做出更多贡献，成为中国特色社会主义事业发展的建设者，尤其要重视大学生思想政治素质的提升。将知识教育和思想教育两种方式相结合，不仅要学习更多的科学知识，还需要加以实践，坚定思想政治教育不动摇，也要重视大学生技能的提升。高校要开展多种有利于提升大学生素质的活动，让大学生学会为人之道，促进大学生的全面发展，成为推动社会发展的有用之才，这也是高校教育当中至关重要的课题。思想政治教育，也是培养人才的重要渠道，但目前的教育模式仅仅重视知识学习，却忽视了人文精神的培养。那么，高校在教育过程中，应该采取哪种措施来完善教育模式，这也是大学教育的重要内容。首先要为大学生创造良好的学习环境，让大学生对世界形成正确的认识，同时在学习知识的过程中加以实践，逐步提高学生的道德水平，让大学生学会为人之道，最终促进大学生的全面发展。

二、加强大学生法制教育，不断增强在校大学生法律意识

各高校还要让大学生了解更多的法律知识，并为其提供相应的法制化教育，同时采取多种措施解决大学生对法律的困惑，尽可能解决大学生现阶段的法律问题，让其明确自身的权利与义务，以使其在法律范围内，正确行使自己的权利，尽可能帮助大学生形成正确的认识，按照法律法规办事，坚决抵制一切违法违纪行为，提高在校大学生的法律意识，使其自觉地遵守法律法规。现阶段，大部分高校法制教育机制不完善，从而导致大学生即使学习过相关方面的知识，但对法律概念以及违法后果的认识还存在很大的误区。各高校不仅要让大学生学习更多的法律知识，还需要开展多种形式的法律活动，让大学生参观监狱生活，并与服刑人员适当的交谈，从而使大学生拥有更真实的体验，这有利于大学生更好地了解法律的尊严性，对大学生也是一种警醒。高校还需要与当地的公安机关等部门加强合作，开展多种形式的活动，通过开展活动、讲座等方式，扩大法律知识宣传力度，为大学生提供相应的法律咨询，逐步提高大学生的法律意识。同时，采取校园当中的实际案

例来为大学生提供更多的法律知识教育，甚至还可以用违法犯罪的大学生自省材料来作为一种教育渠道。各高校还可给大学生提供与在押大学生交流的机会，因为现身说法能够起到更好的教育效果。

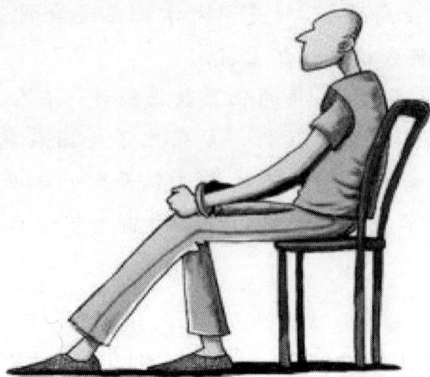

图 10-4 一失足成千古恨

三、加强大学生心理教育，努力培养在校大学生健康心理

学校还需要开展多种心理健康知识宣传活动，提供相应的心理咨询服务，尤其要了解导致大学生犯罪的根本原因，还需要引导大学生对社会形成正确的认识，为社会发展做出更多贡献，采取多种措施提高大学生适应社会发展的能力，提高大学生的思想道德素质。大多数校园暴力现象，主要原因在于大学生没有正确处理人际关系。因此，高校教育首先要培养大学生良好的人格，对社会发展保持积极的态度；同时，还需要在日常生活当中保持良好的人际关系，尊重他人，调整好自己的心态；还需要为大学生提供更多的心理咨询，逐步提升大学生的心理素质，有利于更好地提升大学生抗挫折能力。这种教育主要以心理调解法为主，改变不好的习惯，保持积极的心态，使大学生更好地释放负面情绪。

大学生是祖国今后的希望，社会不仅要为他们创造良好的发展环境，还需要重视他们的心理健康问题，只有不断改进我国目前的教育模式，采取多种管理措施相结合，为他们提供重要指导，才能够防止大学生犯罪行为的发生，从而帮助学生顺利结束学业，实现自己的人生的目标。

第四节　自觉遵纪守法、预防违法犯罪

作为公民，就必须遵纪守法，而大学生的受教育程度高，更应该起带头作用。在日常工作、学习过程中，要尽量做到以下几点。

一、树立坚定的理想信念

理想信念是人生发展的重要组成部分，如果没有正确理想信念的支持，人生就失去了意义。作为一名大学生，要承担起社会发展的重任，树立远大志向，在个人、社会、国家面前，应该将国家利益放在第一位。作为一名大学生，要对自身进行准确定位，保持良好的人生态度，创造更大的人生价值，坚定中国特色社会主义重要思想，抵制破坏社会发展行为，正确认识自我，注重全方位发展，学习更多的知识，为祖国发展做贡献。

二、系统地学习法律

21世纪，我国法律在不断完善，各项法律法规也得到了全面落实，如果不了解法律知识，不遵守法纪，就无法在社会上生存。作为一名大学生，应该起到带头作用，在接受系统化的法律知识学习，并运用法律知识保护自身的合法权益的同时，还应该为他人提供帮助。高校也要设立相关课程，并开展多种形式的安全教育课，为大学生学习创造良好的发展环境，从而能更好地与自身实际情况相结合，明确法律内涵。作为一名大学生，应该提高自身法律知识的运用能力，学习法律，遵守法律，提高运用法律的能力，坚决抵制违法行为；此外，还需要坚持不懈地与一切违法行为做斗争，维护法律的权威性。

三、严于律己，牢固树立纪律观念

严格的纪律也是高校培养人才、改革发展的基础，如果高校没有严格的纪律，则会影响高校工作的正常开展。严格的纪律也是大学生成长成才的重要组成部分。如果不遵守法律，大学生成才就只是一句空话，即使进入社会，也无法做贡献，甚至还会危害社会发展。大学生要严格遵守法律，树立良好的法律意识，逐步提升自身的思想道德素质，维护学校的良好秩序，遵守高校纪律，规范自身行为。

图 10-5　严于律己，从小处做起

四、注意道德品质修养

作为一名大学生，首先要不断提高自身的道德修养，这也是大学生遵纪守法的重要保证。大学生还要对社会形成正确的认识，树立正确的人生观、价值观、世界观，提高自身明辨是非的能力，以及审美意识。大学生还要保持对祖国的热爱之情，坚决抵制危害祖国的行为；树立为人民服务的远大志向，学习更多的知识，通过自己的辛勤劳动创造更大的价值；树立正确的荣辱观，坚决保护人民利益，重视团结互助；树立正确的消费观，抵制骄奢淫逸。大学生也要了解更多的时事，关注社会发展，在中国特色社会主义发展过程中应始终保持理性的思考，勇敢应对各种挑战，经受住困难的考验。大学生也要树立为人民服务的远大志向，注重集体合作，保持对祖国的热爱，辛勤劳动，推动中国特色社会主义的发展，对社会、家庭、职业保持热爱之情，并不断完善自身的道德修养，为祖国发展做出更大贡献。

五、养成良好的心理素质

大学生的综合素质包括多个方面，而良好的心理素质至关重要，同时也是防止大学生违法乱纪的重要保证。因此，在高校的学习过程中，大学生也要重视自身的心理健康问题，通过不断的学习对自我做出正确评价，并接纳自己的不足，充分发挥自身的潜力，并调整好自己的心态，尽快解决自身遇到的心理问题，保持乐观积极的态度，解决生活中遇到的困扰，加强与他人之间的合作，诚实守信，尽快解决自身的心理困扰，保持积极乐观的态度，克服困难，提高自身适应社会发展的能力，形成健全的人格。

六、正确处理人际关系

只有良好和谐的人际关系才能使大学生形成正确的价值观，培养大学生良好的人格，提高大学生文化知识学习能力，为学生创造健康的成长环境。只有保持良好和谐的人际关系，才能保持愉悦的心情，做出正确的行为，反之，则会影响心情，甚至出现行为不协调的问题，最后激发矛盾，对自身的日常学习、工作也会造成很大影响。如果产生矛盾，而当事人不够理智，最后就会出现违法违纪行为。一些学生走上了犯法犯罪的道路，主要原因在于其没有正确处理好人际关系。大学生首先要保持良好的心态，了解人际交往中的基本规律，并尽可能在生活中尊重他人，关爱他人，积极帮助他人，诚实守信，解决人际交往的难题，形成正确的认识，相互理解、相互信任就能够获得真正的友谊，建立良好和谐、友好、亲密的关系，给自己创造健康的成长环境。

图 10-6　维持良好的人际关系

　　如果大学生自身的文化素质不断提高，自觉地遵守国家的法律，并树立正确的价值观，就能够更好地防止违法乱纪现象的发生。大学生首先要起带头作用，遵守学校纪律，提高自身素质，用自身的智慧、理性的判断做出正确的行为，对待人、事与社会的发展；其次要严于律己，关注每一个细节，还需要学习更多的法律知识，学会用法律维护自己的权益，尊重他人，加强与他人之间的交流；最后要珍惜学习的机会，远离犯罪，尽可能保护自己，为社会发展做出更大贡献。

参考书目

[1]B. M. 库拉金 . 国际安全[M]. 纽菊生，雷晓菊，译 . 武汉：武汉大学出版社，2009.

[2]Robert J. Fischer，等 . 安全导论[M]. 任骥，等，译 . 北京：电子工业出版社，2012.

[3]上海高等教育学会保卫工作研究委员会 . 大学安全体系的探索与实践[M]. 上海：上海大学出版社，2012.

[4]宋富军 . 当前高校稳定的影响因素及应对[J]. 思想教育研究，2011(5).

[5]陶娟 . 关于新时期大学生安全教育途径的探讨[J]. 湖北经济学院学报：人文社会科学版，2008，5(5).

[6]翁礼成，苏静华 . 关于构建高校和谐校园的几点思考[J]. 高教探索，2006(1).

[7]严雪林 . 试析国家秘密的特征[J]. 信息安全与通信保密，2010(2).

[8]俞来德 . 论大学生矛盾纠纷及源头预防[J]. 上饶师范学院学报，2012(1).

[9]张国清，等 . 大学生安全教育[M]. 上海：同济大学出版社，2012.

[10]张景林 . 安全学[M]. 北京：化学工业出版社，2009.